OSKAR NEGT
ÜBERLEBENSGLÜCK

OSKAR NEGT

ÜBER LEBENS GLÜCK

EINE AUTOBIOGRAPHISCHE
SPURENSUCHE

STEIDL

*Ich widme das Buch meinen sechs älteren Geschwistern,
denen ich viel verdanke:*
Irmgard, Ruth, Edith, Ursel, Margot und Gerhard

VORWORT

Warum eine Autobiographie? – Annäherungen

Die Autobiographie ist eine literarische Form der individuellen Selbstentäußerung, in der das gelebte Leben die Schwerkraft der vergeblichen Mühe verliert; wer sich darauf einlässt, muss damit rechnen, dass die Verletzlichkeit wächst. Aber nur das Risiko, das geschützte Innere dem öffentlichen Urteil auszusetzen, verschafft dem Autor die Möglichkeit, auf jeder Stufe des Lebens die überschüssigen Kraftquellen zu bezeichnen, die in der Vergangenheit *nicht* genutzt wurden – vielleicht nicht genutzt werden konnten. Daran anzuknüpfen und unverdrossen weiterzumachen, wäre eine sinnvolle Zukunftsaufgabe einer autobiographischen Spurensuche.

Lange Zeit war ich der Überzeugung, dass eine Autobiographie nur verfassen kann, wer Gedanken und Erlebnisse kontinuierlich in Tagebucheinträgen festgehalten hat. Bei der Überprüfung der Materiallage für ein solches biographisches Unternehmen musste ich den betrüblichen Tatbestand zur Kenntnis nehmen, dass zerstreute Absichten erkennbar sind, Aufzeichnungen über Tageserlebnisse und einfallsreiche Gedanken gelegentlich mit Ort und Datum festgehalten wurden, was aber eben fehlt, ist das Regelmäßige. So konnte sich mit Gründen eine innere Abwehr gegen das Projekt Autobiographie entwickeln, weil alles Wissenswerte über meine Person in Interviews, Schriften, Reden ausgebreitet zu sein schien. Die Ankündigung meines Verlegers, eine umfangreiche Werkausgabe herauszubringen, hat meine Abwehr gegen ein Biographieprojekt, das *nicht* auf Archivarbeit beruht, zusätzlich bestärkt.

Es waren dann von außen kommende Anstöße, bekräftigt durch persönliche Ermutigungen, über bestimmte Phasen meines Lebens nachzudenken, die allmählich einen Sinneswandel bewirkten. Ausschlaggebend bei meiner Entscheidung, mich auf ein längeres Arbeitsprojekt »Autobiographie« einzulassen, war die Einladung Helmut Lethens, an dem von ihm geleiteten Internationalen Forschungszentrum Kultur (IFK) in Wien für vier Monate ohne besondere Verpflichtungen zu arbeiten. Nachdem ich die Zeit auf drei Monate reduziert und kleinere Aufgaben, wie einen Vortrag im Rahmen der Wiener Vorlesungen, verabredet hatte, sagte ich zu und schlug als Forschungsprojekt eine autobiographische Spurensuche vor. In der angenehmen Arbeitsatmosphäre des Instituts arbeitete ich drei Monate intensiv. Dem Institut, den Mitarbeitern und dem Leiter sei hier für die anregende Forschungsatmosphäre und die persönliche Freundschaft ausdrücklich gedankt.

Zu den Anregungen und Anstößen, die das Interesse an dem Biographieprojekt atmosphärisch bestimmten, trug auch der von Hans Werner Dannowski und mir gegründete Montagsgesprächskreis bei. Einzelne Mitglieder dieses Kreises haben verschiedene Fassungen des Manuskripts kritisch begleitet.

Die Gespräche, die ich mit meinen Schwestern Ruth, Ursel und Margot während des Arbeitsprozesses führen durfte, gehören zur Basisausstattung dieser Autobiographie. Vieles von dem, was ich längst vergessen oder überhaupt nicht unmittelbar erfahren hatte, haben ihre Erzählungen zutage gefördert. Ohne diese kombinierten »kleinen Erzählungen« hätte die autobiographische Spurensuche häufig in Sackgassen geendet.

Die ersten Gespräche über ein mögliches Biographieprojekt, das allerdings so überhaupt nicht genannt wurde, liegen weiter zurück. Es waren Feriengespräche im Haus von Alexander Kluge in Ligurien. Meine Abwehrhaltung spürend, die sie nicht akzeptierte, war die professionell geschulte Sozialpsychologin Christine Morgenroth, meine Frau, unentwegt darum bemüht, Schichten meiner Erinnerung aufzudecken, die vollständig getilgt waren. Wie produktiv das hermeneutische Verfahren ist, habe ich an ihrem bohrenden Eigensinn aus der Nähe erleben können. Danke auch dafür!

Hendrik Wallat schulde ich Dank für die zuverlässige Arbeit und die mit kritischem Blick zusammengetragenen und niedergeschriebenen Texte. Besonders hervorheben möchte ich das, weil die Art und Weise, wie ich arbeite, einen Kopf erforderlich macht, der die Übersicht behält.

Nachdem auf sehr verschiedenen Ebenen der Prozess des Aufdeckens und Bewusstmachens von Verzerrungen und Spaltungen einmal in Gang gekommen war, ließ er sich nicht mehr aufhalten, sondern weitete sich auch auf Lebensbereiche aus, die das Erwachsenendasein betrafen. Eine Archiv-Biographie, auf der Grundlage von Archivalien von einem Dritten verfasst, wird man an der Sorgfalt der Quellenarbeit messen; die Autobiographie ist ein viel *sensibleres* Gebilde; jeder Satz enthält eine Wertung, ist ein Wahrheitsversprechen. Deshalb spielen Glaubwürdigkeit und Aufrichtigkeit eine zentrale Rolle. Wo eine solche Biographie geglückt ist, hat sie die Lebensatmosphäre des Porträtierten erfasst, überzeugend dargestellt, hat sie eine Vertrauensbeziehung begründet. Zu dieser Vertrauensbeziehung gehört auch, dass Orientierungen nicht versprochen werden, wo es keine gibt.

Im Grunde sind es Stichworte, Erlebnisse und assoziative Gedanken, die hier zu einem geschriebenen Text zusammengefügt sind. Ich habe mir Mühe gegeben, die autobiographische Spurensuche nicht als einen isolierten Akt von kausalen Zuordnungen der Einzelereignisse zum gesellschaftlichen Gesamtgeschehen zu organisieren, sie vielmehr in die Atmosphäre der Zeit einzuordnen. Ich spreche von der geistigen Situation der Zeit als einem *Orientierungsnotstand*. Mit dieser Diagnose beginnt auch meine autobiographische Spurensuche. Indem ich die Zeitverhältnisse so charakterisiere, kann der Orientierungsnotstand als ein allgemeines kulturelles Problem besonders auch entwickelter Gesellschaftsordnungen betrachtet werden. Er hat aber existenzielle Bedeutung für unsere Gegenwart, wenn wir an die vielen Flüchtlinge denken, die aus ihren Heimatorten vertrieben werden, durch Krieg oder materielle Not, und die jetzt einen Ort suchen, der ihnen einen menschenwürdiges Dasein ermöglicht. Sie sind allemal *Verfolgte ihres Elends*, wie weitreichend auch definiert sein mag, worin die Motive ihrer Flucht bestehen.

Sobald das Stichwort »Flüchtlinge« fällt, bildet sich bei mir ein ganzer Kranz von Assoziationen, die auch meine eigene Lebensgeschichte betreffen. Vor mir liegt ein auf meinen Namen ausgestellter Ausweis für »Vertriebene und Flüchtlinge« Kategorie A, ausgestellt am 31. Oktober 1953 in Oldenburg. Auch der Lastenausgleich drängt sich in meine Assoziation mit dem Flüchtlingsdasein. Der Lastenausgleich, den meine Eltern für den Verlust ihres Hofes in Ostpreußen erhielten, hat es mir ermöglicht, zu studieren. Für die jüngeren Leserinnen und Leser bedarf es vielleicht einer kurzen Erinnerung: In der Bundesrepublik Deutschland gab es nach dem Zweiten Weltkrieg eine Art Vermögensausgleich zwischen den durch die Kriegs- und Nachkriegsereignisse – Vertreibung, Flucht, Evakuierung, Währungsreform – Geschädigten und denen, die ihren Besitzstand ganz oder überwiegend bewahrt hatten.

Die Assimilation und Integration der Millionen von Flüchtlingen aus Ostpreußen, Schlesien und anderen Gebieten war eine der größten sozialen und gesellschaftspolitischen Leistungen der westdeutschen Nachkriegsgesellschaft. Einer der

Gründe für die humane Flüchtlingspolitik in den späten 1940er und den 1950er Jahren war der Schuldenerlass. Der Marshallplan war ein Wiederaufbaugeschenk an die deutsche Nachkriegsgesellschaft des Westens – wenngleich diese Wiedergutmachung zweifellos auch dazu diente, Westdeutschland als Bollwerk gegen den Kommunismus in die Fronten des Kalten Krieges einzubinden.

»Überlebensstrategien« und »Überlebensglück« sind andere Stichworte, die ich mit meiner autobiographischen Spurensuche assoziiere. Was sind die Voraussetzungen dafür, dass manche Menschen die schlimmsten Situationen überleben und andere unter viel günstigeren Bedingungen zu Tode kommen oder für ihr Leben traumatisiert werden? Haben wir es dabei auch mit Subjektanteilen zu tun, die sich beschreiben lassen? Mit Verhaltensweisen, Denkformen, Begriffen, die das Erkenntnisinteresse auf Spuren leiten, die Auswege andeuten?

So überkreuzen sich Fragestellungen, deren Aktualitätsbezug kaum noch besonderer Betonung bedarf, mit Orientierungsbedürfnissen, die viel allgemeiner gefasst sind, weil sie die Identitätsproblematik einer Persönlichkeit berühren und gleichsam philosophische Anforderungen an das erkennende Subjekt stellen; in einer Autobiographie ist der rote Faden der Persönlichkeitsentwicklung schwerlich auf Lebensstufen zu reduzieren. Denn die lebendige Erfahrung des Nicht-Identischen im Subjekt selbst motiviert eine Art dialektischer Spannung zwischen dem Selbst und dem Anderen, die auf einem unaufhebbaren Wechselverhältnis beruht. In den Turbulenzen der Objektwelt mit sich identisch zu bleiben, ist eine Anstrengung, die sich praktisch nie erledigt.

Worin besteht der Persönlichkeitskern, der sich bildet und durchhält – ein Leben lang, ohne durch besondere Ereignisse beschädigt oder zerstört zu werden? Diese Frage hatte Goethe offenbar im Sinn, als er die *Faust*-Tragödie mit dem *Prolog im Himmel* beginnen ließ. Darin geht es um eine etwas einseitige Wette zwischen Gott und Mephisto, die Faust betrifft, eine Art Garantieerklärung für den Erhalt des Persönlichkeitskerns; die Prüfungen, denen Hiob ausgesetzt ist, sind wohl das Modell dafür. Der Herr sagt: »Zieh diesen Geist von seinem Urquell ab, / Und führ' ihn, kannst du ihn erfassen, / Auf deinem Wege mit herab, / Und steh' beschämt, wenn du bekennen musst: / Ein guter Mensch in seinem dunklen Drange / Ist sich des rechten Weges wohl bewusst.«[1] Hier liegt der Punkt, an dem sich eine Archiv-Biographie von der Autobiographie radikal unterscheidet.

Denn: Was ist der Urquell eines Menschen? Was von Faust am Ende des fünften Aktes übrig bleibt, ist nicht viel; es lässt sich gut die These vertreten, dass es Mephisto gelungen ist, diesen Geist von seinem Urquell abzuziehen – wenn man denn genauer wüsste, worin dieser Urquell besteht. Eine Autobiographie trägt immer auch Züge einer Selbsttherapie. Sollte es einen solchen Urquell im Sinne Goethes geben, zeichnet er sich jedenfalls nicht durch einen konstanten unzerstörbaren Kernbestand an fließenden Vorräten aus, sondern durch Lernprozesse, die auf lebendiger Erfahrung beruhen.

Habent sua fata libelli – Bücher haben ihre Schicksale: Das steht in jedem lateinischen Sprichwörterbuch, und jede Autorin, jeder Autor weiß, was das heißt. Häufig wird aber der Zusatz des Terentianus Maurus überlesen, der an den Leser und die Leserin gerichtet ist: *pro lectoris*. Den Lesern dieser Autobiographie wird auffallen, dass das gesamte erste Kapitel wenig biographische Auskünfte bietet, dagegen viele Überlegungen zum Sinngehalt einer Autobiographie und der gesellschaftlichen Verhältnisse, in die sie eingebunden ist.

Diese Autobiographie soll keine Sammlung in chronologischer Abfolge erzählter und zu Geschichten verdichteter Ereignisse sein. Vielmehr will sie eine Gesamtaussage wagen, wie jemand mit vergleichsweise ungünstigen bis traumatischen Erfahrungen in Kindheit und Jugend eine derartige Entwicklung nehmen konnte, die ihn dahin führte, wo er heute steht. Denn was sind die Ausgangsbedingungen? Leben in einem ostpreußischen Dorf, als letztes von sieben Kindern weitgehend mitgelaufen, keine Bildungsgüter in der Familie, weil immer die Arbeit im Mittelpunkt stehen musste – harte, körperlich schwere Arbeit, die gerade eben die Ernährung der Familie gewährleistete; dann Krieg – Flucht ohne Eltern mit zwei Schwestern, mehrfach tödlichen Gefahren ausgesetzt, durch einen Zugunfall verspätet in Königsberg angekommen, das zu diesem Zeitpunkt bereits von der Roten Armee eingeschlossen war – ein Ort, den man als »Totenstadt« bezeichnen kann. Dennoch gelang es, auf einem wenig vertrauenswürdigen Schiff zu entkommen – eine Fahrt, die nach Dänemark in ein Flüchtlingslager führte; dort fast drei Jahre ohne Schulunterricht. Dann glückliche Zusammenführung der Familie, Neustart mit einem der Bodenreform zu verdankenden Bauernhof in Falkensee Finkenkrug in der SBZ (in der Nähe von Berlin). Von dort erneute Flucht. Ende des Flüchtlingslebens 1955 in Oldenburg. Erst mit dem Abiturzeugnis in der Hand, diesem Erfolgsdokument der Integration, wagte ich die Behauptung: Das ist das Ende des Flüchtlingsdaseins! Wir schrieben das Jahr 1955 – zehn Jahre nach dem Aufbruch zur Flucht in Ostpreußen.

Wenn ein Mensch mit diesen Erfahrungen später Schwierigkeiten gehabt hätte – niemand würde sich wundern. Aber es sind hierbei nicht immer nur die Charakterprägungen, die für einen solchen Lebensweg entscheidend sind. Es sind vor allem die Tätigkeitsformen, die dazu beitragen, ob sich authentische Kohärenzgefühle entwickeln können oder Lernprozesse blockiert bleiben. Zufriedenheit entsteht dort, wo ich mit mir übereinstimme. Aber wo kann man mit sich übereinstimmen, wenn man als Flüchtling durch die Materialfelder des Krieges und der Gewalt, der Unterdrückung und der Erniedrigung hin und her geschoben wird? Wie groß ist der Spielraum der Autonomie, um überhaupt Entscheidungen treffen zu können? Die von dem Medizinsoziologen Aaron Antonovsky entwickelten drei Positionen und Kraftfelder, die für das Kohärenzgeschehen im Subjekt entscheidend sind – *Verstehbarkeit, Handhabbarkeit, Sinnhaftigkeit* – sind hoch besetzte kognitive Ansprüche. Alle drei Faktoren müssen beteiligt sein, damit ein solches Kohärenzgefühl die gesamte Gemütslage eines Menschen bestimmt.

Mit sich selbst übereinzustimmen, mit sich im Reinen zu sein, setzt allerdings eine eigentümliche Kraft des Subjekts voraus. Sie besteht in dem Willen, sich mit der Welt aktiv auseinanderzusetzen, ohne sie ständig mit Ansprüchen zu konfrontieren, die darauf hinaus laufen: Die Welt ist mir etwas schuldig geblieben. *Wer davon ausgeht, verlässt den Standpunkt der Anklage nie.* In der Sprache Kants heißt das: »Der Mensch kann nicht glücklich seyn, ohne wenn er sich selbst wegen seines Charakters Beyfall geben kann.«[2]

Dieser Beifall für sich selbst ist nur möglich, wenn der Mensch die spekulativen Ausflüchten meidet und seine Energien darauf richtet, die Phantasie von der Veränderung der Dinge in Handhabbarkeit umzusetzen; das setzt Sinnverständnis voraus und eine hohe Bedeutung der Dinge, die als veränderbar eingeschätzt werden, die sich also dem Veränderungswillen fügen könnten. Ein wichtiges Element einer solchen Kohärenz *ist die pragmatische Überprüfung der Dinge durch Tätigkeit.* Dies ist immer wieder der springende Punkt, an dem der spekulative Überhang seine Schranken findet: *Bindekräften* durch Arbeit, tätigen Umgang mit Menschen und Dingen, Bodenhaftung zu verschaffen – und damit verlässliche Orientierung.

Ich will mit dieser Autobiographie nicht eine Erfolgsgeschichte in den Techniken des Überlebens präsentieren. Mein Erkenntnisinteresse richtet sich vielmehr darauf, an meinem individuellen Fall kenntlich zu machen, welche Mechanismen mit im Spiel sind, wenn aus schmerzhaften Erfahrungen und schrecklichen Erlebnissen, die im Gedächtnis haften bleiben, nicht zwangsläufig Beschädigungen der Person erfolgen, die dazu beitragen, den Opferstatus lebenslang zu fixieren. Schon Anna Freud hatte in ihrer Analyse von Kriegskindern eine Komponente der Persönlichkeitsentwicklung benannt, die entscheidend dafür ist, ob Ängste der erwachsenen Personen auf die Kinder übertragen werden oder nicht. Wo verlässliche Beziehungen, Vertrauensverhältnisse zwischen Erwachsenen und Kindern existieren, müssen selbst schreckliche Erlebnisse nicht zwangsläufig die seelische Gesundheit beeinträchtigen.

Für Antonovsky bezeichnet *Verstehbarkeit* eine solide Fähigkeit, die Realität zu beurteilen – und eine Voraussetzung, widrige Umstände zu überleben: »Die Person mit einem hohen Ausmaß an Verstehbarkeit geht davon aus, dass Stimuli, denen sie in Zukunft begegnet, vorhersagbar sein werden, oder dass sie zumindest, sollten sie tatsächlich überraschend auftreten, eingeordnet und erklärt werden können. (...) Tod, Krieg und Versagen können eintreten, aber solch eine Person kann sie sich erklären. Verstehbarkeit, Sinnhaftigkeit des Überlebens, Deutung der Situation, in der man sich befindet – das alles sind Faktoren, die den Subjektanteil am Überleben bezeichnen.«[3]

Der Autor einer Autobiographie möchte mit der Darstellung seines Lebens wohl auch Lernprozesse anstoßen; die hohe Gewichtung der Ich-Anteile legt das nahe. Unter diesem Blickwinkel könnte ein autobiographischer Bericht helfen, subjektive und objektive Interessenkonstellationen zu unterscheiden. Mancher Dogmatismus, der Erstaunen und Unverständnis hervorruft, wenn man die übrige Verstandestätigkeit des betreffenden Autors oder Politikers betrachtet, wäre aus seiner lebensgeschichtlichen Situation sehr schnell aufzulösen – was häufig dann auch tatsächlich passiert, meist aber zu spät. So verbinde ich mit diesem autobiographischen Unternehmen den Wunsch, dass meine Gedanken und das, was ich bisher niedergeschrieben habe, für mich selbst und für andere dadurch besser zu verstehen sind. *So einzigartig ist ein Leben nie, dass man daraus ein geschlossenes Ganzes machen könnte, das für sich steht.* Andererseits lässt sich nicht alles in eindeutige Kausalbeziehungen auflösen, indem man Kindheitserlebnisse dokumentiert, die im Kern bereits das Spätere offenbaren.

Es ist eine merkwürdige Erfahrung, die ich bei der Betrachtung der einzelnen Stationen meines Lebensweges machte: dass am Ende alles so erschien, als sei es Stück für Stück geplant und in sich folgerichtig, dass man sich Stufe für Stufe vorwärts bewegt und am Ende ein systematisches Ganzes vor sich hat. Als ich diesen Gedanken fasste, war ich erschrocken. Denn wie kann angesichts eines chaotischen Lebens, in dem erst viel später so etwas wie eine planende Rationalität der Entscheidungen zustande gekommen ist, der Eindruck entstehen, als wäre das ganze Geschehen nach Regeln einer *invisible hand* abgelaufen? Erschreckt hat mich dieser Gedanke deshalb, weil ich anerkennen musste, dass Steuerungsmechanismen in einem tätig sind, die den Arbeitsprozess planender Vernunft der trügerischen Scheinwelt überführen. Natürlich sind das rückblickende Betrachtungen, die solchen Widerspruch enthüllen; aber etwas an realem Rohstoff muss davon in den Objekten, mit denen man es auf den verschiedenen Lebensstufen zu tun hat, enthalten sein. *Es hat etwas von einer Collage an sich, in der alte Verbindungen zerbrochen und neue hergestellt werden, allerdings ohne dass bewusstes Handeln dabei im Spiel wäre.*

Was ist eine Collage? Max Ernst beschreibt sie so: »*Collage-Technik ist die systematische Ausbeutung des zufälligen oder künstlich provozierten Zusammentreffens von zwei oder mehr wesensfremden Realitäten auf einer augenscheinlich dazu ungeeigneten Ebene – und der Funke Poesie, welcher bei der Annäherung dieser Realitäten überspringt.*«[4] Dieser Funke wird unter bestimmten gesellschaftlichen Verhältnissen weniger die Entstehung eines Kunstwerks entzünden. Vielmehr wird er etwas schaffen, um Auswege aus der Not zu finden. Wer die Grunderfahrung von Flucht und Vertreibung einmal gemacht hat, der arbeitet ein Leben lang an dem Problem der Ich-Findung und der Orientierungssicherheit, denn das erste, was das Flüchtlingsdasein bewirkt, ist die Zerstörung verlässlicher Orientierung. Diese wiederherzustellen oder neu zu gründen, ist ein wesentliches Aufbauelement einer Gesellschaft, die den Menschen ein Stück Macht über die eigenen Verhältnisse zurückgeben kann.

Hannover, Frühjahr 2016
Oskar Negt

ORIENTIERUNGSSUCHE –
THEORETISCHE VORÜBERLEGUNGEN

Verzögerter Aufbruch –
Nur dreißig Kilometer bis Königsberg

Als wir uns umsehen, ist alles weg. – Mit einem gewaltigen Knall waren wir aus den überwiegend für Tiertransporte und verwundete Soldaten ausgestatteten Waggons herausgeschleudert worden, mitsamt unseren gut verschnürten und zu Rucksäcken zurechtgeschneiderten Gepäckstücken. Der meterhohe Schnee begrub alles, auch die von meiner Mutter mit liebevoller Sorgfalt verpackten Essens- und Trinkvorräte. Nach einer Stunde des erstarrten Nichtstuns machten Gerüchte über die Ursache dieses Unfalls die Runde. Man sprach von fehlgeleiteter Sabotage, die eigentlich einen Truppentransport treffen sollte. Man sprach von einem russischen Fliegerangriff, aber niemand hatte ein Flugzeug gehört. Schließlich verbreitete sich die Nachricht, dass eine Lokomotive frontal in unseren Zug hineingefahren sei, es habe viele Tote in den ersten Waggons gegeben und es sei anzunehmen, dass die verbogenen Gleise und die quer liegenden Waggons nur mit schwerem Gerät, das man aus Königsberg herbeirufen werde, repariert werden könnten. Bis die Strecke wieder frei sei, könne es eine ganze Woche dauern.

Im Grunde aber gab es nur Gerüchte, wie es weitergehen würde, keine offizielle Auskunft von dem Militärtrupp, der einen halben Tag nach dem Unfall mit Bergungsgerät und Hebekränen eingetroffen war. Nur eine Sicherheit gab es: Die Strecke musste wieder unbehindert befahrbar sein, weil sie für

Militärtransporte benötigt wurde. Nach einem kurzen Kontrollblick, was uns an Winterausstattung geblieben war, stellten wir fest, dass außer einem Koffer fast alles verloren gegangen war, wir aber glücklicherweise unverletzt und zusammen geblieben sind. *Wir: Das sind meine beiden älteren Schwestern, Ursel und Margot, damals sechzehn und siebzehn, und ich, zehn Jahre alt.* Wir saßen auf halber Strecke nach Königsberg fest, im meterhohen Schnee und in einer klirrenden Kälte von unter zwanzig Grad minus. Brennholz in der Umgebung zu verschaffen, bereitete Schwierigkeiten. Doch zwischen Weinen und Fluchen gewann sehr schnell die Hoffnung Oberhand, bald bei unserer ältesten Schwester, die seit einigen Jahren in Berlin eine Verkäuferinnenlehre machte, Zuflucht zu finden. Nach vier Tagen konnte unser Zug, um einige demolierte Waggons verkürzt, seine Fahrt von Groß-Lindenau nach Königsberg, eine Wegstrecke von dreißig Kilometern, fortsetzen. Doch Berlin war das eigentliche Fahrtziel, Königsberg nur eine Zwischenstation.

So sah der strategische Fluchtplan meiner Mutter aus: Sechs Kinder auf einem Leiterwagen unterzubringen, bedeutete, dass nur wenig Gepäck oder Hausrat befördert werden konnte; also mussten die Jüngsten vorausgeschickt werden. Eigentlich hätte auch mein fünf Jahre älterer Bruder Gerhard zu denjenigen gehört, die mit der Bahn vorausfahren; aber er war, während unser Vater beim Militär, später dann beim Volkssturm Dienst tat, der kompetente Ersatzbauer, der mit den Pferden am besten zurechtkam. Auf ihn konnte unsere Mutter, solange unser Vater in Tauroggen beim Volkssturm nutzlose Gräben aushob, nicht verzichten. Und unsere Mutter war fest entschlossen, sich dem Dorftreck anzuschließen. Ein überdachter Wagen, total überladen, stand zur Abfahrt bereit, als mein Vater, der einen Bauerntrupp befehligt hatte, zurückkam; er hatte den Bauern erklärt: Es hat keinen Sinn mehr, denn die Gräben, die wir mühsam in fest gefrorener Erde schaufeln, durchfahren die russischen Panzer mit Leichtigkeit. Obwohl sich die Parteiführer längst Richtung Westen abgesetzt hatten, war solch eine eigenmächtige Handlung riskant.

Als mein Vater, wie später berichtet wurde, den überladenen Leiterwagen sah, war seine erste Maßnahme, die gerade neu erworbenen Schlafzimmermöbel herunterzuräumen – unter bitteren Tränen meiner Mutter. Dann machte er sich auf den Weg, um uns zu suchen. Wir drei waren aber inzwischen schon weitergefahren. Nicht nur der Zugunfall war eine Tragödie, sondern auch das, was darauf folgte. Kinder waren, um sich vor der Kälte zu schützen, in den Wagen geblieben, während die Mütter in der Umgebung nach Lebensmitteln oder Brennholz suchten. Als sie zurückkamen, sahen sie, dass der Zug auf der freigeräumten Strecke bereits weitergefahren war.

Es war der 25. Januar 1945. An diesem Tag endete meine Kindheit. Die Fluchtwege hatten sich getrennt. Meine Eltern und vier meiner Geschwister sah ich erst zweieinhalb Jahre später wieder. Sie sind über das gefrorene Frische Haff, dessen Eisdecke bereits zu brechen begann, sicher nach Westen gelangt. Als unser Zug mit vier Tagen Verspätung in Königsberg ankam, liefen wir freudestrahlend auf einen Bahnbeamten zu und fragten ihn: Auf welchem Gleis fährt der nächste Zug nach Berlin? – Berlin? Es fährt kein Zug mehr nach Berlin. Der letzte, der trotz aller Fliegerangriffe und Frostbehinderungen die Stadt verlassen und Richtung Westen fahren konnte, war am Tag zuvor als völlig überladener Flüchtlingstransporter abgefahren. *Königsberg war eingeschlossen. Es gab keinen über Land gehenden Fluchtweg mehr. Wir waren verzweifelt.*

Wenige Tage sind es, die mein Leben radikal verändert haben. Die bis zu dem Zeitpunkt, da die Geschosssalven der Roten Armee unserem Dorf bedrohlich näher rückten, als glücklich empfundenen Kindertage waren abrupt beendet. Hungrig und frierend standen wir auf dem Königsberger Bahnhof und wussten nicht ein noch aus; als einziges Gepäckstück hatten wir einen Koffer gerettet, den wir abwechselnd schleppten, der mit jedem Meter schwerer wurde und den wir gerne in einer Ecke hätten stehen lassen – wenn uns nicht klar gewesen wäre, dass er unsere letzte Habe enthielt. So stapften wir ermüdet und ermattet bei Schnee und Kälte in Richtung Zentrum und waren überglücklich, als plötzlich ein Schlitten vorbeikam und der peitschenbewaffnete Schlittenführer uns aufforderte aufzusteigen. Der Schlitten war voll beladen und im ersten Augenblick konnte man nicht feststellen, worin diese Ladung bestand. Plötzlich schrie meine Schwester Margot auf. Sie hatte Halt suchend eine gefrorene Hand ergriffen. Wir saßen auf einem Leichen-Schlitten. Sofort wollten wir abspringen, aber Margot zögerte und fragte den Mann, der mit einem abgemagerten Gaul diesen Schlitten führte, was denn der Sinn dieses absurden Transports sei, bei dieser Kälte könne man doch keinen Menschen beerdigen. Er erklärte, niemand komme mehr aus Königsberg heraus, alle versuchten es. Er auch. Welches Interesse sollten die Russen haben, einen Leichen-Schlitten auf der Flucht aus Königsberg anzuhalten? Das war unsere erste Begegnung mit der Aussichtslosigkeit, diese Stadt lebend verlassen zu können; wir blieben also auf dem Leichen-Schlitten sitzen. *Jetzt waren wir drei nicht nur Geschwister, wir waren eine Rettungsgemeinschaft.*

Mit solchen oder ähnlichen Erlebnissen kann man einen autobiographischen Bericht durchaus beginnen. Es ist der unmittelbare Blick auf ein Ereignis, das einen radikalen Umbruch in der Lebensgeschichte dokumentiert und schmerzhaft verdeutlicht, dass alle gewohnten Orientierungen zerstört sind. Solche existenziellen Erfahrungen in ihren Nachwirkungen erklären zu wollen, könnte der Sinn einer Autobiographie sein. Denkbar sind aber auch ganz andere Begründungen und Zugänge.

Es ist eine Situation der Vergangenheit, die ich beschreibe; dieses Zugunglück reißt mein Leben auseinander. Es könnte eine folgenschwere Schockstarre bewirkt haben, die alle anderen Erfahrungen der späteren Jahre überlagert. Aber die aktuellen Assoziationen verknüpfen sich mit dem Flüchtlingselend, das heute andere Menschen betrifft, aber ähnliche Hilflosigkeit ausdrückt wie damals, als Hunderttausende sich in den Häfen zusammendrängten, um über die Ostsee zu fliehen.

Flüchtlingsdasein und die Suche nach Halt

Sucht man nach einem Leitfaden, der Einzelerlebnisse und kollektive Erfahrungen einer geschichtlichen Periode miteinander verknüpft, dann könnte man für eine gut zehn Jahre umfassende Zeitspanne meiner Lebensgeschichte *Existenzialien eines Flüchtlingsdaseins* beschreiben. Das wäre nicht umfassend genug, um den vollen Lebenszusammenhang auf den verschiedenen Stufen zu begreifen, weil die Phasen der Unterbrechung, der Glückserfahrungen darin fehlten, aber ich könnte durchaus eine Lebenslinie konstruieren, die den *Flüchtling* in den Mittelpunkt rückt. Es war im Januar 1945, als ich den vergeblichen Versuch unternahm, gemeinsam mit zwei älteren Schwestern nach Berlin zu gelangen. Erst 1955, als ich in Oldenburg Abitur gemacht hatte, spürte ich wieder festeren Boden unter den Füßen und in einer Art heimatlichem Vorgefühl kam mir der tröstliche Gedanke: *Hier wirst du bleiben! Von hier wird dich niemand mehr vertreiben!* Zehn Jahre auf der Flucht hinterlassen Narben, die immer wieder aufreißen; sie sind besonders dann spürbar, wenn – wie heute – Massen von Menschen aus Existenzangst aufbrechen und ihr Leben aufs Spiel zu setzen bereit sind, um dem Krieg, der politischen Unterdrückung, der religiösen Verfolgung oder der materiellen Not zu entfliehen. Lebensgefahr und Not sind der Antrieb, wenn sie auf Wanderschaft gehen, und nicht Gründergeist oder die Abenteuerlust, etwas anderes zu erleben als die stickige Luft der alten Heimat. Nie hat es in der Geschichte so viele Flüchtlinge gegeben; *mit gutem Grund kann man unser Zeitalter als das der Flüchtlinge bezeichnen.*

Es ist also nicht gleichgültig, wie der Anfang einer Autobiographie gestaltet ist, wo die Akzente gesetzt werden: auf den Erfahrungszuwachs, auf das Leid und Elend oder auf die Überlebensstrategien, die verallgemeinerbar sind. In dem Maße, wie die Zerstörung von Bindungen nicht nur, wie in allen Modernisierungsprozessen üblich, als unbeabsichtigte Nebenfolge auftritt, sondern gewollt ist, zum System gehört, wird Energie in Suchbewegungen verbraucht, die sich auf verlässliche Orte richten, also einzig und allein dem Zweck dienen, »Bodenhaftung« herzustellen. Es gehört wohl zur anthropologischen Bedürfnisausstattung des Menschen, dass er selbst dann, wenn Wanderschaft und Mobilität weit oben in seiner Wertehierarchie rangieren, nur bis zu einem bestimmten Grad in Bewegung zu halten ist.

Wo liegt der archimedische Punkt? Wo stehe ich?

Wo stehe ich? Wo komme ich her? Welches sind meine Wurzeln? Was sind meine Ziele? Wo will ich hin? Wie sieht die Welt von morgen aus? Das alles sind Fragen, die den uralten Wunschtraum von einem archimedischen Punkt ausdrücken

– einem festen Ort verlässlicher Bodenhaftung, von dem aus auch ich *meine* Lebenswelt einschätzen, ordnen und in Bewegung bringen kann.

Von dem berühmten griechischen Mechaniker und Mathematiker Archimedes (285 bis 212 v. Chr.) sind nicht nur mathematisch-geometrische Berechnungen und naturwissenschaftliche Sätze überliefert; an seine Person knüpfen sich auch legendäre Aussprüche, wie der, man möge ihm einen festen Punkt *außerhalb* der Erde geben, auf dem er stehen könne, dann werde er die Erde mit seinem Hebel bewegen. Dieses *pu sto* (που ςτω, wörtlich »wo ich stehe«, als Tatsachenfeststellung, aber auch als Frage: »wo stehe ich?«) hat das europäische Denken maßgeblich bestimmt und als Verlangen nach Antwort taucht dieser Gedanke immer wieder auf. Descartes' *cogito, ergo sum* – Denken als Existenzbeweis – enthält denselben Impuls wie Kants Konstruktion des Transzendentalen, *des Erfahrungsunabhängigen, das doch Erfahrung begründen soll*. Es sind ordnende Orts- und Zeitbestimmungen, aus denen sich das Sicherheitsdenken speist.

Welcher Standpunkt verbürgt einen begründeten Anfang und einen überzeugenden Abschluss? Wie ist der Boden beschaffen, auf dem sich Wegweiser befestigen lassen, die mir eine gesicherte Rückkehr erlauben und mich vor Verirrungen bewahren?

Solange die Menschen in übersichtlichen Verhältnissen leben, Wege und Orte erfahrbare Sicherheit verbürgen, können alle diese Fragen sehr schnell beantwortet werden. Sobald sie sich aufs Meer begeben oder in die Dunkelheit geraten oder das Weltgeschehen an sich heranlassen, versagen auch die ausgekügeltsten und genauesten Topographien. Es ist daher kaum ein Zufall, dass der Begriff *Orientierung* zunächst vor allem in der Navigationstechnik, der Schifffahrt praktische Anwendung fand, bevor er dann im 18. Jahrhundert aus dem Französischen *orienter* in verallgemeinernder Bedeutung Eingang in die europäischen Sprachen gefunden hat. »Sich orientieren« heißt seitdem so viel wie »sich zurechtfinden«, sich im Labyrinth der Verhältnisse nicht zu verirren.

Aber bereits im lateinischen Ursprungssinn des Wortes ist ein doppelter Bedeutungshorizont angesprochen: *Fixpunkt* und *Hebel* in einem. Das Lateinische *orior* bedeutet »sich erheben, aufsteigen«, aber auch »sichtbar werden, aufgehen, sich zeigen«. Darin ist freilich auch die eindringliche Suche nach dem Ursprung, der Abstammung, dem Anfang mit gesetzt.

Orientierung und Aufklärung gehören zusammen

Wo wir also von Orientierung sprechen, ist das bloße Wissen nie ausreichend; auch hat das Differenzierungsgebot, das im Übrigen für diskursives Denken insgesamt Geltung hat, in diesem Zusammenhang seine deutlichen Grenzen. Man hat mit Recht *Verfügungswissen vom Orientierungswissen unterschieden;* Jürgen Mittelstraß hat diese Unterscheidung getroffen; er sagt: »Verfügungswissen ist ein Wissen um Ursachen, Wirkungen und Mittel; es ist das Wissen, das Wissenschaft und Technik unter gegebenen Zwecken zur Verfügung stellen. *Orientierungswissen* ist ein Wissen um gerechtfertigte Zwecke und Ziele.«[5] *Orientierungswissen hat jedoch immer auch mit einer Strukturveränderung des Wissens zu tun,* selbst dann, wenn Verfügungswissen auf Zwecke und Ziele gerichtet ist; man kann das vielleicht am besten mit dem benennen, was Niklas Luhmann einmal als *Komplexitätsreduktion* bezeichnet hat. Im Grunde geht es bei diesem Vorgang nicht nur um Vereinfachung sachlich ausdifferenzierter Inhalte, sondern um die Konzentration auf einen *politisch* so zugespitzten Sachverhalt, dass er aus seiner Einseitigkeit, und gerade aus seiner Einseitigkeit, Brennstoff für öffentlichen Zwist liefert. Wenn das ein produktiver öffentlicher Streit sein soll, dann setzt er ein begründetes Koordinatensystem voraus, in dem es eindeutige Zeit- und Raumachsen gibt.

Aber Orientierung in diesem weit gefassten Sinn besteht nicht nur aus objektiven Raum-Zeit-Koordinaten, aus »Fixsternen« und archimedischen Punkten. Schon Kant bringt das Subjekt mit ins Spiel; *er verknüpft systematisch Orientierung mit Aufklärung und stellt deshalb eine Wahrheitsverbindung zwischen beiden her,* die in Erziehung und Selbstbildung begründet ist – und geübt werden muss. In Kants berühmter Schrift über Aufklärung aus dem Jahre 1784, also aus vorrevolutionärer Zeit, wird *Aufklärung als eine Art Wegbeschreibung* verstanden; die Vernunft wagt den *Ausgang* in die Öffentlichkeit, indem sie selbstverschuldete Faulheit und Feigheit überwindet und die entmündigende Abhängigkeit von »Vormündern« und einschüchternden Autoritäten überwindet. Nicht am Aufklärungsvermögen scheitert das Mündigwerden, sondern am *mangelnden Entschluss* zum Risiko, die im Privaten, vielleicht an einem Stammtisch oder in der Familie, angesammelten und erprobten Vernunftgründe dem öffentlichen Urteil auszusetzen. »Aufklärung ist der *Ausgang* des Menschen aus seiner selbstverschuldeten Unmündigkeit. Unmündigkeit ist das Unvermögen, sich seines Verstandes ohne Anleitung eines anderen zu bedienen. Selbstverschuldet ist diese Unmündigkeit, wenn die Ursache derselben nicht am Mangel des Verstandes, sondern der *Entschließung* und des *Mutes* liegt, sich seiner ohne Anleitung eines andern zu bedienen. Sapere aude! Habe Mut, dich deines eigenen Verstandes zu bedienen! ist also der Wahlspruch der Aufklärung.«[6] *Man kann dieses »Sapere aude« auch als kürzeste Formel des Humanismus nehmen.*

Wenn in diesem Zusammenhang von *Orientieren* gesprochen werden kann, dann mit dem klaren und entschiedenen Blick auf eine nach Freiheitsgesetzen gestaltete Öffentlichkeit. Diese Wegmarkierung eines *Ausgangs* ist auf die Urteilsfähigkeit eines öffentlichen Gemeinwesens gerichtet, das eine eigene Kommunikationsstruktur besitzt. Aufklärung in diesem Sinne hat also eine inhaltliche Ausrichtung; der enge Umkreis des Privatgebrauchs der eigenen Vernunft ist noch nicht überwunden, wenn ein Lehrer oder ein Pfarrer oder ein Beamter der Verwaltung vor dem Publikum redet, für das er zuständig ist und das von ihm kompetente Entscheidungen erwartet. Es sind im Grunde die öffentlichen Angelegenheiten, das Wohl und Wehe des Gemeinwesens, dem eine Art naturrechtlicher Schutz zukommt. Die »Freiheit der Feder« soll nach Kant zwar das *einzige* Palladium der Volksrechte sein, aber diese Volksrechte sind so weit gefasst, dass sie allgemeine Denkfreiheit einschließen. Diese einzuschränken, hat keine Herrschaftsordnung eine Befugnis. Deshalb ist für Kant diese Form selbstkritischer Aufklärung, welche die Menschen aus ihrer Rohheit und Gewalttätigkeit herauszuführen imstande ist, immer gebunden an eine Vorstellung von *Welt*. Der Gelehrte, der durch Schriften zum »eigentlichen Publikum, nämlich der Welt« spricht, ist der Mensch im öffentlichen Gebrauch seiner Vernunft und genießt deshalb uneingeschränkte Freiheit, sich seiner eigenen Vernunft zu bedienen und dadurch in praktischer Arbeit zu bekräftigen, dass ein »Kontrakt, der auf immer alle weitere Aufklärung vom Menschengeschlechte abzuhalten geschlossen würde, (...) null und nichtig ist, selbst wenn er von irgendwelcher obersten Gewalt beschlossen sein sollte.«[7]

Was heißt: sich im Denken orientieren? – Der Vernunftglaube

Es gibt, meines Wissens, nur zwei Aufsätze Kants, die sich mit der Beantwortung von Fragen beschäftigen, die offensichtlich damals im gesellschaftlichen Verkehr umliefen und von den Zeitgenossen Kants als klärungsbedürftig betrachtet wurden. Das ist neben der erwähnten Schrift *Beantwortung der Frage: Was ist Aufklärung?* die zwei Jahre später erschienene kleine Schrift *Was heißt: sich im Denken orientieren?* Sie bilden einen inneren Zusammenhang, denn gerade der in der vorrevolutionären Umbruchzeit gewachsene Orientierungsbedarf schien es unabwendbar zu machen, Grenzbestimmungen zu markieren und gleichzeitig mit den Anmaßungen der spekulativen Vernunft ihre Orientierungsfunktion im menschlichen Leben zu bekräftigen. Der empirische Teil des Orientierens erweckt den Eindruck einer Banalität. »Sich orientieren heißt, in der eigentlichen Bedeutung des Worts: Aus einer gegebenen Weltgegend (in deren vier wir den Horizont einteilen) die übrigen, namentlich den Aufgang zu finden. Sehe ich nun die Sonne am Himmel, und weiß, dass es um die Mittagszeit ist, so weiß ich Süden, Westen, Norden und Osten zu finden.«[8]

Damit hat es bei Kant aber nicht sein Bewenden. Genau hier setzen bei ihm Problemstellungen ein, die Orientierung in ein ganz neues, eher modernes Licht rücken. Wie in der modernen Physik seit Einstein und Heisenberg, die, sehr vereinfacht ausgedrückt, Wahrnehmungsweisen der *Subjekte in die objektiven Tatbestände* einbeziehen, rückt hier Kant auch die kopernikanische Wende ins Zentrum der Subjekt-Objekt-Dialektik, die konstitutive Bedeutung des Subjekts für den Objektzusammenhang, indem er erklärt: »Also orientiere ich mich geographisch bei allen objektiven Datis am Himmel doch nur durch einen subjektiven Unterscheidungsgrund.«⁹ Es ist meine alltägliche Lebenserfahrung, der Boden, auf dem ich stehe, der mir Sicherheit bei der Orientierung verschafft. Was ich am Himmel sehe, verschafft mir Wahrnehmungsgewissheit nicht allein durch den objektiven Tatbestand dieses Blicks, sondern durch das »öftere Ausübung gewohnte Unterscheidungsvermögen, durchs Gefühl der rechten und linken Hand«.¹⁰ Dass der Polarstern ein Fixstern ist, reicht für meine Orientierung nicht aus. Die Sinnenerforschung von rechter und linker Hand benötige ich, wenn ich mich zum Beispiel in einem dunklen Raum orientieren will.

Und jetzt bringt Kant zwei für das Orientierungsproblem entscheidende Momente ins Spiel, welche den vernunftfernen Orientierungsbedarf in zweierlei Richtungen brechen: Verlässliche Orientierungen sind nicht möglich, wenn sie der Anschaulichkeit, der Bildlichkeit möglicher Erfahrungen ermangeln. Er sagt: »Wir mögen unsere Begriffe noch so hoch anlegen, und dabei noch so sehr von der Sinnlichkeit abstrahieren, so hängen ihnen doch noch immer bildliche Vorstellungen an, deren eigentliche Bestimmung es ist, sie, die sonst nicht von der Erfahrung abgeleitet sind, zum Erfahrungsgebrauche tauglich zu machen. Denn wie wollten wir auch unseren Begriffen Sinn und Bedeutung verschaffen, wenn ihnen nicht irgendeine Anschauung (welche zuletzt immer ein Beispiel aus irgendeiner möglichen Erfahrung sein muss) untergelegt würde? Wenn wir hernach von dieser konkreten Verstandeshandlung die Beimischung des Bildes, zuerst der zufälligen Wahrnehmung durch Sinne, dann sogar die reine sinnliche Anschauung überhaupt, weglassen: so bleibt jener reine Verstandesbegriff übrig, dessen Umfang nun erweitert ist, und eine Regel des Denkens überhaupt enthält.«¹¹

Darin besteht jetzt, was das Orientierungsproblem betrifft, die grundsätzliche Grenze der spekulativen, das heißt: der theoretischen Vernunft. Ohne das Anschauen exemplarischer Bilder sind Begriffe in der Tat leer; so steht es schon in der *Kritik der reinen Vernunft*. Aber Kant möchte ja in seiner Schrift nicht erläutern, was Orientieren im Zusammenhang der empirischen Erfahrungswelt bedeutet; vielmehr liegt ihm am Herzen, wie sich das Orientierungsproblem begründen lässt, wenn es um das eigentümliche Reich der spekulativen Vernunft geht, wenn die Sicherheitsbasis der empirischen Anschauung verloren gegangen ist. In diesem Falle fehlt nun der anschauliche Boden, von dem man ausgehen kann. *Orientierung bedarf aber der verlässlichen Wiederkehr eines erfahrbaren Punktes oder Ortes in der Welt, wo eben rechts und links, wie Kant sagt, unterscheidbar sind.* Da für Kant *ein* Sicherheitsversprechen auszuschließen ist, nämlich die der kritischen Selbstreflexion entzogene dogmatische Setzung einer Position oder eines Grundsatzes, rettet er sich durch eine aporetische (in sich paradoxe) Konstruktion: Er spricht vom *Vernunftglauben*. *Der Vernunftglaube enthält so etwas wie eine Redlichkeitssubstanz im Denken.* Es ist keine Erkenntnis, kein Wissen, es ist ein *Fürwahrhalten,* aber ausgestattet mit einem hohen Glaubwürdigkeitsbonus. »Ein reiner Vernunftglaube ist also der Wegweiser oder Kompass, wodurch der spekulative Denker sich auf seinen Vernunftstreitereien im Felde übersinnlicher Gegenstände orientieren, der Mensch von gemeiner doch (moralisch) gesunder Vernunft aber seinen Weg, sowohl in theoretischer als praktischer Absicht, dem ganzen Zwecke seiner Bestimmung völlig angemessen vorzeichnen kann; und dieser Vernunftglaube ist es auch, der jedem anderen Glauben, ja jeder Offenbarung zugrundegelegt werden muss.«[12]

Es ist hier nicht der Ort, den *spekulativen,* den innerphilosophischen Gedanken dieser Erweiterung des Orientierungsproblems im Einzelnen weiter zu verfolgen. Für Kant läuft die

»Grenzbestimmung des reinen Vernunftvermögens«, das heißt die Kritik von Schwärmerei und spekulativem Dogmatismus, auf einfache, praktische Lösungen hinaus. Das knüpft wiederum unmittelbar an die Aufklärungsschrift an. *Im spekulativen Bereich ist die Redlichkeit des Vernunftglaubens die einzige Bremse, die das Denken daran hindern kann, im Zug der Phantasterei fortzufahren.* Zur Aufklärung gibt es keine Alternativen, und in diesem Sinne sind Bildung der Urteilskraft und Selbstdenken das einzige, wodurch das Elend der dogmatischen Kriege, im Denken genauso wie in der Wirklichkeit, zu vermeiden ist. Kant sagt: »*Selbstdenken* heißt, den obersten Probierstein der Wahrheit in sich selbst (d. i. in seiner eigenen Vernunft) suchen; und die Maxime, jederzeit selbst zu denken, ist die *Aufklärung*. (...) Aufklärung in einzelnen Subjekten durch Erziehung zu gründen, ist also gar leicht; man muss nur früh anfangen, die jungen Köpfe zu dieser Reflexion zu gewöhnen. Ein Zeitalter aber aufzuklären ist sehr langwierig; denn es finden sich viel äußere Hindernisse, welche jene Erziehungsart teils verbieten, teils erschweren.«[13]

Orientieren heißt Mut zur Selbstaufklärung

Aufklärung und *Orientierung,* die das Selbstopfer der Vernunft und die Übergabe der menschlich definierten Bedürfnisse an fremde Verfügungen ausschließen, sind heute unabdingbar miteinander verknüpft. Was ich unter gesellschaftlicher Orientierung verstehe, hat als wesentliche Kraftquelle diesen Emanzipationsanspruch der Menschen in einem Gemeinwesen, das menschenwürdig ist. Es mag konservativen Weltanschauungen bedauerlich erscheinen und auch als Last empfunden werden, dass die Sicherheiten der Tradition und der überlieferten Lebensregeln nicht mehr als Bürgschaft verstanden werden können, den Menschen einfache Antworten auf ihre Lebensprobleme zu garantieren; aber es gibt keine menschlich vertretbare Alternative dazu.

So zentral nun auch diese Bindung von *Aufklärung* an *Orientierung* und *Emanzipation* für meine Begründung einer biographischen Reflexion des eigenen Lebens ist, so entschieden ist zu betonen, dass diese drei Komponenten erst dann in konkreten Lernprozessen ihre eigentliche Wirksamkeit zeigen, wenn sie in einem spezifischen Weltverständnis fundiert sind.

Ursprünge und Hoffnungsanfänge

Das Bedürfnis, sich des Ursprungs und der Anfänge zu vergewissern, ist ein starkes Erkenntnismotiv in der europäischen Denktradition. Jeder Blick auf die Kindheit verrät etwas von dieser ursprungsphilosophischen Neugierde. *Was sind die Hoffnungsanfänge, die in einem neuen Lebewesen stecken? Welche Brüche gibt es, wie wurden die ursprünglichen Potenziale umgesetzt?* Ein biographisches Projekt ist stets mit solchen Fragestellungen belastet, und sie tauchen auf jeder Lebensstufe erneut auf. Was das eine, der Blick auf die Kindheit, mit dem anderen, einer auf Ursprünge gerichteten Neugier, zu tun hat, ist mir erst sehr spät klar geworden.

Von den systematischen Büchern Adornos hat mich in der Frühphase meines Studiums jene Schrift am meisten fasziniert, die in der Regel als die abstrakteste und blutleerste betrachtet wird, weil sie im Grunde eine Abarbeitung an Husserls Phänomenologie enthält, also als Übungsbuch zur Dialektik verstanden werden kann. Hier fand ich zum ersten Mal in meinem Studium den Begriff der *Ursprungsphilosophie* entwickelt; denn *selbst nach Sicherheiten suchend, um das Flüchtlingsschicksal loszuwerden,* hat mich Adornos Kritik an Husserls »logischem Absolutismus« darüber belehrt, dass das ursprungsphilosophische Sicherheitsdenken als Antriebsmotiv der Erkenntnis eine ebenso verständliche Einstellung wie ein Irrtum ist. *Eine Seinssphäre absoluter Ursprünge, wie Husserl sie behauptet, ist eine trügerische Hoffnung auf Sicherheit,* die sofort zerbricht, wenn das Denken die selbst produzierten Barrieren auflöst. Das betrifft nicht nur die Objektbereiche, sondern erfasst auch das Subjekt. Adorno sagt: »Die wissenschaftliche Gestalt der Ursprungsphilosophie war die Erkenntnistheorie. Sie wollte das absolut Erste zum absolut Gewissen erheben durch Reflexion auf das Subjekt, das aus keinem Begriff vom Ersten sich ausscheiden ließe. Aber im Fortgang solcher Reflexionen verstärkt sich zugleich der Identitätszwang. Der Gedanke, der nicht mehr, wie Husserl es nennt, ›geradehin‹ vollzogen, sondern auf sich selber zurückgewandt wird, dichtet sich mehr stets ab gegen alles, was in ihm und seinem Bannkreis, in der Immanenz des Subjekts nicht aufginge.«[14]

Es ist nun nicht meine Absicht, diese *Ursprungsphilosophie,* die dann Adorno bei Heidegger zum »Jargon der Eigentlichkeit« herabstuft, in philosophischen Zusammenhängen weiter zu erörtern. Es geht mir vielmehr um die Entwicklung eines Gedankens, der den biographischen Kontext betrifft, mit dem ich es hier zu tun habe. Die Schwierigkeiten einer Autobiographie liegen auch darin, dass *die objektivierende Distanz verloren gegangen ist,* dass mir im Prozess des Schreibens eigene Bildungserlebnisse einfallen, die nur als Assoziationsanhang des jeweils abgehandelten Gegenstands betrachtet werden können, wie in diesem Falle, der Verbindung von *Ursprungsphilosophie und Kindheit.* Adornos gänzlich an dialektischen Grundfiguren orientierte Kritik der Phänomenologie Husserls, die auf *Evi-*

denz der Unmittelbarkeit geht, ihrem Anspruch nach: *die Sache selbst sprechen zu lassen,* erweist sich bei weiterem Nachdenken als eine trügerische Sicherheit, weil sie (bei Husserl) auf einem willkürlichen Abbruch eines Denkprozesses beruht. Die *originär sich gebende Anschauung,* wie Husserl das bezeichnet, was sinnliche Evidenz beansprucht *(evidence based* würde man heute sagen), erweist sich im nächsten Denkschritt schon als ein durch und durch *vermitteltes Objekt.* Hier kommt Hegels und Adornos zentraler philosophischer Begriff der *Vermittlung* ins Spiel; das hat nichts mit ausgleichendem Vermitteln zu tun und schon gar nicht etwas mit Mitte; Vermittlung im dialektischem Verständnis verweist auf einen *Erkenntnisimperativ, in der Betrachtung endlicher Dinge nicht zu ermüden,* den Spuren der Vermitteltheit des Unmittelbaren bis in letzte Verästelungen nachzugehen. Wie *Aufhebung* ist *Vermittlung* im Hegel'schen Denken eine zentrale Kategorie; sie verweist auf die Notwendigkeit, den inneren Zusammenhang der Dinge als einen fortschreitenden Prozess der Enthüllung ihrer verdeckten Bedingungen und Abhängigkeiten zu begreifen.

Die Scheinwelt archaischer Anfänge

Bezieht man diese reichlich abstrakt erscheinende Vermittlungsproblematik, die Adorno erkenntnistheoretisch entfaltet, auf den Sachzusammenhang einer autobiographischen Spurensuche von Kindheitselementen im späteren Leben, dann wird begreifbar, dass auf jeder Stufe der Analyse *Unmittelbares* und *Vermitteltes* sich verknüpfen. Auch dort, wo die Erlebnisse gleichsam authentisch sind, weil sie sich traumatisch verfestigt haben oder nachweislich durch Zeugen bestätigt werden können – wie im Falle des Zugunglücks, das den Aufbruch zur

Flucht aus meinem Heimatdorf um entscheidende vier Tage verzögerte –, ist das Denken in Vermittlungskategorien nicht stillzustellen. Hegel spricht von der Notwendigkeit einer Arbeit der Vermittlung. *Denken ist Vermittlungsarbeit.* Er sagt, »dass es kein Wissen gibt, ebenso wenig als ein Empfinden, Vorstellen, Wollen, keine dem Geiste zukommende Tätigkeit, Eigenschaft oder Zustand, was nicht vermittelt und vermittelnd wäre, so wie keinen sonstigen Gegenstand der Natur und des Geistes, was es sei, im Himmel, auf Erden und unter der Erde, was nicht die Bestimmung der Vermittlung, ebenso wie die der Unmittelbarkeit in sich schlösse.«[15] *Kindheitserinnerungen,* die in einer Autobiographie festgehalten werden sollen, sind eingespannt in diese Dialektik von sinnlicher Präsenz und gedanklicher Vermitteltheit. Natürlich hat das vermittelte Wissen einen höheren Rang als das unmittelbare Wissen; aber ohne Erfahrung des unmittelbaren Wissens durch Betätigung der Sinne ist auch vermitteltes Wissen nicht zu erreichen.

Hegel variiert das Thema der Zusammengehörigkeit von Unmittelbarem und Vermitteltem. »Vermittlung ist ein Anfangen«, sagt er, »und ein Fortgegangensein zu einem Zweiten. (...) in der Tat ist das Denken wesentlich die Negation eines unmittelbar Vorhandenen –, so sehr als man das Essen den Nahrungsmitteln verdanke, denn ohne diese könnte man nicht essen; das Essen wird freilich in diesem Verhältnisse als undankbar vorgestellt, denn es ist das Verzehren desjenigen, dem es sich selbst verdanken soll. Das Denken ist in diesem Sinne nicht weniger undankbar.«[16] Die Unmittelbarkeit des Wissens schließt nicht nur die Vermittlung desselben nicht aus, sondern sie sind verknüpft, sodass das unmittelbare Wissen sogar Produkt und Resultat des vermittelten Wissens ist. Das Denken in diesem Sinne bricht die Unmittelbarkeit auf und verweist darauf, dass die originär sich gebende Anschauung, *die*

Evidenz versprechende Unmittelbarkeit des Sehens, des Tastens, der Gefühle einen zureichenden Grund haben, sich absolut zu setzen. Das reflektierende Erkennen bricht die Unmittelbarkeit auf, aber es ist gleichzeitig die Kraft, welche die Brechungen in eine höhere Stufe der Erkenntnis aufhebt. Es gehört eben zum Wesen geistiger Arbeit, dass sie die Scheinwelt der archaischen Anfänge, die mit Lebenssubstanz ausgestattet werden, aufbricht, aber gleichzeitig die Dinge mit einer begleitenden Heilkraft versieht. Am Mythos vom Sündenfall erörtert Hegel diesen Zusammenhang. »Das geistige Leben in seiner Unmittelbarkeit erscheint zunächst als Unschuld und unbefangenes Zutrauen; nun aber liegt es im Wesen des Geistes, dass dieser unmittelbare Zustand aufgehoben wird, denn das geistige Leben unterscheidet sich dadurch vom natürlichen und näher vom tierischen Leben, dass es nicht in seinem Ansichsein verbleibt, sondern für sich ist. Dieser Standpunkt der Entzweiung ist demnächst gleichfalls aufzuheben und der Geist soll durch sich zur Einigkeit zurückkehren. Diese Einigkeit ist dann eine geistige und das Prinzip jener Zurückführung liegt im Denken selbst. Dieses ist es, welches die Wunde schlägt und dieselbe auch heilt.«[17]

Ich bin bei meinen Überlegungen davon ausgegangen, dass es ein Motiv geben muss, wenn ein Achtzigjähriger in seine Kindheit zurückblickt und niederzuschreiben versucht, was er erlebt hat und wie es ihm ergangen ist. Würde ein wissenschaftlich ausgebildeter Biograph ein solches Projekt realisieren, müsste er Tatsachenforschung betreiben. Das Wissen, das er dabei gewinnt, ist *Verfügungswissen*. Das hätte einen ganz anderen Status als eine autobiographische Spurensuche; denn hier ist nicht nur die gesamte Lebensgeschichte als Wissensstoff ausgebreitet, sondern ein solcher Lebensbericht ist mit zahlreichen Urteilen, Legitimationen, Verdrängungen, Ausgrenzungen und Verleugnungen verknüpft. Anfang und Ende haben ein eigenes Spannungsgefüge. Zwar können es andere auch schlicht als Rohstoff für Verarbeitungen nehmen, für den Autor selbst ist es aber ein *Kampf im Handgemenge*, in dem unter Gesichtspunkten der Wahrhaftigkeit Siege und Niederlagen so eindeutig nicht voneinander zu trennen sind.

Die Suche nach Ursprüngen enthält das Bedürfnis, die gedanklichen Abstraktionen aufzulösen und festen Boden unter die Füße zu bekommen – gerade unter geschichtlichen Bedingungen, in denen alles ins Wanken geraten und die verlässliche Bodenhaftung verloren gegangen ist. Es ist eine besondere Faszination, welche die »Scheinwelt archaischer Anfänge« (Hegel) auf die Menschen ausübt. Aber diese »Scheinwelt archaischer Anfänge« erweist sich in Katastrophenzusammenhängen als nützlich, wenn es darum geht, Verwandtschaftsstandorte, selbst die längst vergessenen, wieder aufzudecken und in Anspruch zu nehmen. Nach dem Zugunglück auf der Strecke nach Königsberg waren uns Geschwistern zwei Wertsachen geblieben: *ein Koffer – und eine verlässliche Beziehung zueinander.*

Überlebensstrategien

Aus heutiger Sicht könnte man sagen, dass die intakte Beziehung eine wesentliche Voraussetzung für einen erfolgreichen Überlebenskampf in einer sonst als aussichtslos einzuschätzenden Situation ist. Dass wir drei nach dem Zugunfall nicht panisch reagierten, versetzte uns in die Lage, nüchtern zu überlegen, wie wir mit der Misere zurechtkommen können.

Heute wissen wir einiges darüber, welche Bedeutung *stabile Beziehungen und Vertrauensverhältnisse*, überhaupt die in der Primärsozialisation erworbenen sozialen und emotionalen

Kompetenzen, für die Bewältigung von Katastrophen haben. Die Subjektanteile werden dabei sehr hoch angesetzt.

Der in den USA geborene, 1960 nach Israel emigrierte Medizinsoziologe Aaron Antonovsky (1923–1994) zum Beispiel hat in seinem Buch *Salutogenese* der Komponente der *Vertrauensbeziehung*, die alleine schon angstreduzierend wirkt, zwei weitere hinzugefügt: *die Erfahrung von Sinnhaftigkeit* und *das Gefühl von Verstehbarkeit*. Zunächst konventionell als »Fragebogensoziologe« tätig, war Antonovsky mit der Erhebung des Gesundheitsstatus einer Gruppe von Frauen beschäftigt. Einer Eingebung folgend, verglich er den Gesundheitsstatus der Frauen, die den Holocaust nicht unmittelbar erlebt hatten, mit dem Status jener mit Holocausterfahrung. Dass der Gesundheitszustand der zweiten Gruppe schlechter war als der der ersten Gruppe, deren Mitglieder die Schrecken der Shoah nicht unmittelbar erlitten hatten, erstaunt wenig. Antonovsky hat jedoch an dieser Stelle nicht innegehalten, sondern weitergefragt, zum Beispiel nach den Gründen, warum es den Frauen, die den Holocaust erlitten und überlebt hatten, nicht noch viel schlechter ging, angesichts schwerster Traumatisierung; und er fragte auch, warum einige schwerst Traumatisierte nahezu vollständig genesen konnten und ein durchaus zufriedenes, erfolgreiches Leben führten.

Aus dieser Wende in seiner Fragestellung hat sich Antonovskys Hauptwerk ergeben, das um die »Salutogenese« kreist, also der Frage nachgeht, was Menschen gesund erhält. Ein Vergleich der Schicksale von Überlebenden des Holocaust mit denen von Flüchtlingen jedwelcher Art verbietet sich; das steht außer Frage. Gleichwohl können die Abstraktionen wesentlicher Untersuchungsergebnisse und die Reflexionen Antonovskys *auch* für die Betrachtung von Überlebensstrategien und *Überlebensglück* von Flüchtlingen erhellend sein.

Antonovskys theoretisches Schlüsselkonzept ist das der Kohärenz, *des Kohärenzgefühls (soc, sense of coherence)*, das er als zentrale *Gesundheitsressource* bezeichnet. *Es basiert praktisch auf guten Beziehungserfahrungen* (nicht umsonst hat er dieses Buch seinen Eltern gewidmet). Nach Antonovsky gehören zur Kohärenz drei Aspekte: die Fähigkeit, die Situation, in der man sich befindet, und die Zusammenhänge zu verstehen – das Gefühl der *Verstehbarkeit;* weiterhin die Überzeugung, dass man das eigene Leben gestalten kann – das Gefühl der *Handhabbarkeit;* sowie schließlich der Glaube, dass das Leben einen Sinn hat – das Gefühl der *Sinnhaftigkeit*.

Es geht also um die Vermeidung von Angst; denn *Angst* ist die Grundlage der meisten psychischen Erkrankungen. Der Zusammenhalt der Familie, der Verwandtschaft, solidarischer Kollektive, primäre Beziehungen jeder Art – das alles sind wesentliche Faktoren der Überlebensstrategien. Der Begriff der Kohärenz scheint das abzudecken, was herkömmlich unter Identität verstanden wird: *Sei mit dir selbst in Übereinstimmung; werde, was du bist*. Diese Forderungen weisen ja alle in eine ähnliche Richtung, aber der Ansatz von Antonovsky, der mit empirischer Plausibilität verknüpft ist, hat doch eine andere Reichweite; *man könnte von einer dialektischen Verschränkung der drei Komponenten Antonovskys sprechen*. Es gibt bei ihm nicht eine Instanz, wie das Ich oder das Über-Ich, die alle Aktivitäten, auch die unbewussten, steuert. Kohärenz verweist darauf, dass etwas nicht identisch ist, aber sich so aufeinander bezieht, dass die hier tätigen Kräfte sich nicht behindern und widersprechen, vielmehr kooperieren.

Diese Umgangsweise mit einer Realität, die bedrückend oder sogar existenzgefährdend ist, erscheint plausibel für Erwachsene. Aber ist sie das auch für Kinder oder Jugendliche? Antonovsky lässt das offen. Die zweite Komponente seiner

Kohärenztheorie betont stärker die *Gefühlsebene,* das Beziehungsgeflecht, in das der Mensch eingebunden oder von dem er getrennt ist; hier bestehen *die Kraftressourcen in verlässlichen Beziehungen;* es können Ehepartner, Geschwister, Freunde, Kollegen, Genossen sein, auf die man sich verlassen kann. »(...) wer ein hohes Maß an Handhabbarkeit erlebt, wird sich nicht durch Ereignisse in die Opferrolle gedrängt oder vom Leben ungerecht behandelt fühlen. Bedauerliche Dinge geschehen nun einmal im Leben, aber wenn sie dann auftreten, wird man mit ihnen umgehen können, und nicht endlos trauern.«[18]

Die dritte Komponente, die der Sinnhaftigkeit, bezieht sich auf das Ausmaß, in dem das Leben emotional als sinnvoll empfunden wird: dass wenigstens einige der vom Leben gestellten Probleme und Anforderungen es wert sind, dass man Energie in sie investiert, dass man sich für sie einsetzt und sich ihnen verpflichtet fühlt – dass sie eher willkommene Herausforderungen sind als Lasten, die man gerne los wäre.

Nimmt man diese Kohärenztheorie mit ihren verschiedenen Komponenten als einen Erklärungsansatz, der auch für ein Flüchtlingsdasein Geltung haben kann, dann erscheint mir manches verständlich an der Art und Weise, wie meine beiden Schwestern und ich selbst mit den dramatischen Bedrohungen umgegangen sind, die unser Leben auf einer weiten Strecke bestimmten. Gleichwohl bleibt vieles offen, wenn wir den Blick zurückwenden und uns fragen: Wie konnte es gelingen, dass die ganze Familie (einschließlich unserer Eltern) auf getrennten Fluchtwegen ohne Schäden die Katastrophen überstand? Kann das nachträgliche Reflektieren der Überlebensstrategien der sinnvolle Zweck einer Autobiographie sein? Das wird sich zeigen. *Eine Autobiographie enthält ja immer auch ein Element der Selbsttherapie,* wovon bei Biographien, die von anderen verfasst werden, also bei Archiv-Biographien, nicht die Rede sein kann. Und noch in einem anderen Punkt unterscheiden sich die beiden Arten der Biographie: *Die Archiv-Biographie kennt das Gefühl der Überlebensschuld nicht!*

Orte und Wege – Symbolbegriffe

Wollte man näher bestimmen, wo sich Spuren der Erinnerung am nachhaltigsten einprägen und die Erlebniswelt der Bilder besonders reichhaltig unser Gedächtnis besetzt, dann werden es häufig Orts- und Wegeerfahrungen sein. Darin zeigen sich Abmessungen eigentümlicher Art; Schulwege gehören dazu, Distanzen in der Berufswelt – aber auch im Flüchtlingsdasein. Nicht selten ist die Bereitschaft, sich angstfrei in der Welt zu bewegen, bedingt durch eine verlässliche Verankerung an bestimmten Orten, die jederzeit eine Rückkehr ermöglichen. Wenn ich jetzt meine eigene Lebensgeschichte mit den Symbolworten »Orte« und »Wege« verknüpfe, dann ist damit nicht eine Linie festgelegt, auf der alles aufgereiht erscheint, was berichtenswert ist. Es ist auch die Gefahr zu vermeiden, solche symbolischen Leitbegriffe metaphysisch oder religiös zu überhöhen, wie in Ernst Jüngers Schrift *Über die Linie* oder in Martin Heideggers *Der Feldweg*.

Bei Ernst Jünger präsentiert sich die *Linie* als eine befestigte Mauer, welche die Welt der Nihilisten, der chronischen Entwerter, von den übrigen Menschen trennt, die den Nihilismus vielleicht schon durchlebt haben, wie Nietzsche. Jünger sagt: »Die nihilistische Welt ist ihrem Wesen nach eine reduzierte und weiter sich reduzierende, wie das notwendig der Bewegung zum Nullpunkt hin entspricht. Das in ihr herrschende Grundgefühl ist das der Reduktion und des Reduziertwerdens. Dagegen kommt die Romantik nicht mehr an, bringt nur ein

Echo der entschwundenen Wirklichkeit hervor. Der Überfluss versiegt; der Mensch empfindet sich als ausgebeuteter in mannigfachen und nicht nur ökonomischen Beziehungen. Die Reduktion kann räumlich, geistig, seelisch sein; sie kann das Schöne, das Gute, das Wahre, die wirtschaftliche Welt, die Politik berühren, nur wird sie immer im Ergebnis als Schwund bemerkt werden.«[19] Aus der Wildnis der nihilistischen Entwertungen auf der anderen Seite der Mauer kann nur der Heroismus einer neuen Elite herausführen, die furchtlos ist. »Im Maße, wie der Nihilismus normal wird, werden die Symbole der Leere fürchterlicher als die der Macht. Die Freiheit wohnt nicht in der Leere, sie haust vielmehr im Ungeordneten und Ungesonderten, in jenen Gebieten, die zwar organisierbar, doch nicht zur Organisation zu zählen sind. Wir wollen sie die Wildnis nennen; sie ist der Raum, aus dem der Mensch nicht nur den Kampf zu führen, sondern aus dem heraus er auch zu siegen hoffen darf. Das ist dann freilich keine romantische Wildnis mehr. Es ist der Urgrund seiner Existenz, das Dickicht, aus dem er eines Tages wie ein Löwe hervorbrechen wird.«[20]

Da sind sogleich die *Stahlgewitter* Jüngers präsent. Heute wie jemals sind Menschen, die den Tod nicht fürchten, unendlich überlegen, auch der größten zeitlichen Macht. Sie müssen sich aber auf den Kampf einlassen. Wer nicht die »ungeheure Macht des Nichts« in sich erfahren hat, so Ernst Jünger, wird sich aus dieser Welt der Reduktionen nicht befreien. Denn die eigene Brust ist das Zentrum der Wildnis und der Trümmerwelt. »Der Weg, der weder von innen noch von außen Sicherheit gewährt, er ist der unsere. Dichter und Denker haben ihn beschrieben, genauer, bewusster mit jedem neuen Schritt. Das ist der Weg, auf dem die Katastrophen sich immer deutlicher und immer riesenhafter abzeichnen.«[21] Es sind existenzielle Wege, die hier beschritten werden sollen; aber auf dem epochalen Kampfgelände sind das Dickicht und die Wildnis Voraussetzung dafür, dass die Menschen eine neue Wertordnung anzunehmen bereit sind – so Ernst Jünger.

In Heideggers Schrift *Der Feldweg* geht es nicht um die aktive Frontstellung gegen die nihilistische Leere der Verwaltungen und der beruflichen Alltagswelt, sondern um das Schweigen, das Zuhören, die Bereitschaft, den Geräuschen des Waldes Rätsellösungen zu entnehmen. Heideggers *Feldweg* ist ein metaphysisches Gebilde; wenn die Rätsel einander drängen und kein Ausweg sich bietet, dann fängt der Feldweg an zu reden, denn er geleitet den Fuß still durch die Weite des kargen Landes – so das Beschwörungsritual Heideggers. *Denn das Einfache bewahrt das Rätsel des Bleibenden und Großen.* Es sind gewachsene Dinge, die am Feldweg verweilen. Sie spenden Welt. »Aber der Zuspruch des Feldweges spricht nur so lange, als Menschen sind, die, in seiner Luft geboren, ihn hören können. Sie sind Hörige ihrer Herkunft, aber nicht Knechte von Machenschaften. Der Mensch versucht vergeblich, durch sein Planen den Erdball in eine Ordnung zu bringen, wenn er nicht dem Zuspruch des Feldweges eingeordnet ist. Die Gefahr droht, dass die Heutigen schwerhörig für seine Sprache bleiben.«[22] Wer aber gewohnt ist, der Sprache des Feldwegs Gehör zu schenken, wird belohnt mit einer »wissenden Heiterkeit«. Und »die wissende Heiterkeit ist ein Tor zum Ewigen«[23] – meint Heidegger.

Dieses durch Rätsel und Geheimnisse angereicherte Raunen und Sprechen des Seins, dem Heidegger Gehör verschafft, markiert eine Linie, die dort hinführt, wo die Wesenserkenntnis der Dinge ins Archaische verkehrt wird. Mit der Kritik am Irrglauben der totalen Machbarkeit der Dinge wird gleichzeitig die Aufklärung in ihrer produktiven Selbstreflexion über die subjektive Vermitteltheit des Denkens verabschiedet. Doch in dem Wort »Weg« steckt das »Weg-Gehen«, das »Sich-auf-den-Weg-Machen«, also das Verlassen des archaischen Zusammenhangs eines Ortes, der gerade dadurch reicher wird, dass man ihn ohne Angst verlassen kann und die Möglichkeit hat, zurückzukehren.

In dieser dialektischen Spannung zwischen Orten und Wegen haben wohl jene Philosophen das Wahrheitsproblem lokalisiert, mit dem es die Aufklärung zu tun hatte. Auch Kant wettert gegen die Skeptiker, die die Ortsfestigkeit vermeiden. Schon in der Vorrede zur *Kritik der reinen Vernunft,* auf den ersten Seiten, schlägt er nicht nur mit einem kräftigen Hieb auf die despotischen Dogmatiker ein, sondern auch auf die Skeptiker, diese »Art von Nomaden, die allen beständigen Anbau des Bodens verabscheuen«.[24] Das hat Heidegger gewiss gefallen, seine Abwertung der Soziologen als bloße *Fassadenkletterer* könnte mit diesen Skeptikern in eins gesetzt werden. Aber der Weg, den Kant beschreitet, hat eine ganz andere Bewegungsrichtung als die, die Heidegger im Auge hat. Um dem Gemeinwesen etwas Gutes zukommen zu lassen, das bleibt und seine Friedensfähigkeit erweitert, bedarf es der reflektierenden Urteilskraft; und das können weder die Skeptiker noch die Dogmatiker leisten. Kant sagt: »Der *kritische* Weg allein ist noch offen. Wenn der Leser diesen in meiner Gesellschaft durchzuwandern Gefälligkeit und Geduld gehabt hat, so mag er jetzt urteilen, ob nicht, wenn es ihm beliebt, das Seinige dazu beizutragen, und diesen Fußsteig zur Heerstraße zu machen, dasjenige, was viele Jahrhunderte nicht leisten konnten, noch vor Ablauf des gegenwärtigen erreicht werden möge: nämlich, die menschliche Vernunft in dem, was ihre Wissbegierde jederzeit, bisher aber vergeblich, beschäftigt hat, zur völligen Befriedigung zu bringen.«[25]

Aber dieser kritische Weg ist nicht frei von Haltestellen, von Orten, wo das Weggehen auf Ziele und Zwecke gerichtet ist.

Selbst der kritische Zweck erfüllt sich nicht in bloßer Bewegung, vielmehr ist der Gebrauch der kritischen Vernunft darauf gerichtet, das Denken von Irrtümern abzuhalten und damit dem Gemeinwesen etwas Gutes hinzuzufügen. »Dass sie, als bloße Spekulation, mehr dazu dient, Irrtümer abzuhalten, als Erkenntnis zu erweitern, tut ihrem Werte keinen Abbruch, sondern gibt ihr vielmehr Würde und Ansehen durch das Zensoramt, welches die allgemeine Ordnung und Eintracht, ja den Wohlstand des wissenschaftlichen Gemeinwesens sichert und dessen mutige und fruchtbare Bearbeitung abhält, sich nicht von dem Hauptzwecke, der allgemeinen Glückseligkeit, zu entfernen.«[26] Die Rede ist hier von der Vernunft, dem menschlichen Grundvermögen, das sowohl mit Erkenntnis als auch mit Entscheidung verknüpft ist.

Gleichwohl: Wenn Kant davon spricht, dass nur noch der *kritische Weg* offen sei, dann meint er damit, dass es auf allen anderen Wegen dogmatische Barrieren gibt, die das selbstständige Denken der Menschen, den autonomen Gebrauch der Vernunft, behindern und in die Irre führen. Aufklärung ist der *Ausgang,* ein *Weg* aus der selbstverschuldeten Unmündigkeit; wenn man von »Ausgang« spricht, dann kann man daran denken, dass einem eine Erlaubnis gewährt wird, so, als würde die Vernunft durch Selbstreflexion ein ihr eigentümliches Tätigkeitsfeld erschließen, wodurch sie das Tor zur Welt öffnet. Erst das Öffnen dieses Tors zur Welt ermöglicht den kritischen Weg, der, wie Kant sagt, zunächst ein *Fußsteig* ist, bevor er sich zur Heerstraße weitet. In Heideggers Feldweg-Metapher ist das gesundende Denken gerade von der anstrengenden Gedankenarbeit befreit; Kants Fußsteig-Symbol hingegen verweist auf die eigentümliche Kraft der Vernunft, sich aus den Fesseln jeder Art von dogmatischer Einschränkung zu lösen.

Orte und Wege sind nur in ihrer dialektischen Verschränkung begreifbar; wo die Orte Festungscharakter annehmen, treibt die Enge Motive hervor, die den Blick auf Auswege konzentrieren. Es sind Freiheitsmotive, die hier die treibende Kraft sind – aber oft auch die schlichte Lebensnot, die Menschen zur Flucht antreibt. Wenn Hunderttausende, wie nach dem Mauerfall im November 1989, in ihre Fahrzeuge steigen und irgendwo hinfahren, um außerhalb der eigenen Grenzen Wege auszuprobieren, die nun nicht mehr staatlich überwacht werden, dann entspringt das diesem Urbedürfnis des Menschen, sich an Plätzen und Orten zu versammeln, *sich auf Wegen zu bewegen, die einstmals durch Verbotsschilder versperrt waren.* Im Symbolgehalt der Sprache deutet sich diese Dialektik von Orten und Wegen an. *Das Substantiv »Weg« hat mit »sich bewegen, schwingen, fahren, ziehen« zu tun.*

Freuds Rom-Gleichnis

Welchen Weg ich beschreite und wie der Ort aussieht, an dem ich mich aufhalte oder den ich bewohne, das sind Richtmaße der alltäglichen Fragestellungen, die von mir fortwährend Entscheidungen verlangen. Das sind nicht nur von außen kommende Ansprüche oder Anpassungsleistungen gegenüber Entscheidungen, die andere getroffen haben. Vielmehr bin ich immer schon mittendrin in solchen Entscheidungsprozessen; und sie betreffen auch mein inneres Seelenleben. Bei aller Mobilität und allen Tendenzen zur Entmaterialisierung der Beziehungen ist doch das menschliche Bedürfnis geblieben, auch subtilste Vorgänge des innerseelischen Lebens in Metaphern oder Bildern von Orten und Wegen zu vergegenständlichen.

In der Philosophie ist es seit Aristoteles der Wissenszweig der Topik, der Ruhe in das Erkenntnisgeschehen bringt und der Rhetorik wiederkehrende Argumentationsplätze sichert. Da es bei dem Gebrauch des Wortes »Ort« immer um einen konkreten Lebenszusammenhang geht, mit dem sich Bilder und konstante Einstellungen verknüpfen, lassen sich daraus auch Argumentationsmuster gewinnen, die verallgemeinerbar sind. Im Grunde ist *topos* jener konkrete Zusammenhang einer Sache, die im Argumentationsgeschehen dadurch hilfreich ist, dass schon einmal so gedacht und gehandelt wurde. Insbesondere die griechische Entwicklung der Rhetorik enthält als wesentlichen Bestandteil die Topik. Topoi sind *verdichtete Beispielzusammenhänge,* die dem Redner verfügbar sind und die er verwendet, um zu zeigen, wie stark sein konkretes Argument in den Erfahrungen der Menschen begründet und gesichert ist.

Freud hat, mit größter Vorsicht und vielen Vorbehalten, zwei topische Modelle entwickelt; das eine betrifft die Lokalisierung von Abläufen – die Reihenfolge von unbewusst, vorbewusst und bewusst. Das zweite topische Modell betrifft die Lokalisierung von Es, Ich und Über-Ich. Freud spricht in diesem Zusammenhang von Instanzen, die mehr oder minder gleich geordnet sind, obwohl die Rede von der »Kulturarbeit«, die dort, wo »Es« war, »Ich« herstellen soll, wiederum eine topische Struktur nahelegt, die dem Nacheinander von Unbewusstem, Vorbewusstem und Bewusstsein durchaus ähnlich ist. In den *Vorlesungen, Neue Folge* schreibt Freud: »Man kann sich auch gut vorstellen, dass es gewissen mystischen Praktiken gelingen mag, die normalen Beziehungen zwischen den einzelnen seelischen Bezirken umzuwerfen, sodass z. B. die Wahrnehmung Verhältnisse im tiefen Ich und im Es erfassen kann, die ihr sonst unzugänglich waren. Ob man auf diesem Weg der letzten Weisheiten habhaft werden wird, von denen man alles Heil erwartet, darf man getrost bezweifeln. Immerhin wollen wir zugeben, dass die therapeutischen Bemühungen der Psychoanalyse sich einen ähnlichen Angriffspunkt gewählt haben. Ihre Absicht ist es ja, das Ich zu stärken, es vom Über-Ich unabhängiger zu machen, sein Wahrnehmungsfeld zu erweitern und seine Organisation auszubauen, sodass es sich neue Stücke des Es aneignen kann. Wo Es war, soll Ich werden. Es ist Kulturarbeit etwa wie die Trockenlegung der Zuydersee.«[27]

Freuds Erkenntnisinteresse ist sehr stark darauf gerichtet, in diesem Fluss von Triebenergien, die schwer zu fassen sind, feste Orte und Bindungen zu finden, die sich mit der Härte und Gegenständlichkeit naturwissenschaftlicher Erkenntnisse vergleichen lassen. Deshalb sind die Bilder, die er von den energetischen Vorgängen malt, besonders eindrucksvoll – etwa das »Rom-Beispiel«: Komplexer und vielschichtiger kann man sich das seelische Geschehen im Menschen kaum vorstellen. Zwar erklärt Freud, wie weit entfernt man doch davon sei, die Eigentümlichkeiten des seelischen Lebens durch anschauliche Darstellung zu bewältigen, aber dann versucht er es doch selbst; denn da im Seelenleben im Grunde nichts verloren geht, muss man sich die Erhaltung der Energien im Psychischen auch so vorstellen können. Machen wir, sagt Freud, die phantastische Annahme, Rom sei nicht eine menschliche Wohnstätte, sondern ein psychisches Wesen von ähnlich langer und reichhaltiger Vergangenheit, in dem also nichts, was einmal zustande gekommen war, untergegangen ist; in dem neben der letzen Entwicklungsphase auch alle früheren noch fortbestehen: »Das würde für Rom also bedeuten, dass sich auf dem Palatin die Kaiserpaläste und das Septimonium des Septimius Severus noch zur alten Höhe erheben, dass die Engelsburg noch auf ihren Zinnen die schönen Statuen trägt, mit denen sie bis zur Gotenbelagerung geschmückt war, und so weiter. (...) Die Annahme der Erhaltung alles Vergangenen gilt auch für das Seelenleben nur unter der Bedingung, dass das Organ der Psyche intakt geblieben ist, dass sein Gewebe nicht durch Trauma oder Entzündung gelitten hat. Zerstörende Einwirkungen, die man diesen Krankheitsursachen gleichstellen könnte, werden aber in der Geschichte keiner Stadt vermisst, auch wenn sie eine minder bewegte Vergangenheit gehabt hat als Rom, auch wenn sie, wie London, kaum je von einem Feind heimgesucht wurde. Die friedliche Entwicklung einer Stadt schließt Demolierung und Ersetzungen von Bauwerken ein, darum ist die Stadt von vornherein für einen solchen Vergleich mit einem seelischen Organismus ungeeignet.«[28]

Freud sagt, ein Vergleich sei ungeeignet, gleichwohl probiert er ihn selbst. Wollte man eine Topik der Orte und Wege der seelischen Vorgänge entwickeln, könnte das nur vielschichtig geschehen, aber doch so, dass die Lebensenergie sich an festen Orten sammelt, woraus sich die Kraftquelle für Wege und Auswege speist. Wenn nichts im Seelischen verloren geht, dann kommt es einer abenteuerlichen Absicht gleich, sich auf autobiographische Spurensuche zu begeben. Dabei ist der verlässliche Ort genauso wichtig wie die Öffnung des Weges.

Kraftquellen, die der Erlebniswelt eines begrenzten Raumes entspringen

In einer Zeit, die von Abstraktionen überzogen ist, nicht nur von den Realabstraktionen der Finanzwelt, sondern auch von den Abstraktionen der entmaterialisierten Produktionsprozesse, wächst das allgemeine Bedürfnis, die ortsgebundenen Entstehungsbedingungen intellektueller Arbeitsprozesse wieder mit größerer Aufmerksamkeit sichtbar zu machen. So entstehen Bücher, in denen Schriftsteller und deren Werke in ihrer jeweiligen lokalen Verankerung untersucht werden – Günter

Grass und Danzig, Thomas Mann und Lübeck, ja sogar Thomas Mann und sein Ferienaufenthalt Nidden. Dieses Verfahren folgt der Idee, dass bestimmte Orte, an denen Menschen gewohnt und gearbeitet haben, wie ein Wurzelgeflecht ihren Denkweisen zugrunde liegen. Selbst die Parole des Freiherrn vom Stein, die verwaltungstechnisch klingt, zehrt von dieser Vorstellung: »Die Kenntnis des Ortes ist die Seele des Dienstes.« Natürlich weiß man, dass Thomas Mann nicht sein ganzes Leben in Nidden verbracht hat, aber irgendeine charakteristische Prägung seiner Weltauffassung und seines Schreibens ist mit diesem Ferienort verknüpft. Man weiß, dass Brecht nicht nur in Buckow gedacht und geschrieben hat, und doch verweist dieser Ort auf etwas Charakteristisches. *Es gibt eine Charakterverbindung zwischen Ort und Person.* Nicht immer ist sie so greifbar und offen wie im Falle von Thomas Mann und Lübeck, beispielhaft nachzulesen in den *Buddenbrooks,* oder im Falle von Günter Grass und Danzig. Häufig lassen sich viel indirekter und vermittelter – und für die betreffenden Autoren nicht immer erkennbar – Kraftquellen erkennen, die der Erlebniswelt eines begrenzten Raumes entspringen und den Wegen, die gegangen wurden.

Feste Orte und die Wege, die dorthin beschritten werden, sind seit der Entstehung der Stadtkulturen wesentliche Elemente der Herrschaftssicherung, aber auch des revolutionären Protests. Wolfgang Kraushaar sagt: »In der Geschichte der Städte repräsentieren Plätze nicht nur die Zentren der Gesellschaft, auf denen Versammlungen und Märkte durchgeführt wurden, sondern auch die Ausgangspunkte für Revolten und Rebellionen. Das war so mit der Place de la Concorde in Paris, die unter Ludwig XV. ursprünglich als Place Royal geschaffen, dann 1792 in Place de la Revolution umbenannt worden war. (...) Das war im Zuge des Arabischen Frühlings und der

Occupy-Bewegung nicht anders. Fast überall sind es zentrale Plätze gewesen, die eine herausragende Rolle gespielt haben. Es ging den Demonstranten darum, Brennpunkte des Urbanen, des öffentlichen Lebens zu besetzen, und dort ihr Anliegen vorzubringen. (...) So mobil die verschiedenen Strömungen des Protestes ansonsten auch sein mochten, sie haben auf diese Weise eine überaus stationäre Dimension ins Spiel gebracht.«[29] Für jede kollektive Rebellion ist entscheidend, *dass am Ende der Protestwege ein Ort aufgesucht wird, der sich als Schauplatz der Versammlung eignet*. Hier ist Ruhe geboten, ein Anhalten der Bewegung, um den Protestrednern Gehör zu ermöglichen. Der Syntagma-Platz in Athen und der Maidan in Kiew sind Beispiele aus der jüngsten Vergangenheit.

Es ist schon merkwürdig, wie bestimmte Strukturen der Herrschaftssicherung und des Widerstandes geschichtlich überdauern, wenn man etwa die Proteste des römischen Volkes gegen die Privatisierung des *ager publicus* mit den Widerstandsversuchen der Occupy-Bewegung vergleicht; natürlich handelt es sich um radikal verschiedene Milieus, in denen solche Protestbewegungen stattfinden; aber schon die Rebellion der Gracchen richtete sich gegen die private Plünderung des gesellschaftlichen Reichtums.

Rousseau ist der erste der modernen Philosophen, der seine *Bekenntnisse* nicht als bloße Enthüllung von individuellen Erlebensweisen niederschreibt, sondern die Entwicklung seiner Persönlichkeit mit Gedanken verknüpft, welche die Fundamente des Gemeinwesens betreffen. Jede Krisensituation schärft den Verstand der Krisentheoretiker; gegenwärtig häufen sich die Angebote im Konkurrenzkampf um die radikalsten Wege in den Untergang; wer den Mut aufbringt, den »Todesweg« zu beschreiben, fürchtet sich doch gleichzeitig, Auswege sichtbar zu machen, weil die mit gescheiterten Experimenten gepflastert zu sein scheinen. Rousseau hingegen riskierte, was man einen neuen Gesellschaftsentwurf nennen könnte – auch das schon ein gebrochenes Verhältnis zwischen Emanzipationsversuch und Terror; denn als Robespierre das Rousseau'sche Modell heiligsprechen lässt, sind die Guillotinen längst überfordert. Sich ohne begründete Legitimation auf Gesellschaftsentwürfe zu stützen, kann auch der beste Wille der Welt nicht verhindern. *Aber die Angst davor, sich auf Experimente einzulassen, führt am Ende zu einer totalen Verarmung der politisch-gesellschaftlichen Phantasie, die in ihrem Kümmerdasein selbst die elementaren Lebensinteressen der Menschen der offensichtlichen Dringlichkeit entzieht.*

Rousseaus *volonté générale* und die Tonlage

Volonté général und *volonté de tous* lassen sich ebenso wenig trennen wie beides zwanglos ineinander übergeht; es ist eine Dialektik, in der die Abtrennung und Totalisierung der einen Seite zur Störung der anderen Seite zwangsläufig führt. Rousseau ist der erste große Gesellschaftstheoretiker, der dieses Spannungsverhältnis benennt und für einen zentralen Mechanismus emanzipatorischer Gesellschaftsordnungen hält.

Die Wiederherstellung eines in der Vernunft gegründeten Gemeinwillens, ganz im Sinne von Rousseaus *volonté général*, ist gerade in einem Zeitalter, das alle sozialistisch getönten Vorstellungen des Gemeinwesens für überholt deklariert, von einer lebensnotwendigen Dringlichkeit. Gewiss, es ist seit Platos fehlgeschlagenem Experiment einer philosophisch durchorganisierten Staatsutopie nicht leicht, einen optimistischen Blick auf die soziale Reorganisation der Gesellschaft zu werfen, wenn man den Trümmerhaufen gescheiterter kommunistischer und sozialistischer Versuche vor sich hat. Wenn aber eine Gesellschaft ihre *Experimentalphantasie* fast ausschließlich für technische Neuerungen und Geldverhältnisse verbraucht und wenig Arbeitskraft dafür freigibt, damit Menschen in friedensfähigen Umständen leben können, dann wird man damit rechnen können, dass eines Tages eine solche Gesellschaft auseinanderbricht oder in sich Angstpotenziale entfaltet, die auch den einzelnen Menschen die Basis für eine angstfreie Entwicklung nehmen.

Die Jahrhundertidee des Sozialismus ist beschädigt. Die Linke in einem weit gefassten Sinn kann keinen Schritt nach vorne tun, ohne zuvor den Blick auf die eigene *unaufgearbeitete Vergangenheit* zu richten. Wenn ich von einer Jahrhundertidee spreche, dann im Sinne einer sozialen Orientierung, die verschiedene Wege zur Neuordnung der Gesellschaft öffnet. Das ist mehr und etwas anderes als die Summe der Einzelwillen.

»Autobiographien haben eine bestimmte Tonlage«, sagt der Rousseau-Forscher Bernhard Taureck in seinem aufschlussreichen *Rousseau-Brevier*. Sie kann zum Beispiel temperiert sein, sie kann pathetisch, sie kann humorvoll, sie kann nonchalant oder traumatisiert ausfallen. Taureck betrachtet verschiedene Tonlagen von Autobiographien, zum Beispiel die in Karl Philipp Moritz' *Anton Reiser* oder die im *Grünen Heinrich* Gottfried Kellers. Die Tonlage bei Rousseau sei *passioniert*. Er bewege, belehre und erfreue mit nahezu gleicher Intensität. »Ich verstand niemals, anders als aus Leidenschaft zu schreiben«,[30] so Rousseau selbst. Der passionierten Tonlage entspreche selbstverständlich auch eine Spannung des Inhalts. Der Leser bemerke sie vielleicht erst dann, wenn er innehält. Es handle sich um eine Spannung des darstellenden Ich und des dargestellten Menschen Jean-Jacques. Das darstellende Ich spreche zu seinesgleichen und sehe sich mit den anderen Menschen als gleichartig. Der dargestellte Mensch hingegen wird als anders und einzigartig vorgestellt.[31]

Was ist die Tonlage *meiner* Autobiographie? *Es ist eine permanente Suchbewegung;* keine von Menschen erzeugte Situation ist so geschlossen, dass sie keine Auswege kennt. *Die Ortsbestimmung ist der erste produktive Akt, denn wo es keine Orte gibt, kann man auch nicht bauen.* So ist die Tonlage meiner Autobiographie durch eine Gefühlswelt bestimmt, in der sich die Emanzipationskraft des Einzelnen mit der sorgfältigen Arbeit für ein friedensfähiges Gemeinwesen verbindet. *Meine Tonlage ist Dankbarkeit.* Und diese Dankbarkeit ist verknüpft mit dem befriedigenden Gefühl, etwas für andere – und weiter gefasst: für das Gemeinwesen – getan zu haben; bei der autobiographischen Spurensuche hat dies Momente des Stolzes evoziert. Es müssen nicht immer große Dinge sein, die hier im Spiel sind; Hannah Arendt hat in ihrem Bericht über den Eichmann-Prozess[32] davon gesprochen, dass sich in totalitären und autoritären Regimen die Menschen häufig unterwürfig und folgebereit zeigen; *einige aber nicht.* Um aus den Wenigen mehr zu machen, bedarf es einer zuversichtlichen Einstellung zur Welt. Die Geschichte dieser Wenigen weiterzuerzählen, ist ein zutiefst menschliches Anliegen, das jedem zuzumuten ist. In diesem Stolz auf das eigene Werk und das, was es bewirkt hat, liegt die Quelle des modernen Humanismus.

DAS DORF KAPKEIM UND DIE ANZIEHUNGSKRAFT DER FAMILIENBANDE

Der Storch im Rauchfang

Ostpreußen ist nicht nur bekannt als eine Landschaft dunkler Wälder und geheimnisvoller, tiefer Seen; es beherbergt auch eine der weltweit größten Populationen von Störchen. »Adebar«, wie der Storch in Ostpreußen genannt wurde, fühlt sich hier ausgesprochen wohl, weil offenbar das feuchte Klima der Niederungen seiner partnerschaftlichen Lebensweise und der riskanten Architektur des Nestbaus besonders förderlich ist. Auch sind die Nahrungsvorräte hier reichhaltig; die Seen bieten mannigfache Delikatessen. Wo der Mythos entstanden ist, dass dieser merkwürdige Schreitvogel mit seinem riesigen Schnabel und den langen Beinen Kinder in die Familien trägt, weiß ich nicht; es würde mich aber nicht überraschen, wenn es in Ostpreußen gewesen wäre.

In einem aufgeklärten Zeitalter, wie dem unsrigen, schwindet der Glaube, dass Störche die Kinder bringen. Trotzdem gibt es in jeder Familie Geburtslegenden, die weitererzählt werden. Eine dieser Storchlegenden ist auch mit meiner Lebensgeschichte verknüpft. Sie ist etwa so überliefert: Meine zweitälteste Schwester Ruth, mit dem Schulranzen auf dem Rücken und nicht besonders freudiger Stimmung dem Schulweg zugewandt, wird durch merkwürdige Geräusche auf unserem Hof aufgehalten, die offenkundig vom Rauchfang in der Mitte zwischen Stallungen und Wohnbereich herkommen. Ruth vergewissert sich, dass niemand in der Nähe ist, denn das Betreten der Räucherkammer ist den Kindern strengstens verboten.

Sie wagt dennoch, die Tür zu öffnen, und hat plötzlich ein flatterndes Tier vor sich, das wie ein Storch aussieht, aber schwarz eingefärbt ist. »Du blöder Vogel«, schimpft meine Schwester, »fliegst Tausende Kilometer, ohne abzustürzen, und jetzt fällst du in einen Rauchfang.« Aber im nächsten Augenblick tut ihr dieser Vogel leid, wie er so hilflos um sein Leben flattert. Ihr kommen die langweiligen Schulstunden in Erinnerung und sie fasst eine kühne Idee. Sie will den Storch in einen Sack packen und Lehrer Götz und die übrigen Schülerinnen mit diesem ungewöhnlichen Unterrichtsgegenstand überraschen. Aber die Idee ist nicht ganz einfach umzusetzen; sie benötigt beide Hände, um den gefangenen Storch im Sack festzuhalten und gleichzeitig nach einem Strick zu suchen, mit dem sie diesen Sack zubinden und transportieren kann. Als diese Prozedur gelungen ist, ergibt sich ein weiteres Problem: Wie schafft es ein zehnjähriges Mädchen, einen in einem Sack fortwährend rebellierenden Storch die weite Strecke zur Schule zu schleppen? Ruth gelingt das und sie kann am Ende, als ihr die Bewunderung von Mitschülerinnen und Lehrern für die Mühe sicher ist, befriedigt nach Hause gehen, nachdem jedes der Kinder diesen unglücklichen Storch streicheln durfte und er schließlich, zunächst etwas torkelnd, den Flug in seine Nesterheimat antreten durfte.

So könnte diese Geschichte enden, weil alle mit der Situation zufrieden sein konnten. Die Kinder hatten einen anregenden Schultag, der Lehrer konnte etwas ausführlicher über die Nistkultur der Störche und ihr Partnerverhalten erzählen. Meine Schwester war überglücklich, denn Störche einzufangen, ist ein ganz schwieriges Unternehmen. Als sie freudestrahlend nach Hause kommt und gerade im Begriff ist, die ganze Geschichte ausführlich zu erzählen, läuft ihr mein Vater – aus ganz anderen Gründen freudestrahlend – entgegen und verkündet: »Ruth, du hast ein Brüderchen bekommen!« – »Was?! Noch ein Junge?« Sie vergisst ganz, was sie eigentlich erzählen wollte. In einer vom bitteren Gefühl der Enttäuschung getragenen Anklagerede macht sie dem Storch, dem sie gerade die Freiheit zurückgegeben hat, Vorwürfe: »Adebar, ich hasse dich und auch das, was du mitgebracht hast. Ich habe dir das Leben gerettet und mit den anderen Schülern das verrußte Gefieder weiß gemacht. Hätte ich gewusst, was du angestellt hast, bevor du den Rand des Rauchfangs mit einem Storchennest verwechselt hast, wäre ich dir wohl nicht zur Hilfe geeilt.« Erst sehr viel später hat Ruth diese phantastische Geschichte erzählt. Nachweislich zugetragen hat sie sich am Vormittag eines sonnenreichen Tages, am 1. August 1934.

Dass ich nicht von allen in der Familie freudig begrüßt und von Herzen willkommen geheißen wurde, kann man sich angesichts der Tatsache, dass bereits sechs Kinder den Bauernhof bevölkerten, gut vorstellen. Mein Vater mag sich ein bisschen geschämt haben, als er auf dem zuständigen Standesamt Gauleden wieder ein Kind anmeldete und der Beamte schon im Vorgriff ironisch-bedauernd fragte: »Na, ist es wieder eine Tochter?« Fünf Töchter nacheinander – das macht verständlich, warum mein fünf Jahre älterer Bruder und dann ich von unserem Vater so herzlich begrüßt wurden, obwohl wir doch auch unter dem Aspekt wahrgenommen werden konnten, die Zahl der Esser zu vermehren. Selbst neunzigjährig hat meine Schwester die Legende von Adebar, seinem althochdeutschen Wortsinn nach *Segenbringer* oder *Sumpfgänger*, noch immer erzählt – und dabei nicht versäumt, auf die Tatsache hinzuweisen, dass unsere Familie mit dem 1. August 1934 den zweifelhaften Spitzenrang des kinderreichsten Haushalts im Dorf erlangte.

Der 1. August 1934 –
Ein Klima der Kriegsvorbereitungen

Was war das für ein Tag, der 1. August 1934 – jenseits des Siedlerhofs in Kapkeim? Es ist riskant, die Biographie einer Einzelperson in einen geschichtlich-gesellschaftlichen Zusammenhang einzuordnen und womöglich Kausalitäten nahezulegen; eine solche Kette von Zuordnungen kann nur schief geraten. Es ist andererseits völlig legitim, durch die Beschreibung spezifischer Ereignisse das politische und soziale Klima näher zu betrachten, das sich am Ende doch selbst in die Privatbereiche Zugang verschafft.

Sieht man sich einige Zeitungen von diesem Tag an, so handelt es sich um ein stark symbolisch besetztes – man kann sagen: blutiges – Datum. Zum zwanzigjährigen Jubiläum des Kriegsbeginns am 1. August 1914 wurden noch einmal die alten patriotischen Themen wachgerufen: Wer trägt die Hauptschuld am mörderischen Kriegsgeschehen? Wer hat angefangen? Die Kriegsschuldlüge wurde noch einmal aufgewärmt: Alle mitteleuropäischen Großmächte seien kriegsbereit gewesen. Aber dem deutschen Kaiser, der als Friedenskaiser ins öffentliche Licht gerückt wird, sei es nicht gelungen, die totale Mobilisierung der Millionenheere und der Kriegsmaschinerien Frankreichs und Russlands aufzuhalten. Der Krieg sei ab einem bestimmten Zeitpunkt der Mobilmachung zu einer Art Naturgeschehen geworden, an dem die deutsche Seite die geringste Schuld gehabt habe. Die Schuld am Krieg trage der, der die Mobilmachung als Erster anordnete, und das sei nicht Deutschland gewesen.

In Kriegsromanen, die in den Zeitungen des 1. August 1934 abgedruckt wurden, in scheinbar seriösen historischen Untersuchungen, bei der Enthüllung von Denkmälern – überall wurde am 1. August 1934 eine Situation der Notwehr beschworen, in der sich Deutschland befunden habe; so wurde noch einmal, zwanzig Jahre nach Beginn des Gemetzels, die »Ungerechtigkeit« im Geschichtsverlauf plakatiert, dass Deutschland den Krieg verloren hatte.

In Zeitungskommentaren, Berichten und Reportagen der zensierten Presse wurden die Opfer nicht nur geehrt, sondern als Träger neuer Siegeshoffnungen gefeiert. Am 1. August 1934 herrschte bereits wieder eine kriegerische Atmosphäre. Zahlreiche Ehrenmale wurden installiert; die Medien berichteten darüber. Die Denkmäler und Ehrungen verbanden mit den Toten des Ersten Weltkriegs die Hoffnung auf künftige Siege. So wurde dem Opfertod der deutschen Soldaten jetzt ein neuer Sinn verliehen. Wo Kriegsvorbereitungen den gesellschaftlichen Wandel bestimmen, ist Aufrüstung auch in massenpsychologischen Dimensionen ein notwendiger Bestandteil des Umbruchs; der 1. August 1934 eignete sich vorzüglich für eine solche Umkehr: Die Erinnerung an das große Sterben des Ersten Weltkriegs verfolgte keine Friedensabsicht – die Luft war voller Blutgeruch. Unter solchen Bedingungen käme es darauf an, der Aufrüstungseuphorie, die sich auch auf die wirtschaftliche Situation der Bevölkerung auswirkt, im Sinne der gesellschaftlichen Friedenssicherung den vernehmlichen Ruf nach Abrüstung entgegenzusetzen. Rüstung geht immer auf Gewalt und Blutopfer.

Wer Zeitungen des 1. August 1934 zur Hand nimmt, wird überrascht sein, wie die Tat-Orte in der Berichterstattung miteinander verknüpft sind. Neben einem Bericht über Kriegserlebnisse im Granattrichter von Verdun findet sich auf derselben Seite einer Zeitung ein Bild mit der Unterschrift »Das Ehrenmal für unsere Garde«. Festgehalten ist der Blick in die Dorfkirche von Döberitz, die am Samstag zuvor zum Ehrenmal für alle ehemaligen Garderegimenter geweiht worden war. Den Raum beherrscht das riesige Holzkreuz als Symbol des Opfertodes, Tafeln an den Wänden künden die Namen der Regimenter. Für Abrüster ist nie ein Denkmal gebaut worden; sie könnten in der Rolle des unabhängigen Richters auftreten. Vielen fehlte der Mut zu widersprechen, und jene, die Einspruch und Widerstand wagten, wurden unterdrückt, verhaftet, ins Zuchthaus oder ins Lager gesperrt. Die Eliten in Staat und Militär hatten den Eid auf die neue Ordnung gerne und dienstbeflissen geleistet.

So markiert der 1. August 1934 auch den Beginn eines entsetzlichen Kapitels der deutschen Justiz. Durch ein Gesetz vom 24. April 1934 war der sogenannte Volksgerichtshof neu eingerichtet worden; er tagte am 1. August zum ersten Mal und definierte mit zwei Urteilen sofort die Reichweite des Hochverrats neu. Einer der beiden angeklagten »Hochverräter« wurde zu zwei Jahren Gefängnis verurteilt, weil er kommunistisches Propagandamaterial verteilt hatte, der andere erhielt für ein ähnliches Delikt eine Zuchthausstrafe von einem Jahr und neun Monaten. Stolz wurde in der Presse verkündet, dass es sich hierbei um erste *Volksgerichtsurteile* handele.

Es war ein entscheidender Schritt in der Entwertung der bisherigen Rechtsprechungsorgane, denen die Zuständigkeit für Hochverrats- und Landesverratsprozesse entzogen wurde. Denn wenn in einer Gesellschaft bereits Hochverratsdelikte zur Anklage kommen, sobald kommunistische oder sozialdemokratische Schriften verteilt werden oder über ein staatsgefährdendes Gespräch zwischen zwei Mitgliedern dieser Gesellschaft berichtet wird, dann kann man sich vorstellen, wie diese politische *Inquisitionsgerichtsbarkeit* den römischen Rechtsgrundsatz *in dubio pro reo,* im Zweifel für den Angeklagten, in sein Gegenteil verkehrt. Der Angeklagte betritt schon als Täter den Gerichtssaal, das sogenannte Volksgericht entscheidet nur über das Strafmaß, über Leben und Tod. Das Einüben in den Umgang mit Todesurteilen, deren »Normalisierung«, war charakteristisch für die Atmosphäre in den Juli- und Augusttagen 1934.

Das Attentat auf den österreichischen Bundeskanzler Dollfuß lag am 1. August 1934 nur wenige Tage zurück. Der Begründer des austrofaschistischen Ständestaates hatte sein Land seit über einem Jahr diktatorisch regiert, jedoch den Nationalsozialismus und einen Anschluss an Deutschland abgelehnt. In der Nachtausgabe der *Berliner Illustrierten* vom 1. August 1934 heißt es über die beiden Attentäter: »Holzweber und Planetter wurden nacheinander hingerichtet. Zuerst Holzweber, der nach der Verkündigung der Abweisung des Gnadenantrags rief: ›Ich sterbe für Deutschland. Heil Hitler.‹ Holzweber wiederholte, schon den Strick um den Hals, immer wieder den Ruf ›Heil Hitler‹. Er sagte es so lange, bis ihm sterbend der Ausruf in der Kehle erstickt wurde. Sie sterben in Würde.«

Es ging hier nicht um »normale« Kriminalität, sondern um politisch höchst explosive Taten; am Vortag des 1. August 1934 war in Österreich der »Juliputsch« der österreichischen Nationalsozialisten gegen die klerikalfaschistische Regierung des Bundeskanzlers Dollfuß niedergeschlagen worden. Über 200 Mitglieder der österreichischen SA und NSDAP kamen dabei ums Leben. Im Meinungskommentar »Stimme des Tages« der *Berliner Illustrierten* ist dazu zu lesen: »Männer sterben. Die schweren und verlustreichen Kämpfe in den österreichischen Bundesländern haben aller Welt gezeigt, wie groß die Zahl derer ist, die bereit waren, im Kampf um eine politische Neugestaltung ihres Vaterlandes zu sterben. (...) Über den Aufstand in Österreich mag man denken wie man will, über eines muss man nachdenken nach solchen Beweisen der Hingabe und des

Opfermuts: Wie groß muss die seelische Qual, wie stark muss die vaterländische Not gewesen sein, dass sie solche Menschen mit solcher Todesbereitschaft gebar!« – Todesbereitschaft, das ist das entscheidende Stichwort! Auch für die deutschen Verhältnisse wurde es in der Presse immer wieder verwendet, um die Kriegsstimmung anzuheizen.

Wie weit die deutsche Gesellschaft schon von der Diktatur geprägt war, zeigt sich auch daran, dass anlässlich des sogenannten Röhm-Putsches im Sommer 1934 über hundert Menschen, in der Mehrzahl Mitglieder der SA, ermordet werden konnten, ohne dass dies in der Öffentlichkeit Mord genannt wurde. Es ist eine groteske Ironie der Geschichte, *dass die Massenmorde dieses Terrorregimes mit der Ermordung der eigenen Gefolgsleute einsetzten.* Dass es dieser Führung gelang, den vielfachen Mord in den eigenen Reihen zunächst vor der Öffentlichkeit zu verbergen und dann derart zu funktionalisieren, dass nirgendwo Kritik oder Widerstand auftrat, bringt zum Ausdruck, wie tiefgreifend der Terror die Menschen bereits erfasst hatte. Die Vernichtung der um Röhm organisierten SA-Elite, die sich einen anderen, in mancher Hinsicht radikaleren Umbruch der Gesellschaft vorgestellt hatte, stellte die Regeln einer »Normalität« wieder her, die darauf beruhte, dass die alten Mächte – das Militär in Gestalt der Reichswehr, die einflussreiche Industrie, die gefügig gemachte Beamtenschaft – in diese Machtkonstellation einbezogen wurden. Die Richter und Staatsanwälte hatten schon kollektiv den Eid auf die neue Rechtsordnung und den Führer geleistet; an deren verlässlicher Gefolgschaft war nicht mehr zu zweifeln.

Der Terror hatte bereits unzweifelhaft demonstriert, dass die Rahmenbedingungen einer Verfassung nach westlichem Muster für das politische Leben in Deutschland kein Gewicht mehr besaßen. Deshalb war auch die Frage, wie es dem Reichspräsidenten Hindenburg gesundheitlich ging, nicht mehr von zentraler Bedeutung. Hitler überbrachte ihm auf Schloss Neudeck Grüße und Genesungswünsche des deutschen Volkes; aber niemand hielt es für möglich, dass es nach dem Tod Hindenburgs ein neues gewähltes Staatsoberhaupt geben würde. Denn die Ära Hindenburg war längst beendet, als er am 2. August 1934 auf Schloss Neudeck starb. Sein Sohn, Oskar von Hindenburg, hatte schon Jahre zuvor seinem Vater die Nazi-Ideologie nahegebracht. Im Sinne der Stabilisierung des NS-Regimes hat Hindenburg alles unterzeichnet, was ihm auf den Tisch gelegt wurde.

Was ich hier der Nachtausgabe der *Berliner Illustrierten* und dem *Hannoverschen Anzeiger* entnommen habe, wird nicht viel anders in den Zeitungen der Königsberger Umgebung zu lesen gewesen sein. Mein Vater war ein leidenschaftlicher Zeitungsleser; meine Geschwister berichten einhellig, dass er schon während der Weimarer Zeit fortwährend Broschüren und Zeitungen buchstäblich verschlang. Es ist zwar eine Kleinigkeit, aber sie irritierte mich immer wieder: Können meine Eltern, als sie mir den Namen Oskar gaben, übersehen haben, welche Rolle Oskar von Hindenburg spielte? In der ganzen Verwandtschaft findet sich der Name Oskar nicht; und auch sonst war er in Ostpreußen nicht besonders verbreitet.

Kapkeim – Das Siedlerdorf

Was ist das für ein Ort, in den ich geboren bin: *Kapkeim*? Über Herkunft und Geschichte des Namens weiß ich so gut wie nichts, wenig über das Dorf selbst.[33] Lässt man die durch ihre originelle Produktions- und Lebensweise bekannte »Weberei

Hof Kapkeim« unbeachtet, kann man über mein Heimatdorf wenig Bemerkenswertes sagen. Gleichwohl ist diese Siedlung von leidenschaftlichen Hobbyforschern, die Häuserkomplexe und Wohnungspläne exakt nachgezeichnet haben, weitgehend dokumentiert worden. Es ist eindrucksvoll, wie nicht-professionelle Heimatforscher sich daranmachten, Erinnerungen festzuhalten und aufzubewahren, um sie an die Jüngeren weiterzureichen. Einige dieser Kapkeim-Forscher, die das Dorf und die Flucht in Texten und Daten festgehalten haben, möchte ich hier zitieren; in ihren Beschreibungen wird auch sichtbar, wie sehr die Flüchtlingskatastrophe im strategischen Missbrauch der ostpreußischen Bevölkerung angelegt war.

Ein Augenzeuge schreibt in seinem privaten Bericht über die Räumung der Heimatgemeinde Gauleden (zu der auch Kapkeim gehörte) und die Flucht: »Die Russen sind am 25. Januar 1945 in den Ort gekommen. Es wurde nicht gekämpft, da deutsche Truppen sich darin nicht aufhielten. Angeordnet wurde die Räumung überhaupt nicht, im Gegenteil. Noch am 24. Januar sagten der Stellenlandrat und Vertreter der Kreisverwaltung, die in Gauleden saßen, es sei keine Gefahr. Alle, die auf den Wagen keinen Platz fanden, benutzten die letzten Züge von der Bahnstation Groß-Lindenau am 24.1. Der Treck ist am 24. Januar 1945 am späten Nachmittag abgefahren. Schon in Uderwangen wurde er beschossen und teils zersprengt. Die Wagen fuhren dann in Richtung Heiligenbeil, nahmen den Weg über das Haff und die Nehrung nach den Weichselhöhen. Nur wenige sind zügig weitergefahren und bis Mecklenburg durchgekommen.« – Das war genau der Treck, an dem sich meine Eltern beteiligt hatten.

Ein anderer Amateurforscher berichtet: »Am 21. Januar 1945 kamen die russischen Truppen aus Richtung Insterburg in den Kreis Wehlau mit sämtlichen Truppengattungen. Die sowjetischen Truppen stießen auf wenig Widerstand und kamen im Kreis Wehlau schnell voran. Am 24. Januar 1945 wurde unsere Heimatgemeinde Gauleden besetzt.«

Kapkeim liegt etwa dreißig Kilometer vor Königsberg. Da die Sowjetarmee die Festung Königsberg umging, weil offenbar größerer Widerstand vermutet wurde, traf sie nach wenigen Tagen auf die Flüchtlingstrecks, die sich Richtung Frisches Haff auf den Weg gemacht hatten. Es mag dem in Kapkeim ausgeprägten Gemeinschaftsgeist zu danken sein, dass der Treck, mit dem meine Eltern die Odyssee nach Berlin angetreten hatten, relativ wenig Verluste beklagen musste.

Geradezu liebevoll zeichnet Rudolf Bojahr das Dorf in seinen Strukturen nach; jedes Gehöft, jedes Haus bekommt in seinen Zeichnungen den ihm angemessenen Platz. Es sind nicht bloß individualisierte Heimatinteressen, die hier im Spiel sind; es ist vielmehr ein Kollektivgeist, der Orte, Namen und Berufe nicht ausspart. Georg Adam, unserer Nachbar in Hannover, gehört zu diesen leidenschaftlichen »Heimatforschern«, die Kapkeim auch auf der Karte lokalisieren. Bojahr, der selbst aus Groß-Lindenau stammte, schrieb in seinem Bericht: »Kapkeim lag an der Haupteisenbahnstrecke Königsberg – Wehlau – Insterburg – Eydtkuhnen – Moskau, hatte aber keinen eigenen Bahnhof. Dieser lag ungefähr 700 bis 800 Meter westlich von Kapkeim in Groß-Lindenau, Kreis Königsberg-Land. Kapkeim war auch das Grenzdorf des Kreises Wehlau in westlicher Richtung und grenzte an den Kreis Königsberg-Land/Samland. Kapkeim muss in früheren Jahren zunächst ein Gut gewesen sein, das einer Familie Heubach gehörte, die ein weiteres Gut in Bärenbruch besaß, das später aufgesiedelt wurde. Dazu hatte die damalige Regierung beschlossen, dass die einzelnen Landgemeinden Bauland zur Verfügung stellen mussten, um die Wohnungsnot in den Städten und Gemeinden zu lindern. So war auch aus dem Gut Kapkeim ein kleines Dorf geworden; zu dem Gut gehörte ein Schloss, welches von dem Besitzer Heubach und dessen Familie bewohnt wurde.«

Die »Weberei Hof Kapkeim«

Ich wusste zwar, dass es zwei sehr verschiedene Teile des Dorfes Kapkeim gab, aber nur durch Andeutungen und eher verächtliche Bemerkungen meiner Familie war mir der ungleich berühmtere Ortsteil bekannt – die »Weberei Hof Kapkeim«. Wir hatten gerüchteweise gehört, dass dort hochwertige Gewebe produziert wurden und dass die Bewohner des »Hofes Kapkeim« die übrigen Siedler geringschätzig behandelten, sofern sie überhaupt auf diese trafen. Aber im Grunde wussten wir wenig über dieses Kapkeimer Experiment. Dass es sich dabei um eine Art Landkommune handelte, die nach Prinzipien lebte und arbeitete, die denen in den Kibbuzim ähnlich waren, blieb uns weitgehend unbekannt.

Erst Ende der 1990er Jahre entwickelte sich eine Korrespondenz zwischen dem Sohn des Gründers der »Weberei Hof Kapkeim« und mir, ausgelöst durch die öffentliche Berichterstattung über eine Königsberg-Reise, die ich zusammen mit Hans Werner Dannowski 1996 unternommen hatte. In einem Brief vom 27.1.1999 schreibt Dr. Heinrich Neufeldt, der Sohn des Gründungsvaters dieses Kommuneprojekts, Folgendes zur Erklärung, warum sich die zwei Teile des Dorfes Kapkeim nicht so recht austauschen konnten – oder nur dann, wenn es um bestimmte Feste ging: »(...) in den Anfangsjahren muss es eine sehr konkrete Zusammenarbeit und enge persönliche Beziehungen *(zwischen Siedlern wie meinen Eltern und dem Hof Kapkeim, Anm. O. N.)* gegeben haben. In der Chronik berichtet mein Vater, dass bei einem großen Erntefest dem Hof von den Siedlern ihr Dank ausgesprochen wurde. Auf alten Fotos spiele ich als kleiner Steppke mit Siedlerkindern aus Kapkeim. Wir gingen aber nicht in eine gemeinsamen Schule. Der Hof gehörte zu Groß-Lindenau – hinter unserem Wohnhaus verlief die Kreisgrenze. Bis 1942 besuchte ich die dortige Volksschule. (...) Der getrennte Schulalltag erklärt vielleicht, warum ich kaum Kontakt zu Kapkeimer Jungen hatte. (...) Aber selbst wenn wir uns nicht für etwas Besseres hielten – das widersprach der Überzeugung unserer Eltern und den publizierten Verhaltensregeln auf dem Hof –, gehörten wir zu einem merkwürdigen Club; so muss der Hof auf seine Umgebung gewirkt haben. Heute ist man ja allerhand Exotisches gewöhnt. Damals in Ostpreußen, auf dem Lande, hat diese Gruppe – ihr wirtschaftlicher Erfolg, der eigene Weg, auch die Distanz zum Zeitgeist – in ihrer Umgebung wahrscheinlich nicht nur freundliche Gefühle ausgelöst. Ich erlebte, dass schon etwas anders auszusehen, Folgen hatte. Ich hatte eine Vollglatze, die meisten anderen Jungs hatten eine Glatze mit vorne einem Haarbüschel, so etwas wie Ponys – jedenfalls in den 30er Jahren. Im Sommer liefen alle barfuß, aber im Frühjahr und Herbst trugen die Jungen weit geschnittene, kurze Hosen, ähnlich den heutigen Bermudashorts, und in hohen Schuhen lange dunkelbraune Baumwollstrümpfe. Ich trug stattdessen eine kurze Lederhose und Kniestrümpfe, also wurde ich auf dem Heimweg einige Male als Angeber ausgeschrien.«

Der »Hof Kapkeim« ist ein eigenes Forschungsprojekt, auf das ich mich nicht einlassen kann; dieses Kommuneprojekt, vom Geist der bündischen Jugend geprägt, war in Ostpreußen einzigartig. Neufeldt, der Gründer, hatte in Königsberg Philosophie studiert, war ein guter Kenner Hamanns und damit sicherlich – aus Gründen der Abgrenzung – auch der kantischen

Philosophie. Was dieses Projekt auszeichnete, war nicht zuletzt sein wirtschaftlicher Erfolg. Man produzierte hochwertige Textilien mit offenkundig sehr einfallsreichem Design. Der Lebenszusammenhang war auf genossenschaftlicher Basis organisiert. Der Hof verstand sich als Anreger für Neues, oft in bewusster Konfrontation mit den Konventionen. Der Einleitungssatz zur Dissertation von Neufeldt: »Jeder Mensch ist wieder ein Anfang«, könnte als Leitgedanke für das Lebenswerk des Gründers dieses von der Wandervogelbewegung beeinflussten Projekts gelten.

Eine eigentümliche Dorfkultur

Das, was eine Reihe leidenschaftlicher Heimatforscher zutage gefördert haben, lässt einige Linien erkennen, auf deren Grundlage man ein anschauliches Bild des Dorfes Kapkeim gewinnen kann. Offensichtlich war die *Vielfältigkeit* der Lebenszusammenhänge, aus denen heraus sich eine Art Dorfkultur entwickelt hat, wesentlich für die gesellschaftliche Atmosphäre, für die lebendige und intensive Nachbarschaftsbeziehungen prägend waren. Das Kerndorf bestand aus etwa sechzig selbstständigen Haushalten. Ursprünglich war der Grund und Boden, auf dem sich Siedler unterschiedlicher Herkunft niedergelassen haben, ein Gutshof gewesen; der Besitzer hatte ihn verkauft. Die Regierung hat dann wohl beschlossen, das gesamte Gutsgelände als Siedlungsgebiet freizugeben, um den Zuwanderungsdruck auf die Städte zu entlasten. So trafen sich hier Menschen mit einer Art Gründergeist, die motiviert waren, aus ihrem Leben etwas zu machen – selbstbewusst, eigensinnig, aber immer auch kooperationsbereit. Ein Zeichen dieser engen und eher freundschaftlichen Kommunikation der etwa 300 Personen umfassenden Ortsgemeinschaft ist die Tatsache, dass es keine Hausnummern und Straßenbezeichnungen gab. So kooperierten hier Fuhrunternehmen und Arbeiter, Bauern und Landarbeiter, der Briefträger und der Schrankenwärter, der Schmiedemeister und der Stellmacher, der Holzschuhmacher und der Gärtner; ein Diplomlandwirt war der Bürgermeister.

Mein Geburtshaus, in dem die denkwürdige Begegnung zwischen dem Storch und meiner Schwester Ruth stattfand, nahm eine Sonderstellung ein; unser Gehöft befand sich an der Spitze des Dorfes oder auch, wenn man es anders sehen will, am Ende – dort, wo sich ein weiter Raum von Feldern, Wiesen und Wäldern öffnete; auch eine breite Fläche sumpfigen Geländes, das Störche gerne besuchten, gab es. Ob wir nun am Anfang oder am Ende der Dorfsiedlung Kapkeim wohnten und arbeiteten, ist eine Frage der Sichtweise; irgendwie hatten wir den Eindruck, dass sich Anfang und Ende verknüpften, denn es ging nicht nur um die räumliche Ordnung des Dorflebens, die hier zur Diskussion stand.

Die Eltern –
Von Schäfern auf herrschaftlichem Gut zu freien Bauern

Den eigenen Eltern ein gerechtes Andenken zuzuschreiben, dem sie selbst ihre Zustimmung hätten geben können, gehört zu den schwierigsten Aufgaben bei dem Versuch, die persönliche Lebenszeit *öffentlich* zu machen. Solange die Verdienste und die Versäumnisse bloße Privatmeinungen bleiben, bewegen sie sich in der Flucht der Stimmungen. Aber niedergeschrieben, in Worte und Sätze gefasst, die in die Öffentlichkeit dringen, sieht das ganz anders aus.

Bis ins hohe Alter hinein hatte ich eine feste Meinung und ein klares Bild, was die Stärken und Schwächen von Vater und Mutter sind, wie die Arbeitsteilung auf einem Hof funktioniert, der mit wenig mehr als zwanzig Hektar Grund und Flurstücken Versorgungsgrundlage für neun Personen sein musste: Die Frau ist zuständig für das »Innen«, Kinder, Vieh und Gemüt, der Mann für das »Außen«, Gesellschaftsbeziehungen und Warenverkehr, natürlich auch für die körperlich schweren Ackerarbeiten. Ungefähr so, wie Schiller sich das in seinem *Lied von der Glocke* vorstellt: »Der Mann muss hinaus / Ins feindliche Leben, / Muss wirken und streben / (...) / Es füllt sich der Speicher mit köstlicher Habe, / Die Räume wachsen, es dehnt sich das Haus. / Und drinnen waltet / Die züchtige Hausfrau, / Die Mutter der Kinder«[34] usw. Je mehr ich aber in Erinnerungen kramte und mit Hilfe meiner Schwestern die Situationen des Hofalltags näher zu fassen versuchte, desto deutlicher bröckelte diese Charakter- und Funktionszuteilung. *Ein Vers in Schillers Glocke verweist allerdings schonungslos und nachdrücklich auf das Brüchige dieses Gesellschaftsmodells,* das wohl für keine Bauernwirtschaft gegolten hat. Es heißt da: »Und reget ohn Ende / Die fleißigen Hände / Und mehrt den Gewinn / Mit ordnendem Sinn«. Die Frau und Mutter ist damit gemeint.

Genau darum geht es: Wenigstens *einer* – bzw. *eine* – muss auf einem Bauernhof über einen *ordnenden Sinn* verfügen; *mein Vater war es nicht!* Das habe ich sehr spät gesehen, erst als er schon gestorben war. Ich bewunderte an ihm seine politische Haltung und seine endlose Diskutierfreudigkeit; der übrigen Familie ging er damit auf die Nerven. Selbst beim Himbeerpflücken im Wald zog er sich, nachdem er den einzelnen Kindern günstige Pflückgebiete zugewiesen hatte, mit Zeitungen und Broschüren in ein verdecktes Gebüsch zurück und erklärte sich selbst zum »Bewacher« der Sammelstelle, obwohl weit und breit niemand Fremdes zu sehen war. Es war wohl diese *innere Abwesenheit*, die meine Schwestern spürten und die sie auf die durchaus kritische Formel brachten: Der hat nur seine Politik im Kopf.

Diese Seite meines Vaters mochte betrüblich und für die Kinder bedauerlich sein, sie bedrohte aber nie unsere Existenz. Begab er sich dagegen ins »feindliche Leben«, das heißt auf den Markt nach Tapiau, trieb Unruhe meine Mutter um. *Sie* hatte, wenn sie morgens um vier Uhr aufstand, um Eier und Gänse zu verkaufen, ihre feste, verlässliche Kundschaft, und Beschädigungen und Betrug waren unter solchen Umständen praktisch ausgeschlossen. Mein Vater dagegen hatte ganz andere Motive, den Markt aufzusuchen – er wollte Leute treffen und mit ihnen reden. So passierte es immer wieder, dass er beispielsweise Tiere nach Hause brachte, die ihren Preis nicht wert waren. Eines Tages erschien er auf dem Hof mit einem, wie er meinte, besonders günstig erworbenen Ackergaul, dem allerdings schon die hinteren Zähne ausfielen. Meine Mutter war entsetzt und bestand darauf, dass er das lädierte Tier seinem Besitzer zurückgab und das Rind, das er im Tausch dafür weggegeben hatte, wieder in den eigenen Stall brachte. Die Autorität meiner Mutter scheint in diesen Dingen unangetastet gewesen zu sein; mein Vater protestierte bei solchen Gelegenheiten, manchmal fluchte er auch, aber nach einer gewissen Beruhigungszeit war er folgsam. Für den Außenstehenden müssen manche Projekte, die er in seinem Kopf ausheckte, den Anstrich einer Clownerie gehabt haben.

So kam er eines anderen Tages stolz mit einer Kuh an, die tagtäglich über dreißig Liter Milch zu geben versprach. Das war auch tatsächlich der Fall. Als aber meine Mutter diese Kuh begutachtete, stellte sie die entscheidende Frage: »Und wer soll sie melken?« Die Kuh hatte ein Euter, das praktisch bis zum Boden hing. Vater versprach, das Melken dieser Kuh selbst zu übernehmen. In solchen prekären Situationen begann er stets, Projekte auszuhecken; so konstruierte er nun eine Euter-Stütz-Anlage, welche den Abstand zwischen Euter und Boden vergrößerte. Für meine Mutter war das keine überzeugende Krisenlösung. Nach drei Wochen brachte er die Kuh wieder auf den Markt zurück und verkaufte sie mit nur geringen Einbußen. Bei allen solchen Konflikten, die sehr leicht den Familienzusammenhang hätten aufsprengen können, muss doch die Substanz der Beziehung meiner Eltern so ausreichend gewesen sein, dass immer Konfliktlösungen gefunden wurden. *Sie passten gut zueinander.*

1921 haben sie geheiratet. Meine Mutter war 23 Jahre alt, mein Vater 25. Sie stammten beide aus *gutsherrschaftlichen Schäferfamilien.* Auf Gesellschaftsveranstaltungen der Schäferfamilien werden sie sich auch kennen gelernt haben. Mein Vater hatte den Ersten Weltkrieg ohne Schaden überstanden; 19 war er gewesen, als er eingezogen wurde. Wie im Polenfeldzug, als er Mitte August noch einmal einberufen wurde, scheint er die ganze Zeit in der Feldküche mit der Versorgung der Truppe beschäftigt gewesen zu sein. Vielleicht hat ihm das besonderen Schutz gewährt. Als der Erste Weltkrieg zu Ende ging, wurde er Mitglied der Sozialdemokratischen Partei und engagierte sich im Arbeiter- und Soldatenrat. Ohne vernünftige Ausbildung, wie viele seiner Generation, in eine Gesellschaft zurückgekehrt, die für junge Leute nichts anzubieten hatte, verpflichtete er sich als *Berufssoldat in der Reichswehr,* dem sogenannten Hunderttausend-Mann-Heer. Aber es dauerte nicht lange, bis er begriff, dass sich hier politisch und sozial ein Potenzial ansammelte, das seinen Vorstellungen von sozialer Gerechtigkeit grundsätzlich widersprach. Auch waren die Karrierechancen nicht besonders attraktiv; wer aus der Unterschicht kam, konnte allenfalls erwarten, dass er es bis zum Obergefreiten oder Feldwebel brachte. Das war ihm zu wenig.

Er erlernte den *Beruf des Schafzüchters,* erwarb den Meisterbrief und betätigte sich nicht nur als Ausbilder, sondern präsentierte auch seine Zuchttiere auf Agrarmessen, wobei er es zu Auszeichnungen für einzelne seiner Schafe brachte. Obwohl das doch eine respektable Leistung gewesen ist, auf die man hätte stolz sein können, hat mein Vater über diese Phase seines Lebens nie gesprochen. Vielleicht war es die Scham darüber, trotz aller Freiheiten, die er sich im Laufe der Zeit erobert hatte, im Grunde auch als Schafzüchter auf einem Gut in ein Herr-Knecht-Gefüge eingebunden zu sein.

Die scheinselbstständige Existenz der Instleute

Es ist für mich immer erstaunlich gewesen, wie es meinen Eltern gelingen konnte, in der kurzen Zeit von zehn Jahren ein kleines Vermögen anzulegen. Als sie 1921 heirateten, war das noch die Zeit der großen Inflation. 1931 hatten sie genügend Geld angespart, um den Hof in Kapkeim zu kaufen, der allerdings in einem verrotteten Zustand war. Der Kaufpreis betrug dennoch über 20.000 Reichsmark; sie leisteten wohl eine Anzahlung und relativ hohe Abzahlungsraten. In die Zeit zwischen Heirat und Erwerb des Hofes fielen die Geburt von sechs Kindern und ein oder zwei Fehlgeburten. Meine Mutter hat, so wird berichtet, bis kurz vor der Geburt jedes Kindes voll gearbeitet, aber auch das hatte natürlich seine Grenzen. Fleiß allein reicht nicht aus, um die wachsenden Einnahmen dieses Schafzuchtbetriebs, der zum Anwesen eines ostpreußischen Grafen gehörte, zu erklären. Im Grunde waren solche Unternehmen (im heutigen Sprachgebrauch) scheinselbstständige Kleinbetriebe, die man als *Insthäuser* bezeichnete. *Instleute* arbeiteten im großen Bezugsrahmen des Gutes, waren jedoch keine Eigentümer dieses Wirtschaftsbetriebs; sie verfügten über freie Wohnung, konnten zwei Kühe und Schweine halten, Geflügel so viel sie wollten. Futter für diese Tiere wurde von der Versorgung der Schafe abgezweigt, und manches Schaf landete auch, was natürlich strengstens verboten war, im Backofen dieser Instleute.

Man muss sich vorstellen, dass gerade in der Zeit der großen Inflation Naturalien, die der Versorgung dienten, besonders wertvoll waren. Meine Mutter hatte sich offenbar auf die Vermarktung des Kleinviehs spezialisiert. Sie fuhr regelmäßig zum Markt und hatte, wie später auch in Kapkeim, eine sichere Kundschaft. Mein Vater nutzte, nicht zuletzt durch die preisgekrönten Schafböcke, die er auf Ausstellungen präsentierte, andere Privilegien dieser merkwürdigen Herrschaftsordnung.

Was war das für eine Herrschaftskonstruktion? *Was sind Instleute?* Den Berichten meiner Schwestern entnehme ich, dass wohl schon unsere Großeltern, mit Sicherheit aber unsere Eltern, bevor sie das Grundstück in Kapkeim erwarben, im Status der Instleute lebten – nicht vollkommen vom Gut abhängig, aber auch keine freien Lohnarbeiter. Die *Insten* (die niederdeutsche Form für »Insasse«) ließen sich mit ihrer Familie und ein oder zwei Knechten (Hofgänger oder Scharrknechte genannt) auf einem Gut nieder und arbeiteten für den Gutsherren; dabei waren sie ihm durch einen langfristigen Vertrag verpflichtet. Ihr Einkommen setzte sich aus verschiedenen Bestandteilen zusammen: Dazu gehörte die Entlohnung in Geld und Naturalien; außerdem hatten sie das Nutzungsrecht für eine eigene kleine Landwirtschaft und das Halten von Vieh; hinzu kam ein gewisser Anteil am Ertrag des Gutes. Das Vertragsverhältnis der Insten mit dem Gutsherren war eine eigentümliche Mischung. Sie waren keine Lohnarbeiter, sondern standen auch in einem Herrschaftsverhältnis zum Gutsherren. Außerdem waren sie sowohl Arbeitnehmer als auch gegenüber ihren Knechten Arbeitergeber. Max Weber beschreibt die *Insten als Arbeiter, Kleinunternehmer und Knechte in einer Person*. Weber zeigt, dass es den Insten ab Mitte des 19. Jahrhunderts materiell besser gegangen ist als den Tagelöhnern und den Lohnarbeitern. Die Zwischenstellung als *Gutstagelöhner*, die mit ihren ganzen Familien auf den Gutshöfen arbeiteten, erlaubte es manchen Insten, sich mit der Zeit aus der gutsherrlichen Abhängigkeit zu lösen und eine freie Existenzgrundlage zu schaffen, wie es dann auch meine Eltern taten.

Es muss ein starker Freiheitswille gewesen sein, der sie antrieb, eine wirtschaftlich günstige Phase ihrer Gutsabhängigkeit so zu nutzen, dass sie sich bald einen eigenen Hof leisten konnten. Wahrscheinlich ist ihre wirtschaftliche Situation in den Anfangsjahren in Kapkeim schwieriger gewesen als während der Zeit auf dem Gut. Aber die Absicht, die demütigende Abhängigkeit aus eigener Kraft zu überwinden, beherrschte immer stärker das Verhalten meiner Eltern. Das nahm auch eine politische Dimension an; als Sozialdemokrat legte sich mein Vater immer häufiger mit dem Gutsinspektor an, der schon Mitte der 1920er Jahre in brauner Uniform auftrat und meine Eltern spüren ließ, dass ihre Zeit auf dem Gut begrenzt ist. Ende der zwanziger Jahre arbeitete deshalb mein Vater darauf hin, die ihm verfügbaren Naturalien – Schafe, Hühner, Schweine – in Geld umzuwandeln und auf diese Weise die Ablösung vom Gutshof zu planen. Der Inspektor, der glaubte, seine Herrschaftsbefugnis ausüben zu können, indem er meine Eltern vom Hof jagt, war aufs Äußerste verblüfft, als er mit blanken Reitstiefeln und in SA-Uniform vom Pferd herab triumphierend mit einem Papier herumfuchtelte und schrie: »Hier, Herr Negt, haben Sie den Ziehschein.« Mein Vater antwortete: »Den können Sie sich woanders hinstecken, den brauche ich nicht mehr.« Den sogenannten Ziehschein mussten Gutsabhängige wie meine Eltern vorweisen, wenn sie umziehen wollten. Zwar wurde der Ziehschein in der Regel nicht mehr verweigert, aber er war doch ein Symbol der Knechtsabhängigkeit.

Man hätte nun annehmen können, dass mein Vater seine erwiesene und allseits anerkannte Kompetenz als Schafzüchter auf eigenem Boden selbstständig weiter anwenden würde; davon konnte aber keine Rede sein. Ich erinnere mich nicht, dass es überhaupt eine Schafherde auf unserem Hof in Kapkeim gab. Rinder, vor allem Milchkühe, und Massen an Kleinvieh, wie Enten und Gänse, bevölkerten den Hof und die Ställe.

Unglücklich-glückliche Familien

Leo Tolstois großer Roman *Anna Karenina* beginnt mit dem bemerkenswerten, immer wieder von verschiedenen Seiten eigensinnig gedeuteten Satz: »Alle glücklichen Familien sind einander ähnlich, jede unglückliche Familie ist unglücklich auf ihre Weise.«[35] Es hat mich immer wieder beschäftigt, ob man Vergleichbares auch von *Kindheiten* sagen kann. Oder ist die umgekehrte Deutung plausibler: Alle unglücklichen Kindheiten sind einander ähnlich, die glücklichen dagegen haben einen ganz eigentümlichen und unverwechselbaren Charakter?

Als ich zum ersten Mal das Buch *Kindheit in Ostpreußen* der Gräfin Dönhoff las, war ich aufs Höchste verblüfft, wie sich Kindheitserfahrungen in zwei radikal verschiedenen Lebenswelten ähneln können – die im Milieu eines Kleinbauern, der gerade dem Herrschaftszugriff eines Gutsbesitzers entschlüpft war, und die in einem aristokratischen Herrschaftshaus, in dem Diplomaten und Fürsten anderer Länder gerne Station machten. Die Friedrichsteiner Güter der Dönhoffs lagen keine dreißig Kilometer von Kapkeim entfernt an der Strecke nach Königsberg. Verständlich wird diese Ähnlichkeit in den Kindheitserfahrungen einer jungen Aristokratin und in denen eines Bauernkindes, wenn man näher hinsieht, wie sich die Bildungsprozesse im Einzelnen abspielten.

Im Hause Dönhoff ist gleichsam eine *Proletarisierung der Erziehung* zu beobachten, die sich von den offiziellen Erziehungs- und Bildungsmaßnahmen praktisch völlig abgekoppelt hatte. Alle wesentlichen Lernprozesse vollzogen sich durch die lebendige Kommunikation mit den Dienern, den Küchengehilfen, den Stalljungen. Diese standen, frei von Konflikten, verlässlich auf der Seite der Kinder. Die Solidarität der Unterdrückten spielte natürlich auch eine gewisse Rolle; der Kutscher Grenda, eine Autorität im Bereich der Dienstleistungen, hatte eine größere erzieherische Wirkung als die offiziellen Lehrer der Gräfin.»Die Erziehung durch Hausleute und Handwerker war eben wirklich viel nachhaltiger als durch jene Theoretiker, die dafür angestellt waren.«[36] Die Freiheiten, die sich die Gräfin im aristokratischen Lebenszusammenhang erkämpfen musste, um Auswege aus der Verfügbarkeit der Eltern zu finden, waren mir gleichsam frei Haus beschert; die Erziehung spielte sich im Alltagsleben ab, und ich hatte dabei nie den Eindruck, zu irgendetwas gezwungen zu werden. *Nicht nur das Unglück prägt Verschiedenheit; auch das Glück.* Ich hatte Glück, mit fünf älteren Schwestern leben zu können, die im Wechsel wohl alle irgendwann einmal stolz darauf waren, mir gegenüber die Mutterrolle zu übernehmen.

Die ersten Jahre – Ein Leben in der Welt von Frauen

Wie fühlt sich das an, wenn man als Junge in einer Atmosphäre von Näheverhältnissen aufwächst, die absolut durch Frauen bestimmt ist? Der Altersabstand zwischen meiner ältesten Schwester und mir beträgt zwölf Jahre. Das ist nichts Bemerkenswertes. Dass aber in diesem Zeitraum fünf Schwestern geboren wurden, die entsprechend dem jeweiligen Alter Erziehungs- und Bildungsvorstellungen gegenüber dem Jüngsten entwickelten, das ist durchaus erwähnenswert. *Ich hatte nichts zu tun, war aber immer beschäftigt;* man hätte mich ja wenigstens verpflichten können, die Hühner zu füttern oder Kartoffeln zu schälen, aber all das habe ich nicht machen müssen. Bis zu meinem zehnten Lebensjahr, solange, wie wir auf dem Hof leben konnten, habe ich mich am alltäglichen Wohlergehen unserer Landwirtschaft und unseres Haushalts nicht beteiligen müssen. Ich hatte diese Zeit verfügbar *für meine Art der Arbeit: für das Spiel.*

Das ist gewiss erklärungsbedürftig; man kann es auf abstrakte Regeln bringen, dann hat man eine Leitlinie gewonnen, auf der sich einzelne hervorragende Ereignisse eintragen lassen. Als liberale Erziehung könnte man eine solche Leitlinie bezeichnen – oder das Gegenteil zum Maßstab nehmen: eine autoritäre Erziehung, der ich entkommen konnte. Dass es weder das eine noch das andere ist, wovon ich in dem Bericht über meine Kindheit ausgehen kann, bezeugen die konkreten Beispiele, die ich im Folgenden darstellen möchte.

Der Fensterausstieg

Ich kann nicht genau sagen, in welchem Alter ich war, als meine Mutter überlegte, wie sie die Feldarbeit mit der Sorge für ihr jüngstes Kind vereinbaren könne. Feldarbeit begann in der Regel sehr früh, und da ich schon als Kleinkind ein guter Schläfer war, hatte sie mir den Weg zum Feld mehrmals gezeigt und wir waren ihn gemeinsam abgeschritten. Sie legte die »Anziehsachen« auf einen Stuhl beim Fenster, auf den ich leicht klettern konnte, und stellte draußen eine Bank unter das geöffnete Fenster. Wenn ich aufwachte und feststellte, dass niemand im Hause sei (denn die älteren Schwestern waren ebenfalls auf dem Feld), sollte ich keine Angst bekommen, sondern meine Kleider nehmen, auf den Stuhl und aus dem Fenster steigen, auf der anderen Seite hinunterklettern und dann auf dem Weg zum Feld laufen. Das funktionierte offenbar so gut, dass es längere Zeit beibehalten wurde, auch als ich meine Kleider nicht mehr mitschleppen musste, sondern mich vorher selbst anziehen konnte. Es entstand freilich ein ganz anderes Problem.

Ich liebte den Duft des zu Heu getrockneten Grases und hatte die Neigung, mich hin und wieder in einen Heuhaufen zu legen und dort weiterzuschlafen. Man hatte mich also kommen sehen, aber plötzlich war ich wie vom Erdboden verschwunden. Dann ertönte der Ruf: »Wo ist Oskar?« Das Beladen der Wagen mit Heu wurde sofort eingestellt, denn die Gefahr, dass ich unter einem Heuhaufen liegen könnte und mit einer der großen Gabeln verletzt würde, war zu groß. Ich wurde zwar ermahnt, mich möglichst in der Nähe der Eltern aufzuhalten, aber nie bestraft, wenn ich wieder in einem Heuhaufen schlief.

Folgenreicher Bienenstich am ersten Schultag

An einem schönen Apriltag brachen meine Mutter und ich fröhlich singend und voller Unternehmungslust zur Schule auf. Es war der Tag der Einschulung. Da ich bereits über die Anfangsgründe des Lesens und Schreibens verfügte, musste ich keine Angst vor dieser Einrichtung haben, die in den Erzählungen anderer Schüler nicht so besonders gut wegkam; ich war in guter Stimmung. Als ich jedoch vor der Tür zur Schule stand und gerade in den Klassenraum gehen wollte, passierte etwas. Ich wurde von einer Biene gestochen; es war schmerzhaft und ich schrie auf. Das gesamte offizielle Empfangsritual für die Schulanfänger rauschte danach an mir vorbei. Meine ganze Hirntätigkeit konzentrierte sich auf die Überlegungen: Warum gerade ich? Wer steht dahinter? Aus diesem grauen Gemisch von Kreuz- und Quergedanken schälte sich *eine* Entscheidung heraus, die ich meiner Mutter auf dem Heimweg sofort mitteilte: »In eine Schule, die mich so unfreundlich empfängt, gehe ich nicht!« An den folgenden Tagen reichten die Überredungskünste meiner Mutter und meiner Schwestern nicht aus, mich von meiner Entscheidung abzubringen. Ich hatte nun mit schärferen Drohungen und Gewalt gerechnet, aber das Gegenteil trat ein. »Gut«, sagte meine Mutter, »du kannst zu Hause bleiben, solange du willst. Ich werde dich in der Schule krankmelden.« Diese Entscheidung meiner Mutter erregte in mir Verblüffung, ich beobachtete sie, um herauszubekommen, wie sie das aushielt. Ihr Verhalten änderte sich überhaupt nicht. Nach fünf Tagen bat ich sie, mir noch einmal den Schulweg zu zeigen, den ich mir noch nicht eingeprägt hatte.

Achtung, Bombe!

Es war eine fröhliche Runde, die sich auf dem Hof versammelt hatte und geschlachteten, abgebrühten Gänsen die Federn ausrupfte; sie wurden für den Markt präpariert. Ich spielte, wie so häufig, mit Materialien und Geräten, die ich auf dem Hof oder in der Werkzeugkammer gefunden hatte. An diesem Tag war mir ein gut zwanzig Zentimeter langes Metallrohr in die Hände gefallen, mit dem ich allerlei anstellen konnte, bis ich auf die Idee kam, einen Knüppel hineinzustecken und es damit rotieren zu lassen. Um zu zeigen, wie weit ich das Eisenrohr durch das Schleudern mit dem Knüppel befördern konnte, beschleunigte ich meine Rotationsbewegung in immer größer werdenden Bögen bis zu dem Punkt, da ich das Gefühl hatte, jetzt fliegt das Rohr davon. Ich bemerkte die Veränderung der Situation und rief laut: »Achtung, Bombe!« Es war eine Frage von wenigen Sekunden, dass dieses Geschoss sich von dem Knüppel löste und, wie durch ein Zielfernrohr geleitet, auf den Kopf meiner Mutter prallte. Ich hätte in den Boden versinken können, als ich das sah. Sie fiel von ihrem Hocker, und ich war sicher, sie getötet zu haben. In Panik lief ich davon und hörte lange nicht mehr auf zu rennen.

Da sich alle um die Mutter kümmerten, die sich offenbar sehr schnell wieder erholte, hatte niemand wahrgenommen, in welche Richtung ich gelaufen war. Das alles geschah an einem Spätnachmittag, an dem sich bereits die Dämmerung abzeichnete, daher war Eile geboten. Die ganze Familie schwärmte aus, um mich zu suchen. Es dauerte ganze zwei Stunden, bis sie mich entdeckten – im äußersten Winkel eines Waldes, aus dem ich alleine wahrscheinlich nicht hätte herausfinden können. Ich war vom Rennen sichtlich erschöpft. Mein Vater trug mich auf den Schultern zurück. Die Stimmung hatte sich völlig gewandelt. Man versorgte mich so, als wäre ich das Opfer gewesen; meine Mutter, die daheim geblieben war, weinte vor Freude, als ich wieder im Hause war. Dass eigentlich *sie* das Opfer war, hatten alle vergessen, meine Mutter eingeschlossen.

Der Bauernhof als Spielplatz

Spielzeug habe ich wenig gehabt; im Grunde erinnere ich mich nur an einen tanzenden Affen, den man aufziehen konnte und der fremdartige Töne von sich gab. Aber mit dem konnte man nicht richtig spielen. Meine Spielzeuge bestanden hauptsächlich aus Dingen, die ich auf dem Hof, im Wald oder auf den Wiesen sammelte. So ganz konnte ich die Erwachsenen nicht begreifen, die sich furchtbar aufregten, wenn ich bestimmte Gegenstände, die sie für ihre Zwecke benutzten, anderweitig verwendete. Schwere Sachen wie Eggen oder Pflüge gehörten nicht zu diesen Spielwerkzeugen; es waren Leinen, Seile, Ketten, Zaumzeug der Pferde, aber auch Gegenstände aus der Küche wie Löffel und Messer. Wenn meine Eltern verreist waren (was allerdings nicht sehr häufig vorkam), hatte ich die Neigung, den gesamten Werkzeugkasten des Hofes umzuorganisieren; dabei verschwanden manche Teile auch in der von mir in der Lehmskuhle gebauten Höhle, die niemand sonst betreten durfte.

Ich hatte den Eindruck, dass meine Eltern durchaus bereit waren, die Umfunktionierung von Gebrauchsgegenständen des Hofes im Interesse phantasievoller Spiele anzuerkennen. Jede Toleranz endete jedoch, wenn es um das Horten und Verstecken der für den Alltagsgebrauch auf einem Bauernhof notwendigen Geräte ging. Es waren Ausnahmesituationen, die meine Eltern wütend werden ließen; aber es passierte nicht selten, dass mein Vater morgens um vier oder fünf vor meinen Bett stand und zunächst ruhig fragte: »Wohin hast du das Pferdezaumzeug verschleppt?« Wie nicht anders zu erwarten, konnte ich darauf keine Antwort geben. Zwar besaßen wir für diese Gerätschaften immer Ersatz, aber manchmal war dieser in Reparatur und deshalb nicht verfügbar. So wie ich war, im Schlafanzug oder halb angezogen, musste ich meinen Vater begleiten, um ihm die Stellen zu zeigen, an denen das Gesuchte versteckt war; es ließ sich nur selten auf Anhieb finden. Doch auch diese Konflikte führten nicht dazu, dass der nächste Tag durch ein Stimmungstief in unseren Beziehungen getrübt war. Jedenfalls kann ich mich nicht daran erinnern.

Wohnverhältnisse

Ein Hof, zu dem wenig mehr als zwanzig Hektar Boden und Waldfläche gehören und der von neun Personen bewohnt wird, vermittelt eine Enge und Dichte, die man sich nur schwer vorstellen kann. Betrachtet man die Scheune als ein Nebengebäude, so war die Hälfte des Haupthauses mit mehr oder weniger kleinen Wohnräumen belegt; direkt anschließend – in der anderen Hälfte des Hauptgebäudes – befand sich der Bereich für die Tiere.

Durch einen kleinen Flur kam man in die Wohnküche, den gemütlichsten Raum des Hauses, mit einem großen Kachelofen, in dem auch Brot gebacken wurde. Das Alltagsleben spielte sich in diesem Zimmer ab. Im Winter war es immer geheizt, im Sommer öffnete man die Flurtür. Wie groß? Ich schätze, 25 bis 30 Quadratmeter. Diesem Raum schloss sich die »gute Stube« an; sie war viel kleiner, wurde nur für besondere Anlässe genutzt. Hier wurden auch die Schnäpse aufbewahrt, die zum Beispiel bei Schlachtfesten eingeschenkt wurden oder wenn Besuch kam. Auf der linken Seite dieses Raums, in dem wir Kinder uns nur in besonderen Fällen aufhalten durften, befanden sich zwei Kinderzimmer, halb so groß wie die gute Stube, daneben das Elternschlafzimmer. Die Räucherkammer lag nicht weit entfernt vom Elternschlafzimmer; ihr schlossen sich die Futterküche sowie der Stall für die Rinder und Kälber an. Man kann daraus sehen, dass es eine Trennung von Gebäuden für die Menschen und für die Tiere nicht gegeben hat. Wohnbereich und Stall lagen fast Wand an Wand. Der Stallgeruch drang überall ein. Noch deutlicher zeigte sich diese enge Verbindung zwischen der Wohnung und den Bereichen für das Vieh, wenn das Gebrüll der Tiere morgens durch die Räume drang, weil sie gefüttert oder gemolken werden wollten. Insbesondere die Kühe machten, wenn der Schmerz der vollen Euter sie erfasste, einen derartigen Lärm, dass alle übrigen Tiere wach wurden und nach Futter schrien. Meine Eltern und die älteren Schwestern, die sich am Melken und am Füttern der Tiere beteiligten, sprangen bei diesem Krach jedoch nicht, wie man erwarten konnte, aus ihren Betten, sondern schliefen oft noch weiter. Sie müssen sich eine Schutzschicht zugelegt haben, die ihnen ermöglichte, die Geräusche von sich fernzuhalten. Mein zeitlebens fester Schlaf, selbst bei lauten Geräuschen und großem Krach, mag daher kommen, dass auch ich schon sehr früh eine solche Immunschicht entwickelt habe; das ist aber nur eine riskante Vermutung.

Die Erfahrung dieser Enge muss bei mir schon sehr früh Fluchttendenzen beflügelt haben; so habe ich mich gerne bei Nachbarn aufgehalten. Wie meine Schwestern berichten, habe ich dabei auch alles erzählt, worüber in unserem Hause gesprochen wurde.

Die Höhle und der Blick nach draußen

Deutlicher wird die Tendenz zur Flucht aus der Enge durch meinen Rückzug in eine Höhle, die ich mir an der Lehmskuhle gebaut hatte und zu der keines meiner Familienmitglieder Zutritt hatte. *Diese Höhle war praktisch mein zweites Zuhause – oder man könnte auch sagen: mein eigentliches Zuhause.* Das Innere hatte ich mit Verpackungsmaterialien des Kolonialwarenhändlers ausgestaltet, die ich sorgfältig gesammelt hatte. *Hier konnte ich meinen Spielphantasien nachgehen.* Es erschien mir sinnvoll, mir eine eigene Welt zu erfinden, die anders war als die des Hofalltags. Der Hof bestand für mich überwiegend aus Werkzeugen, die man für bestimmte Spiele umfunktionieren konnte; er war ein großer Werkzeugkasten. Das klingt etwas eigenbrötlerisch – und das war es auch.

Mit Nachbarskindern habe ich wenig gespielt; ich hatte einige engere Freunde, aber am Dorfleben der Kinder und Jugendlichen habe ich selten teilgenommen. Gerda, die Nachbarstochter, mit der ich viel zusammen war, gehört zu den wenigen Kindern, mit denen ich spielte; und da war noch Bubi Neumann, von dem ich mich trennte, als ich ihn im Verdacht hatte, meinen Hund Strolch vergiftet zu haben, was sich nachträglich natürlich als völlig unsinnig entpuppte.

Wenn ich von einer Höhlenexistenz spreche, dann meine ich damit, dass diese Rückzugsmöglichkeit gleichzeitig etwas ausschließt und einen sehr weiten Raum für Phantasien ermöglicht. Es wird mir erst heute klar, *wie stark die Phantasieräume, die ich mir schon als kleiner Junge geschaffen habe, meine späteren Erkenntnisinteressen steuerten.* Es mag riskant sein, eine Kausalität herzustellen zwischen den frohen Phantasiespielen auf dem Bauernhof und der Bedeutung, die ich später der Phantasie bei der Herstellung von Wissenszusammenhängen und Erkenntnis zuschrieb. *Phantasie als das lustbetonte Erkenntnismedium spielt in meinem ganzen wissenschaftlich-politischen Leben eine zentrale Rolle – anders als in Platos Höhlengleichnis ist hier der Aufstieg der Schattenexistenzen zum Licht bereits geglückt.*

Friedensmodell einer bäuerlichen Familie?

Nimmt man nur das, was über mich berichtet wird und was ich selbst in Erinnerung habe, so könnte man auf den Gedanken kommen, es handele sich hier um das *Friedensmodell einer bäuerlichen Familie,* die sich selbst mit aller Kraft aus dem Sumpf der Verhältnisse zu befreien versucht und das am Ende mit großem Erfolg zustande bringt. Davon kann bei näherem Hinsehen keine Rede sein. Die älteren Schwestern berichten von harten Konflikten zwischen unseren Eltern, die zwar immer gelöst werden konnten, aber doch schwere Leidensspuren bei unserer Mutter hinterließen. Auch ich habe noch in Erinnerung, dass meine Mutter verzweifelt in Richtung See lief und ein Teil der Kinder hinterher, während mein Vater dasaß, verlegen mit Broschüren und Zeitungsblättern hantierte und uns anderen mit harschen Worten Trost zu spenden versuchte, indem er erklärte: »Die kommt schon wieder!« Sie kam auch wieder. Aber dass so etwas immer wieder passieren musste, bedrückte alle – im Nachhinein sogar meinen Vater.

Es ist nichts Ungewöhnliches, wenn ich den Charakter dieser Person als ein Bündel widersprüchlicher Eigenschaften beschreibe. Hervorzuheben ist jedoch eine Charaktereigenschaft, die sich positiv als Eigensinn bezeichnen lässt, bei ihm aber häufig die Grenze zur Verstocktheit überschritt – zum Ärger seiner Umgebung. Irgendwann sah er Fehlentscheidungen oder Irrtümer ein, aber es konnte mitunter lange dauern.

Die Schwestern

Es mag viele Gründe dafür geben, dass in einem biographischen Familienbericht das ganze Spektrum der Familienmitglieder, zumal es sich um eine größere Zahl handelt, mit gleichgewichtigem Interesse wahrgenommen und entfaltet werden sollte. Aus der Perspektive des *Kleinsten* der Familie ergab sich für mich ein Schwesternbild, in dem jedes der Mädchen bzw. jede der Frauen in einer bestimmten Lebensphase eine charakteristische und klar unterscheidbare Beziehung zu mir hatte. Eine Großfamilie auf relativ kleinem Grund und Boden (man betrachte dazu die Wohnverhältnisse in unserem Haus) bildet eine Schicksalsgemeinschaft. Meine Eltern hatten sieben Kinder, davon fünf Mädchen; darunter gab es kein »Aschenputtel«. Wie sie es zustande gebracht haben, dass jedes dieser Kinder eine Berufsausbildung bekam, ist mir nach wie vor rätselhaft. In dieser Entschiedenheit, die Arbeitskraft der Mädchen für die landwirtschaftliche Produktion des Bauernhofes *nicht voll* zu nutzen, sondern allen eine Berufsausbildung zu ermöglichen, liegt vielleicht einer der Gründe, wieso zwischen den Töchtern Konkurrenz und der Kampf um Anerkennung keine besondere Rolle spielten.

Meine älteste Schwester Irmgard, 1922 geboren, hatte sich am weitesten aus der ostpreußischen Dorfwelt entfernt. Ein kluges Mädchen, fleißig und aufgeschlossen, war sie begehrte Hilfskraft. Als eine Schwester meines Vaters in eine Bäckerei in Berlin eingeheiratet hatte, wollte sie Irmgard als Haushaltsgehilfin dorthin locken; mein Vater bestand aber darauf, einen förmlichen Ausbildungsvertrag als Verkäuferin aufzusetzen. Irmgard machte ihre Sache so gut, dass sie nach dem frühen Tod der Tante die Geschäfte der Bäckerei mit großem Erfolg erledigte. In Berlin lernte sie auch ihren Mann kennen, der später dann zum Führerbegleitbataillon in der Wolfsschanze Rastenburg abkommandiert wurde. Über die Konflikte, die für meinen Vater dadurch entstanden, werde ich an anderer Stelle berichten.

In einer Zeit, in der Ortswechsel gleichsam zur normalen Lebensstrategie gehören, mag es schwer verständlich sein, welche Anziehungskraft der Wohnort einer zweiundzwanzigjährigen Tochter für die Orientierung einer ganzen Familie haben konnte. Die Tatsache, dass meine älteste Schwester in Berlin-Falkensee in der Bäckerei arbeitete, war in der Krisensituation der Fluchtbewegungen aus Ostpreußen ein fester Bezugspunkt. Nicht nur die Strategie meiner Mutter, die Jüngsten mit dem Zug nach Berlin vorauszuschicken, beruhte auf der Annahme, dass dort ein nahes Familienmitglied die Ankommenden aufnehmen würde. Auch für das Fuhrwerk, mit dem die übrige Familie den Weg über das zugefrorene Frische Haff nahm, war Falkensee der Zielort. Die Fluchtroute meiner Eltern und der übrigen Geschwister, mit Pferd und Wagen, lässt sich auf einer Landkarte einzeichnen wie ein Abenteuerweg: Sie brachen in Kapkeim auf, überquerten bei Braunsberg das Frische Haff, erreichten Danzig und Gedingen, dann ging es nahe der Ostsee weiter bis hinunter nach Stettin, dann wieder hoch bis Rostock. Meine Eltern wollten aber nach Berlin, also ging es von Rostock über Schwerin zurück. In Falkensee/Altfinkenkrug siedelten sie erneut. So endete für sie die Flucht fast genau an jenem Ort, der als Zufluchtsort von vornherein vorgesehen war – und wo sie auch für mich und meine beiden Schwestern Ursel und Margot zweieinhalb Jahre später endete: nicht weit von Berlin, wo meine Schwester Irmgard seit Jahren lebte. In Altfinkenkrug gründeten unsere Eltern einen Bauernhof und bauten ein Haus, in das wir drei Jüngsten – nach jahrelanger Trennung – aus dem dänischen Flüchtlingslager zur Familie zurückkehrten.

Irmgard, die Älteste, hatte den Status eines weltläufigen Symbols; sie wurde aus der Ferne idealisiert. Ruth, die zweitälteste Schwester, war das »Arbeitstier« der Familie. Obwohl sie nur zehn Jahre älter war als ich, lag meine Versorgung als Kleinkind wesentlich in ihren Händen. Man kann es schon gut verstehen, dass sie Adebar, der sie schamlos hintergangen hatte, verfluchte. Denn das von den anderen freundlichst begrüßte Brüderchen bedeutete für sie wesentlich mehr Arbeit. Da sie mich als Kleinkind betreute, stand Ruth mir damals am nächsten; bis zum heutigen Tage blieb zwischen uns ein herzliches Verhältnis erhalten. Als sie dreizehn Jahre alt war, musste sie mitunter auf dem Hof schwer arbeiten. Sechs bis sieben Kühe hat sie gemolken, was bei manchen dieser Viecher äußerst beschwerlich sein konnte. Aber auch in ihrem Falle waren meine Eltern bemüht, dass ihre Tochter eine Ausbildung erhält, die ihr später eine selbstständige Existenz ermöglichen sollte. Natürlich waren dabei auch Gedanken im Spiel, den Familienhaushalt zu entlasten; das erwies sich allerdings sehr schnell als ein Irrtum. Denn die Ausbildungskosten waren weit höher als die Entlastung des Haushalts. Ruth arbeitete in Königsberg in einem Molkereilabor, in dem auch Forschung betrieben wurde. Nebenbei war sie als Verkäuferin in einer Königsberger Schlachterei tätig. Sie wäre gerne in dem Labor geblieben; doch dem widersprachen, wie ihr Arbeitsbuch zeigt, Vorschriften, die die Landflucht eindämmen sollten. Als Tochter eines Bauern sollte sie auch in bäuerlichen Zusammenhängen arbeiten; sie musste Königsberg verlassen und betätigte sich dann in einer Molkerei, also in einem Milchverwertungsbetrieb, der nur wenige Kilometer von Kapkeim entfernt lag.

Ruth ist das kollektive Gedächtnis unserer Familie; sie hat die präzisesten Erinnerungen an alles, was sich auf dem Bauernhof zutrug; ein Großteil der Informationen über meine Eltern und Großeltern, ja über einzelne der Geschwister stammen von ihr – einer leidenschaftlichen Sammlerin von Bildern und Dokumenten. Neben unseren Eltern und meinem Bruder hatte sie die intensivste Beziehung zum bäuerlichen Lebenszusammenhang entwickelt. Ihr ist es auch zu verdanken, dass die Familie die Flucht über das zugefrorene Frische Haff ohne größeren Schaden überstand. Ohne sie wäre es kaum möglich gewesen, diesen Fluchtweg über Land und Eis, unter Beschuss russischer Flugzeuge, nachts Schritt für Schritt zu bewältigen. Das bereits schmelzende Eis musste auf seine Tragfähigkeit geprüft, abgeklopft werden, ehe man mit dem Wagen langsam weiterfahren konnte. In Berlin angekommen, beteiligte sich Ruth aktiv am Aufbau des Neubauernhofs, der als ein Projekt der Bodenreform in der sowjetisch besetzten Zone für die Familie eine neue Existenzgrundlage schuf.

An Edith, die dritte Schwester, habe ich die wenigsten Erinnerungen; sie ist auf Photos zu sehen, die in Kapkeim aufgenommen wurden. Wahrscheinlich hat auch sie eine Lehre gemacht, ich weiß aber nicht, in welchem Beruf. Deutlicher trat sie im Familienzusammenhang – nach meiner Erinnerung – erst in der letzten Lebensphase unseres Vaters, in Gütersloh, auf. Sie wohnte ihm genau gegenüber, und Edith hat ihn bis zu seinem Tode versorgt.

Schließlich sind die zwei jüngsten Schwestern zu erwähnen: Ursel und Margot. Margot, die jüngere, besuchte in Königsberg die Mittelschule, Ursel machte eine Ausbildung in einer Königsberger Reederei, wenn ich das richtig sehe, zur Kontoristin oder zur Kauffrau. Sie kannten sich also beide ein bisschen aus in der Stadt, die allerdings im Januar 1945, als wir zu dritt dort eintrafen, schon so beschädigt war, dass sich klare Straßenführungen kaum noch erkennen ließen. Niemand in der Familie hatte damit gerechnet, dass ich zusammen mit den zwei jüngsten

Schwestern eines Tages darauf angewiesen sein würde, bei Institutionen des Roten Kreuzes, der NS-Frauenschaft, der Schule oder in einem Betrieb Unterschlupf zu suchen. Jene beiden, die ich im normalen Alltagsleben auf dem Hof nur nebenbei wahrgenommen hatte, wurden in kurzer Zeit zu Lebensretterinnen. *Sie übernahmen nicht nur Elternfunktionen für mich, sondern entwickelten auch gemeinsam eine Überlebensstrategie, die fast drei Jahre anhielt und eine Rückkehr ins Elternhaus sicherte.*

Der Bruder

Mein fünf Jahre älterer Bruder Gerhard hatte im Chor dieser dominanten Mädchen und Frauen noch nicht einmal das Privileg des Jüngsten; er war fleißig und zuverlässig bei der Hofarbeit, kränkelte häufig, weil er an der sogenannten englischen Krankheit (Rachitis) litt, die ihn allerdings davor bewahrte, Mitglied der Hitlerjugend zu werden. Er liebte seine Pferde und war auch sonst so leidenschaftlich Bauer, wie sich das bäuerliche Eltern nur wünschen konnten. Für ihn hatten unsere Eltern eine Ausbildung als Sattler vorgesehen, da er seit frühester Kindheit gerne mit Sattelzeug spielte; aber er lehnte das Angebot ab, mit der Begründung, er habe durch die praktische Arbeit genug gelernt und die Lehre würde ihm nur Zeit stehlen.

Gerhard fühlte sich schon als kleiner Junge seinen Lieblingstieren, Fohlen und Pferden, so verbunden, dass er praktisch mit ihnen aufgewachsen ist. Ich sehe ihn noch, als sei es heute, wie er hinter einem riesigen Pflug und einem noch riesigeren Pferd einen Acker pflügte, auf dem er kaum über den aufgerissenen Furchen zu sehen war. Er liebte die Tiere; hin und wieder schlief er im Stall, um ein gerade zur Welt gekommenes Fohlen zu bewachen. *Er war der geborene Bauer.*

Hin und wieder setzte er mich auf ein Pferd, davon gibt es Bilder; aber das war eher zum Spaß gedacht. Einmal jedoch hatte er die Idee, mich auf eins dieser Pferde zu bugsieren, damit ich zwei Milcheimer aus der Kühlquelle ins Haus transportierte. Das war eine Wegstrecke von etwa 700 bis 800 Metern. Ich nahm diesen Arbeitsauftrag an, setzte mich auf das Pferd, nahm in jeden Arm einen Milcheimer, er schlug das Pferd leicht mit einer Gerte, damit es loslief. Aber in dem Maße, wie die Eimer in die Seiten des Pferdes schlugen, beschleunigte das Tier vom Trab zum Galopp. Ich bekam Todesängste, da ich nicht wagte, die Eimer fallen zu lassen. Am Ende war ich heilfroh, dass das Hoftor geschlossen war und das Pferd nicht ins Dorf rennen konnte. Seitdem habe ich nie wieder ein Pferd bestiegen.

Im Übrigen aber war die Beziehung zwischen meinem Bruder und mir liebevoll und fürsorglich; irgendwelche geheime Konkurrenz um die Erbschaft konnte es nicht geben, es war ganz klar, dass er den Hof erben würde – es sei denn, eine unserer fünf älteren Schwestern käme dafür in Frage. Es kam ganz anders. Bei der Flucht war auch Gerhard für unsere Eltern eine unentbehrliche Lebenshilfe.

Der Großvater

Wie ein übrig gebliebenes, bedrohliches Symbol der Schäfertradition lebte mein Großvater mütterlicherseits einige Jahre bei uns in Kapkeim – mit krummen Beinen und unerträglicher Zankhaftigkeit. Von ihm wird eine tragische Geschichte erzählt. Als im Ersten Weltkrieg Teile Ostpreußens durch die Russen besetzt wurden, hatte er sich geweigert, seine Schafe ohne Aufsicht zu lassen und vor den anrückenden Kosaken zu fliehen.

Diese erschlugen viele Schafe aus reiner Mordlust; den Schäfer attackierten und verprügelten sie. Als nach der Schlacht bei Tannenberg die Deutschen wiederkehrten, fanden sie ihn mit gebrochenen Beinen in einen Schweinekoben, wo er vier Tage lang gelegen hatte. Von diesen Verletzungen hat er sich nie erholt. Obwohl er mehrfach operiert worden war, wuchsen doch seine Schmerzen; er litt entsetzlich. Aus einem fröhlichen und dem Leben zugewandten Menschen war, wie berichtet wird, ein verbitterter Mann geworden, der den Krieg zwar überlebt hatte, aber bis zu seinem Lebensende gezeichnet war. Der einstmals leutselige Großvater störte den Frieden unseres Hofes so sehr, dass meine Eltern den bitteren Entschluss fassten, ihn ins Armenhaus des Dorfes zu bringen. Wir Kinder waren von dieser Entscheidung direkt betroffen; auch ich habe ihm manchmal Essen dorthin gebracht.

**Das Familienklima –
Gespräch mit meiner Schwester Ruth**

Das Gespräch mit meiner Schwester Ruth Hibbeler habe ich im Jahr 2011 geführt. Hier ist ein Auszug wiedergegeben.

Oskar: *Wie haben wir Weihnachten gefeiert?*
Ruth: Gemütlich. Vater war bei seinen Eltern.
Oskar: *Wie? Der war nicht bei seiner Familie?*
Ruth: Nein.
Oskar: *Habt ihr das einfach hingenommen?*
Ruth: Ja, die Mama hat geweint, wir waren froh. Nur seine Politik hat für ihn gezählt; nur seine Politik.
Oskar: *Ist das gerade eine Entidealisierung meines Vaters?!*
Ruth: Ja.

Oskar: *Und worüber wart ihr froh, wenn er weggegangen ist?*

Ruth: Ja, dann hat sich unsere Mutter hingesetzt, wir haben den Backofen angemacht, in dem noch was gebacken wurde, sie hat ein Schaffell ausgelegt oder mehrere. Dann haben wir uns vor den Ofen gesetzt, sie konnte gut singen, sie hat mit uns dann Weihnachtslieder gesungen. Weißt du gar nicht, dass Mama gut singen konnte, ja? Sie hat sich hingesetzt, wir ringsherum auf dem Fußboden und sangen.

Oskar: *Am Kachelofen?*

Ruth: Ja, am Kachelofen. Und dann hat sie uns Geschichten erzählt und dann war das so friedlich. Und wenn der Vater da war, er musste immer ..., er hat immer genörgelt und war immer mit sich unzufrieden. Das kam durch die Politik, die in seinem Kopf herumirrte. Im Grunde war er kein schlechter Mensch. Sonntags, im Sommer, hat er dann am Fahrrad gebastelt.

Oskar: *Im Grunde war er kein schlechter Mensch! Was heißt denn das?*

Ruth: Im Grunde war er kein schlechter Mensch. Aber auch nicht so ein Idol, wie er es für dich dann war. Nein, er hatte zwei Seiten. Als wir noch kleiner waren, weiß ich, da hatte er als Erster ein Fahrrad und dann kriegte Mama nachher eins. Sonntag, wenn er im Schafstall alles erledigt hatte und nichts mit sich anzufangen wusste, hat er uns alle aufs Fahrrad geladen, so klein, wie wir waren. Da hat er vorne so ein Ding gehabt, selbst angebaut, und hinten, auf der Stange ebenso. Der Letzte kam in einen Rucksack, den hat er auf den Rücken genommen.

Oskar: *Fünf oder sechs auf einem Fahrrad?*

Ruth: Ja, dann am Bahndamm Ausflug, da waren entweder Erdbeeren oder Himbeeren oder Blaubeeren. Wir hatten Eimerchen. Nu füllt man! Er saß dann in der Ecke, hatte seine Zeitschriften mit und las. Und so fuhr er so manchen Sonntag mit uns los im Sommer. Die Mama konnte dann was machen; sie hatte frei.

Oskar: *Seid ihr je für irgendetwas körperlich bestraft worden? Ich selbst erinnere mich an keine Situationen – was ja für die damalige Zeit ungewöhnlich war.*

Ruth: Ja, das war ungewöhnlich. Die Mama machte schon mal klatsch, klatsch. Besonders ich habe das meiste abgekriegt. Ich habe noch zu Ursel gesagt, die ja ein paar Jahre jünger ist: Ich müsste dir manches heimzahlen. Sie riss aus und ich hab's gekriegt.

Oskar: *Gehört in diesen Zusammenhang die Schuhcreme-Geschichte?*

Ruth: Es war Markt. Da sollte Vater auf uns aufpassen, im Schafstall hatte er nichts zu tun: Er hatte ja seine Gehilfen, auf dem Hof war nichts los. Mama ging zum Markt und wir alle waren zu Hause. Na, und bei uns waren ja vom ganzen Dorf die Kinder, das waren viele Kinder, die kamen alle zu uns zum Spielen. Da haben wir immer »Sieben kleine Negerlein« gespielt. Alle sollten schwarz sein. Immer eingeschmiert mit Schuhcreme bis zum Kopf. Es waren ja auch die Nachbarskinder dabei, die haben dann später alle Dresche gekriegt. Uns hat er in die Sorge gesteckt, das war ja dieser Fluss, Sorge hieß der, da hat er uns alle in das kalte Wasser hineingesteckt und gedacht, wir wären sauber. Dann hat er versucht, die Haare sauber zu kriegen, aber es ging nicht, da hat er überall ein bisschen herausgeschnitten. Ich glaub, wenn die Mama nicht so stark gewesen wäre, die hätte einen Herzschlag gekriegt, als sie wiederkam. Und er sollte auf uns aufpassen! Aber er hat mit ein paar Kumpeln, dem Schmied und dem Stellmacher, das waren seine Genossen, mit denen hat er Politik gemacht. Auf uns hat er nicht aufgepasst. Als uns die Mama dann mittags um ein oder zwei Uhr gesehen hat, da hat sie zu viel gekriegt. Das hat wer weiß wie lange gedauert, bis sie uns sauber gekriegt hat.

Oskar: *Aber ihr habt auch dafür keine Prügel bekommen?*

Ruth: Von Vater nicht und von Mutter auch nicht, die Prügel hätte ja der Vater haben müssen. Aber die anderen haben schön Dresche zu Hause gekriegt.

Oskar: *Wie ging es euch so in Königssee?*

Ruth: Also an und für sich haben wir in Königssee, wo wir vor dem Umzug nach Kapkeim wohnten, keine Not gelitten. Für Fleisch hat der Papa immer gesorgt. Braten war das eigentliche Essen.

Oskar: *Das Organisieren von Vorräten, das hat er auch im Krieg kompetent praktiziert. Er war ja immer bei der Feldküche.*

Ruth: Ja, ja, er konnte das, er war gut darin. In Königssee haben wir keine Not gelitten. Dafür hat er immer gesorgt. Und er hat uns nie, auch als Kleine, wir konnten anstellen, was wir wollten, er hat uns nie bestraft. Die Mama macht das schon alles, war seine Devise. Und das ist schwer für eine Frau, wenn die einen Mann hat, der alle Verantwortung auf sie abschiebt. Auch sonst war die Beziehung unserer Eltern recht kompliziert.

Oskar: *Du hast über unseren Vater gesprochen. Wie siehst du unsere Mutter?*

Ruth: Sie war ein fröhlicher Mensch. Sie ging gerne tanzen. Und der Papa hatte verkehrte Beine zum Tanzen. Als albernes Herumhopsen erschien ihm das Tanzen. Man hopst wie ein Ziegenbock, hat er mal gesagt. Na ja, da fahren die beiden mit dem Rad dahin, durch den tiefen Wald; Königssee war ja umgeben von Wald, gehörte dem Fürsten Soundso. Und die beiden fahren los, die Irmgard ist zwei Jahre älter als ich und die anderen waren noch ganz klein. Wir beide haben gewartet und gewartet und auf einmal kommt der Papa ganz alleine nach Hause. Wir fragen: Wo ist die Mama? Und er sagt: Die ist noch auf dem Fest, noch am Tanzen. Da ist der Kerl einfach losgefahren, hat seine Frau alleine gelassen, und die hatte noch den Weg durch den tiefen Wald vor sich. Also Mama war nicht da.

Oskar: *Aber ihr habt euch Sorgen gemacht?*

Ruth: Irmgard und ich haben uns Sorgen gemacht, die anderen waren ja noch klein. Da sind wir beide im Dunkeln losgegangen bis in den Wald, weit sind wir gegangen. Wir haben uns beide an der Hand gefasst und sind losgelaufen. Wir wussten, wir kannten ja auch den Weg.

Oskar: *Mitten in der Nacht?*

Ruth: Mitten in der Nacht. Da sahen wir dann eine Frau, die liegt mit dem Fahrrad im Graben. Sie hatte getanzt und hatte da auch einen zum Tanzen, hat sie später erzählt, und das war so schön, da ist sie dann müde gewesen auf dem Heimweg und dann brauchte es auch nicht viel, da lag sie da und schlief. Und wir haben gedacht, sie ist tot. Da haben wir sie wach gemacht und sie hat gefragt: Was ist? Wo bin ich hier? Dann sind wir zu Fuß gegangen und kamen gegen Morgen an. Aber wir waren so froh, dass sie da war. Und er lag im Bett, er war ja sicher eifersüchtig, dass sie getanzt hat und lustig war; er wollte nur Politik machen und die Schäfer wollten tanzen und sich vergnügen. Dafür war das Fest ja auch angesagt und nicht für die Politik.

Oskar: *Und er schlief ruhig?*

Ruth: Er lag im Bett, ob er ruhig schlief, das weiß ich nicht. Aber er lag da. Ja, das sind so Geschichten, die ich noch in Erinnerung habe.

Oskar: *Hast du eine Vorstellung, wie viel Reichsmark die Eltern bezahlen mussten, um den Hof in Kapkeim zu erwerben?*

Ruth: Wir mussten damals 3.200 Reichsmark bezahlen.
Oskar: *Nach der Währungsreform? War das eine Anzahlung?*
Ruth: Ja, da war schon das richtige Geld. Sie haben den Hof 1931 gekauft und mussten anzahlen. Der Vertrag lief auf 25 Jahre, das war eine Siedlungsgenossenschaft. Anzahlen mussten sie 3.200 Reichsmark, und die zusammenzubekommen, das war nicht einfach. Und dann war, so weit mir bekannt ist, der Papa ja immer feige. Der hat die Mama zu seinen Eltern geschickt.
Oskar: *Obwohl sie so ein gespanntes Verhältnis hatten?*
Ruth: Ja, aber sie brauchten noch Geld, sie hatten das Geld nicht ganz zusammen. Es ging damals um 500 Reichsmark und sie wussten ja, dass die Eltern vom Papa Geld haben, gehortet haben, die konnten ja auch der Herrschaft die Hühner unterm Hintern wegnehmen, ohne dass der Hahn gekräht hätte.
Oskar: *Und haben die Großeltern das Geld gegeben?*
Ruth: Das haben sie nicht getan, das Geld hat ihnen die Tante Lene gegeben, eine etwas begüterte Schwester, Ehefrau eines Molkereibesitzers in Heilsberg, die hat ihnen 300 Reichsmark gegeben. Die Alten hatten nichts, nee! Aber die wollten mich mithaben. Die Oma hat gesagt: Dann habt ihr einen Esser weniger und Ruthchen hat es ja gut bei mir. Und ich habe mich mit Händen und Füßen gesträubt, aber sie hat es dann doch geschafft. Als es so weit war, als unsere Eltern umziehen wollten nach Kapkeim, als das alles perfekt war, ist die Großmutter wiedergekommen und hat mich mitgenommen. Da bin ich auch ein Dreivierteljahr geblieben.
Oskar: *Wie alt warst du da?*
Ruth: Sieben Jahre. Später habe ich das erst erfahren, viel später, dass die Tante Lene, eine allseits beliebte Frau eines Molke-

reibesitzers, diese 300 Reichsmark dazugegeben hat. Das andere Geld für den Hof in Kapkeim haben die Eltern durch Verkauf erzielt, Kühe und so wurden nicht mitgenommen, das wurde alles verkauft. Die Oma kam dann wieder, meine Großmutter, und hat mich mitgenommen. Sie hat mir den Himmel auf Erden versprochen und ich bin dann auch mitgegangen. Die wollte mich als Kindermädchen für ihren Lieblingsenkel benutzen.

Oskar: *So, als Kindermädchen?*

Ruth: Auf den musste ich aufpassen. Wenn der was ausgefressen hatte, wurde ich bestraft.

Oskar: *Wie alt war er?*

Ruth: Der war einige Jahre jünger, der war so vier. Ich war sieben. Da wohnten sie schon in Nikolaiken, das war ein Nebengut von dem Fürsten zu Dohna-Schlobitten; der hat ja überall Güter gehabt, die wussten wohl selbst nicht mehr, wie viele. Da war der Opa auch als Schäfer tätig. Die wohnten auch dort in einem Haus extra, mit dem Kämmerer – und die anderen wohnten tiefer im Dorf.

Oskar: *Als Siebenjährige solltest du aufpassen? Auf einen Vierjährigen?*

Ruth: Ja, auf den musste ich aufpassen.

Oskar: *Deine Großmutter mochte dich nicht!*

Ruth: Ich sie auch nicht. – Unsere Eltern sind dann kurz vor Weihnachten umgezogen nach Kapkeim. Da war alles trostlos. Der Hof war eigentlich schön, aber ziemlich runtergewirtschaftet. Wir waren ja schon die dritten Besitzer. Die ersten und zweiten Besitzer hatten ihn verkauft. Das ist in den Papieren noch festzustellen, wie viele Personen das gewesen sind, die den Hof bewohnten.

Oskar: *Ruth, ich habe noch einige Fragen, die unseren Vater betreffen, von ihm selbst aber nie beantwortet wurden, wenn ich ihn direkt fragen wollte. Er wich mir immer aus, und als ich ein Tonbandgerät anstellte, hörte er auf zu erzählen. Es war für ihn der prekäre Punkt, den ich anzusprechen versuchte: Ich hatte in Erinnerung, dass an unserem Haus in den letzten Jahren ein Blockwartsschild hing. Kannst du mal erzählen, wie er sich als Widerständler verstanden hat? Wie seine Beziehung zum Nationalsozialismus war?*

Ruth: Die Beziehung unseres Vaters zum Nationalsozialismus ist eindeutig ablehnend gewesen. Als alter Sozialdemokrat empfand er die Eroberungslust der Nazis als ein perverses Unternehmen mit hohen Risiken. Ihm war schon sehr früh klar, und zwar schon vor Stalingrad, dass der Krieg verloren geht. Er hat das aber natürlich nicht offen bekundet. 1937 hatte er einen Nazi-Redner im Dorf gemeinsam mit einem Kommunisten von der Bühne gezerrt und selbst eine Rede gehalten. Aber er ist immer vorsichtig gewesen. Man kann sagen, seine Bauernschläue, die ihn auszeichnete, hat ihn davor bewahrt, aktiven Widerstand zu organisieren. Man wusste, dass er Bibelstunden hielt, in denen er sich mit Gesinnungsgenossinnen und -genossen austauschte.

Oskar: *Es ist berichtet worden, dass er in die NSDAP eingetreten ist, als es um die Hochzeit seiner ältesten Tochter Irmgard ging. Was ist daran Legende, was ist Wahrheit?*

Ruth: Alles war schon vorbereitet für die Hochzeit, auch die Gäste waren angereist. Da stellte sich heraus, dass Irmgards Mann die Heiratserlaubnis nicht vorweisen konnte, weil unser Vater nicht Mitglied der Nazi-Partei war.

Oskar: *Warum war diese Mitgliedschaft Voraussetzung für die Heirat seiner Tochter?*

Ruth: Erwin, der Mann, den Irmgard heiraten wollte, war beim Führer-Begleitbataillon in Rastenburg, so wird erzählt. Da das eine hohe Sicherheitsstufe zur Voraussetzung hatte, wurde der Vater überprüft, und man stellte fest, dass er auf einer schwarzen Liste stand, auf einer Liste von unzuverlässigen Leuten, die irgendwo einmal den Nazis unangenehm aufgefallen waren.

Oskar: *Also ist er in die Partei eingetreten, um die Hochzeit seiner Tochter zu ermöglichen.*

Ruth: Das klingt zwar wie eine nachträgliche Rechtfertigung für den Parteieintritt. Es ist aber so. Kurze Zeit später konnte unsere älteste Schwester heiraten. Aber die Nazis in den umliegenden Gemeinden überprüften die Zuverlässigkeit und forderten unseren Vater auf, nicht nur Parteimitglied zu sein, sondern auch Funktionen zu übernehmen.

Oskar: *Also wurde er noch stärker kontrolliert und beobachtet als zuvor.*

Ruth: Genau. Als Blockwart hatte er die Aufgabe, die Parteibeiträge in der Gemeinde einzusammeln. Das tat er nicht, sondern schickte seine älteren Töchter zu den Familien, um die Parteibeiträge zu kassieren. Was übrigens unserer Mutter missfiel.

Oskar: *Welche anderen Privilegien waren mit diesen Parteibeitritt verknüpft?*

Ruth: Das hatte ziemliche Folgen. Unser Hof lebte zu einem erheblichen Teil auch von der Milchproduktion, und es gab Prämien auf die Milchproduktion, die wir jetzt bekamen; vor allem gab es jetzt das Kindergeld für unsere Familie.

Oskar: *Wie, das Kindergeld war nicht gezahlt worden, bevor unser Vater in die NSDAP eintrat?*

Ruth: Genauso ist es. Ich glaube, seit 1943 ging es dann auch ökonomisch mit unserem Hof bergauf. Jedenfalls war in dieser Zeit bereits der riesige Betrag von 20.000 Reichsmark für Hof, Gebäude und dazugekauftes Gelände abgetragen.

Oskar: *Was für eine Rolle spielte überhaupt die Nazi-Ideologie in Kapkeim und der Umgebung?*

Ruth: So viel ich weiß, hatte sie keine große Bedeutung. Nachbarn wussten, dass unser Vater ein Blaupunkt-Radio besaß, das unsere Mutter gekauft hatte. Mit diesem Blaupunkt-Radio versuchte er, Schweizer Sender reinzubekommen, was nicht einfach war. Aber sie informierten ihn schon sehr früh über die militärische Lage und politische Auseinandersetzungen, die sich unter den Alliierten abspielten, etwa bei den Verhandlungen in Jalta und Casablanca.

Oskar: *Wusste unsere Mutter davon?*

Ruth: Natürlich. Sie war nicht unpolitisch, aber ihr ganzes Interesse richtete sich auf den Lebensunterhalt und die Überlebenschancen der Familie. Sie hatte ein gutes Verhältnis zur Nachbarfamilie, die die Nazi-Ideologie aktiver vertrat. Ihrem ganzen Charakter nach war sie ein Mensch, der Vertrauen erweckte und sich vertrauensvoll auf andere Menschen bezog.

Oskar: *Was heißt das?*

Ruth: Wie kommt ein Mensch darauf, in dieser Zeit, nachdem der Polenfeldzug beendet und unser Vater ins Rheinland versetzt worden war, an Reichsmarschall Hermann Göring zu schreiben, wenn nicht solches Urvertrauen besteht? Sie hatte ihm klargelegt, dass nach dem Ende des Feldzugs unser Vater in einer nutzlosen Kaserne weit weg von unserem Bauernhof lebte und sie außerstande sei, die Ernte einzubringen. Ob es nicht möglich sei, dass er einen längeren Urlaub bekomme oder gar entlassen werde, um die Landwirtschaft aufrechtzuerhalten.

Oskar: *Hattest du etwas mit diesem Brief zu tun, wusstest du, was darin steht?*

Ruth: Ich musste den Brief zur Post bringen. Ich war etwas irritiert, weil ja überhaupt keine Postanschrift auf dem Umschlag stand, sondern nur: An Reichsmarschall Hermann Göring. Vier Wochen rührte sich gar nichts, dann kam eine Antwort, in der das Büro Görings erklärte, man werde sich um das Problem kümmern. Drei Wochen später kam Vater nach Hause.

Oskar: *Das war doch ein sehr mutiger Schritt unserer Mutter?!*

Ruth: Das ist absolut richtig. Sie hatte Erfolg. Bis unser Vater wieder eingezogen wurde, und zwar jetzt zum Volkssturm, blieb er auf dem Bauernhof.

Oskar: *War es für die befreundeten Nachbarn nicht erstaunlich, wie sich unser Vater in dieser Zeit verhielt?*

Ruth: Sie akzeptierten unseren Vater, weil er einiges für die Gemeinde getan hatte. Als er zum Volkssturm kam, wurde ihm ein kleiner Kommandotrupp zugeteilt, den er 1945 auflöste. Auch das war ein gewisses Risiko. Seine Beziehung zum Ortsgruppenleiter, dem Lehrer Hannemann, war sehr gut und eher freundschaftlich. Hannemann war ein überzeugter Nazi. Der hat dann auch Selbstmord begangen, als die Russen immer näher kamen.

Oskar: *Gab es Probleme in der Familie wegen dieser Anbindung an die Partei?*

Ruth: Nein. Unsere Eltern ignorierten bestimmte Vorschriften der Nazipartei, zum Beispiel beim Umgang mit Fremdarbeitern. Wir hatten ja einen jungen Polen auf dem Hof, der als 16-Jähriger zu uns kam. Und es war prinzipiell verboten, dass die polnischen Zwangsarbeiter mit den Familien am selben Tisch aßen; meine Mutter bestand aber darauf, dass Taschek, der sich praktisch als ein Familienmitglied verstand, an unserem Tisch mitisst. Taschek war ein zuverlässiger und fleißiger Arbeiter; meine Mutter hatte ihn auch ausgesucht, weil sie meinte, dass er in dieser »Mädchenfamilie« kein »Beziehungsunheil« anrichten könne. Er war

ein schmächtiger Junge, von großer Anhänglichkeit. Als sich meine Eltern dem Treck anschlossen, wollte er mitgehen. Es bedurfte großer Überredungskunst, ihn davon abzuhalten. Sein Vater sei Polizist in Warschau gewesen, während der Kämpfe umgekommen. Seine Mutter hatte vier Kinder. Er war der Älteste – und ist als Einziger übrig geblieben.
Oskar: *Was ist aus Taschek geworden.*
Ruth: Keine Ahnung.

KÖNIGSBERG, DIE TOTENSTADT –
AUF DER SUCHE NACH AUSWEGEN

Das alte Königsberg in Flammen

Das Königsberg vor den beiden großen Brandkatastrophen im Herbst 1944 kannte ich im Wesentlichen nur durch Berichte meiner Eltern und meiner Schwestern. Meine Mutter hatte mich gelegentlich in die Stadt mitgenommen, wenn sie etwas einzukaufen hatte, zum Beispiel einen neuen Anzug für mich oder neue Kleider für die Mädchen. Ich bewunderte die Kaufhäuser mit ihren Lichterketten; solche Einkaufstage waren für meine Familie Festtage. Wahrscheinlich habe ich auch meine Schwestern hin und wieder begleitet – ins Büro der Reederei, wo Ursel arbeitete, und in die Mittelschule, wo Margot Unterricht hatte; aber konkret erinnere ich mich nicht daran. Von Kant hatte ich damals nichts gehört. Es ist nicht ausgeschlossen, dass dieser Säulenheilige Königsbergs bei bestimmten Jubiläumsfeiern auch von meinen Eltern wahrgenommen wurde. Mein Vater als alter Sozialdemokrat, der vom ethischen Sozialismus sehr viel hielt, wird irgendwo auch auf Schriften des Kantianers Leonard Nelson und der Österreicher, wie Max Adler und Kautsky, gestoßen sein. Aber auch das ist nur eine Vermutung.

Bis Mitte Januar 1945, als die dröhnenden Geschützsalven und die pfeifenden Stalinorgeln immer näher rückten, kannte ich den Krieg nur aus Erzählungen. Auch der zerstörerische Brand der Stadt, den wir von ferne aus unserer »Lehmskuhle« beobachteten, unterschied sich in meiner Wahrnehmung nicht wesentlich von dem Flammenmeer, das die berühmte »Weberei

Hof Kapkeim« in Schutt und Asche gelegt hatte. Dresden, Coventry, Berlin – alle diese Städte und viele andere sind zerbombt und niedergebrannt worden, weil ihnen militärstrategisch oder symbolisch eine große Bedeutung für das Kriegsgeschehen zugesprochen wurde. Auch Königsberg wurde am 26./27. und am 29./30. August 1944 durch Geschwader der englischen Luftwaffe zweimal mit einem verheerenden Bombenteppich überzogen (die Briten wollten Finnland zum Kriegsaustritt bewegen, indem sie bewiesen, dass auch Helsinki in der Reichweite ihrer Bomberflotte lag). Die Hafenanlagen von Pillau, der eisfreie Zugang zur Ostsee, wurden dabei jedoch nicht zerstört. Dagegen ist die ganze Fachwerkstadt in Flammen aufgegangen. Meine Familie und ich waren in die Lehmskuhle geflüchtet, weil zu befürchten war, dass die Flugzeuge einen Schwenk nach Osten machten, um die über Königsberg nicht abgeworfenen Bomben loszuwerden und dabei die umliegenden Dörfer treffen könnten. Wie gebannt sahen wir vom Rand der Lehmskuhle, wie dieses schöne Königsberg niederbrannte.

Bereits in den Flüchtlingslagern in Dänemark suchte ich immer wieder Menschen auf, die von dieser einzigartigen Stadt etwas zu erzählen wussten – anderes, als ich mit meinen Erfahrungen des Zehnjährigen in der Totenstadt Königsberg verband.

Hilfesuchend durch Königsberg

Ende Januar 1945 saßen meine Schwestern und ich in Königsberg in der Falle. Tausenden ging es ähnlich, aber *wir* waren ohne unsere Eltern, die ja doch hätten Schutz bieten können, unterwegs. Von einer Stunde auf die andere mussten meine älteren Schwestern, auch erst sechzehn und siebzehn Jahre alt, Verantwortung für sich selbst und für mich übernehmen. Sie taten das in einer Schnelligkeit, die zwar durch die prekäre Situation geboten erschien, aber keineswegs selbstverständlich war. Schon am Tag unserer unglücklichen Ankunft auf dem Königsberger Bahnhof entwickelten sie den Plan, zunächst alle Orte aufzusuchen, wo Hilfe vermutet werden konnte. Das waren Margots Mittelschule und das Lehrlingskontor, in dem Ursel ihre Ausbildung absolvierte. Da die Stadt fortwährend beschossen wurde, war es ziemlich schwierig, die alten Wege ausfindig zu machen, die zum Teil voll Schutt und Trümmern lagen. Ursel versuchte sich zu erinnern, wo sie als Lehrling gearbeitet hatte, bevor sie zur Handelsschule ging. Margot, die jüngere der beiden Schwestern, schlug vor, den Rektor ihrer Mittelschule und seine Frau, eine Lehrerin, aufzusuchen, von denen sie besondere Förderung erfahren hatte. Da es kaum noch öffentliche Verkehrsmittel gab, stellten wir uns an eine Straßenecke und warteten auf vorbeikommende Fahrzeuge. Einige mit Kriegsgerät beladene Militärlaster, die mit Holzgas betrieben wurden, zogen im Schritttempo vorüber, dann folgten einzelne Schlitten.

Als wir spät in der Nacht das Handelshaus mit seinen weitläufigen Warenlagern fanden, in dem Ursel gelernt hatte, wurden wir begrüßt, als seien Verwandte heimgekehrt. Wir merkten schnell, dass der Hausherr Freunde und Bekannte zu einem Ess- und Trinkgelage eingeladen hatte, um den Untergang zu feiern. Einer grölte laut: »Genießt den Krieg, der Frieden wird fürchterlich. Niemand wird mehr aus Königsberg herauskommen, wir werden alle hier verrecken.« Doch wir waren so durchgefroren und hungrig, dass uns die Untergangsstimmung nicht störte. Als wir müde waren und um einen Schlafplatz baten, führte uns der Hausherr in eine kleine Kammer, wo wir uns auf dem Boden zusammenkuschelten. Um uns die lebensbedrohlichen Gefahren dieses Aufenthalts vor Augen zu führen, zeigte er uns noch einen Kleiderschrank, in dem fünfzehn oder zwanzig Krawatten hingen – von einem Granatsplitter mit der Präzision einer Lochmaschine durchschlagen. Er wollte uns wohl ängstigen, aber wir schliefen tief und fest.

Am nächsten Morgen tauchte in der gespenstischen Runde, die allmählich wieder zu Bewusstsein gekommen war, ein Soldat auf – gewiss kein Deserteur, aber voller Fluchtgedanken. Er behauptete, es gebe nur einen Weg aus der immer enger werdenden Einkesselung Königsbergs, nämlich sich jenen Truppenteilen anzuschließen, die Schlupflöcher kannten. Reichlich mit Proviant ausgestattet, folgten wir ihm in der kommenden Nacht und bestiegen einen Militärlastwagen, in dem ein kleiner Kohleofen brannte. Es war ziemlich verräuchert, aber warm. Wir fuhren und fuhren. Ich hatte den Eindruck, dass wir tagelang unterwegs waren, bis uns der Fahrer unsanft mit der unmissverständlichen Feststellung aufschreckte: »Es gibt keinen Ausweg mehr aus Königsberg. Wir sind im Kreise herumgefahren; wir können euch nicht helfen. Die einzige Hilfe, die es noch gibt, ist einen Schiffsplatz zu bekommen.«

So stiegen wir aus und begaben uns auf die Suche nach der zweiten Zuflucht, der Lehrerin und dem Rektor meiner jüngeren Schwester. In der ausgebrannten, von Trümmern übersäten Stadt war es nicht einfach, erinnerte Wege ausfindig zu machen. Wir irrten mehrere Tage unter Geschützdonner durch Königsberg, übernachteten in Kirchen, wo wir auch mit warmer Suppe versorgt wurden; bei Fliegeralarm flüchteten wir in einen der zahlreichen Hochbunker. In allen diesen Behausungen, ob Bunker, Lastwagen, Kirchen, suchte ich mir die hinterste Ecke aus, in die ich mich verkroch und wo ich mich tot stellte – *wer tot ist, kann nicht mehr sterben*. Das war meine Überlebensform auf der Flucht: so zu tun, als würde ich gar nicht mehr leben. Unter größtem Lärm, Geschützfeuer und anderen Turbulenzen, die auf mich einstürzten, versank ich regelmäßig in einen Tiefschlaf, der mich der bedrückenden äußeren Wirklichkeit entzog. Meine Schwestern rüttelten mich manchmal, nur um festzustellen, ob ich noch lebte.

Heute würde man diese Einigelung als Ausdruck von Angst sehen. Ich war mir aber damals im Innersten ganz sicher, dass meine älteren Schwestern über mich wachten, mich sorgfältig behüteten, und zwar gemeinsam. Diese innere Gewissheit hat mich auf der ganzen Flucht begleitet und machte mich weitgehend angstfrei; bis auf den heutigen Tag habe ich nie Angstträume aus jener Zeit gehabt. Die verlässliche Nähe von Menschen, denen man unbegrenztes Vertrauen entgegenbringt, ermöglicht es wohl, auch schreckliche Erfahrungen der äußeren Realität im seelischen Außen zu halten.

Meine Erinnerungen an eine Stadt Königsberg, die mit ihren wunderbaren Fachwerkbauten eine anheimelnde Atmosphäre ausstrahlte, sind zu dürftig und zufällig, als dass man darauf einen sinnvollen Bericht stützen könnte; aber die Stadt ist für mich nicht nur Ausgangsort einer Flucht, die einen Lebensweg und vieles, was später folgte, geprägt hat. In dieser Stadt hat Kant gelebt; und meine Bewunderung für das architektonische Gebäude seiner Philosophie hat vielleicht, wenn auch in sehr verwickelten Beziehungen, mit der Erfahrung dieser tödlich verwundeten Stadt zu tun, in der ich als Junge von zehn Jahren sechs Wochen hoffnungslos eingeschlossen war.

Ritterorden hatten Königsberg gegründet, ein Symbol der damaligen Ostpolitik. Diese Stadt dem Feind ohne heroische Widerstandskämpfe preiszugeben, wäre Hitler wie das Eingeständnis erschienen, dass der Krieg verloren ist. Obwohl er selbst aus Rastenburg, der »Wolfsschanze«, die Flucht ergriffen hatte, erklärte Hitler Königsberg zur Festung, was nichts anderes bedeutete, als die Stadt der totalen Zerstörung auszuliefern.

Mit drei Divisionen unter General Otto Lasch sowie dem Volkssturm sollte die zur Festung erklärte Stadt verteidigt werden; Lasch wurde nach der Kapitulation degradiert und zum Tode verurteilt. Die 250.000 Soldaten, die die Russen aufboten, um im Januar und Februar 1945 den Endkampf gegen das Hitlerregime anzutreten, vermieden jedoch den zentralen Angriff auf Königsberg und bildeten, wie es von der deutschen Strategie auch vorgesehen war, einen dichten Kessel um die Stadt.

Wir saßen in diesem Kessel und hatten keine Ahnung, was sich da abspielte; doch zu spüren war diese Umkesselung nicht nur daran, dass die Auswege immer weniger wurden und schließlich ganz verschlossen waren; wir spürten auch, dass die Stadt mittlerweile von allen Seiten beschossen wurde, sodass wir uns nirgends mehr sicher fühlen konnten. Wir wanderten von Bunker zu Bunker, von Keller zu Keller. Man verliert allmählich das Gefühl für Gefahren; manchmal habe ich mich auf eine beschädigte Mauer gesetzt und die einschlagenden Granaten beobachtet – aus der Distanz natürlich, aber ohne Furcht.

Als ich mit meinen Schwestern im Januar 1945 durch Königsberg irrte, da war der größte Teil dieser Stadt entweder zerstört oder beschädigt. Aber nicht das war das Bedrückende, was uns erfasste, als wir zu dritt nach einer Bleibe Ausschau hielten. Es war die buchstäblich auf Schritt und Tritt unausweichliche Begegnung mit den Toten. Sie lagen überall, man stolperte geradezu über sie. Zunächst dachten wir: Was sind das für rohe Menschen, die ihre toten Angehörigen oder Mitmenschen irgendwo liegen lassen oder ablegen? Bis uns klar wurde: Sie können bei diesem Frost, in der hart gefrorenen Erde, nicht beerdigt werden.

Aber noch in anderer Hinsicht kann man von einer *Totenstadt* sprechen. Nachdem die Eisenbahnverbindung nach Berlin gekappt worden war, hatten sich Tausende von Flüchtlingen in Königsberg angesammelt, um einen Platz auf einem Schiff zu erlangen. Die Nahrungsmittelvorräte der Stadt gingen erkennbar zur Neige, Trinkwasser wurde knapp. Die Lebensmittelläden, die noch geöffnet waren, hatten immer weniger anzubieten. Was verfügbar war, sollte für den Endsieg reserviert werden. Es herrschte Hunger.

In der Flakkompanie

Der Rektor der Mittelschule, die meine Schwester Margot besucht hatte, empfahl uns dreien, Zuflucht in einem Kinder- und Jugendheim zu suchen, das in der Obhut des Roten Kreuzes oder der NS-Frauenschaft stand. Dort sammelte man elternlose Kinder und versprengte Jugendliche, die sich auf der Straße herumtrieben und keinen Anschluss mehr hatten. Wir befolgten diesen Rat; das Alter meiner Schwestern hatte der Rektor bewusst nach unten korrigiert, jeweils um ein Jahr. Sonst hätten wir keinen Platz in einem solchen Heim gefunden. Mein Alter war sichtbar unstrittig; ich war zehneinhalb.

In der Nähe dieses Heims war eine Flakkompanie stationiert. Eines Tages meldete sich der Kompaniechef bei der Leitung des Heims mit der Frage, ob drei Mädchen bereit seien, in der Feldküche mitzuhelfen. Meine Schwestern und ein anderes Mädchen mit einem jüngeren Bruder meldeten sich. Ich habe nie herausbekommen, warum; offenbar spielte die Erwartung, dem nicht besonders freundlichen Milieu des Heims zu entkommen, eine Rolle; vielleicht auch die Hoffnung, ein Schlupfloch für die Flucht zu finden. Die Heimleiterin betonte jedoch, dass diese Mädchen als elternlose Kinder registriert seien und von ihren jüngeren Brüdern auf keinen Fall getrennt werden dürften, nachdem sie schon ihre Eltern aus den Augen verloren hätten. Der Soldat (den genauen militärischen Rang habe ich nicht in Erinnerung) sagte: »Das ist kein Problem, die nehmen wir in die Kompanie mit auf. Die anderen Kämpfer sind ohnehin nicht viel älter.« Wir beide, ich und mein »Mitsoldat« Lutz, der etwa ein Jahr älter war als ich, wurden in eine Art Kleiderkammer geschickt und bekamen die kleinsten verfügbaren Uniformen; die Ärmel wurden überdies abgeschnitten und die Hosenbeine hochgekrempelt. Diese Uniform war übrigens von einer so vorzüglichen Stoffqualität, dass ich sie, von meinen Schwestern zugeschnitten und abgeändert, bis in die Zeit der dänischen Internierungslager tragen konnte.

Es mögen fünf oder sechs Wochen gewesen sein, die ich als Kindersoldat an der Ausbildung zum Flakhelfer teilnahm. Schießübungen mit Platzpatronen fanden auf einem verlassenen und halb zerstörten Industriegelände statt; scharfe Munition für die Flakgeschütze war ohnehin kaum noch verfügbar. Als auch die Platzpatronen zu Ende gingen, beschränkte sich der Militärdienst auf kollektive Treuebekenntnisse zu Führer und Vaterland. Täglich fanden auf diesem Industriehof Zählappelle statt. Es waren alles symbolische Handlungen, die nur den Zweck hatten, die Angst vor dem Untergang mit Endsieg-Parolen zu überschreien. Ich habe damals die Hoffnungslosigkeit nicht wirklich erkannt, weil ich absolutes Vertrauen zu meinen Schwestern hatte und glaubte, dass die Sache für uns gut ausgehen würde. Dass wir als Kindersoldaten zu den Übungen mitmarschieren durften, erschien uns als eine Art Aufwertung. Deshalb hat es uns am meisten gekränkt, als wir eines Tages beim Morgenappell aus Reih und Glied befohlen wurden. Der Kompaniechef nahm unsere Käppis, schüttelte sie vor der ganzen Kompanie und behauptete, wir hätten Kleiderläuse. Wir wussten, dass Läuse und Krätze, eine widerliche Hautkrankheit, unter den unhygienischen Verhältnissen in der

Stadt grassierten. Doch wir empfanden es als eine große Gemeinheit, dass wir vorgeführt wurden – so, als wären wir die einzigen, die unter solchem Ungeziefer zu leiden hatten.

Hoffnung, dem Inferno zu entkommen

Eigentlich funktionierte überhaupt nichts mehr in dieser Stadt; die Nahrungsmittelvorräte schrumpften, es gab kaum öffentliche Verkehrsmittel, die Truppenteile, die in Königsberg stationiert waren, igelten sich in der Gewissheit ein, in den nächsten Wochen von den sowjetischen Truppen überrannt zu werden. In der zur Festung erklärten Stadt Königsberg fühlten wir uns wie verlorene Kinder. Wir waren es auch, eingekesselt und aufs tägliche Überleben reduziert. Offiziell wurde natürlich nichts von der Aussichtslosigkeit verlautbart, Königsberg lebend verlassen zu können. Aber es ging wie ein Lauffeuer durch die Stadt, dass die Sowjetarmee einen festen Ring um Königsberg geschlossen hatte, der jede Ausbruchsbewegung aussichtslos erscheinen ließ, zumal Treibstoff und Munition, Nahrungsmittel und Wasser von Tag zu Tag knapper wurden. Die einzige Hoffnung, der Belagerung und dem drohenden Schlussinferno der Bombardements aus der Luft zu entkommen, bestand darin, dass der eisfreie Hafen Pillau von den deutschen Bodentruppen freigekämpft würde. Nur dann konnten die Tag für Tag in Hafennähe sich sammelnden Flüchtlinge und die Verwundetentransporte auf den in der Ostsee kreuzenden Handels- und Kriegsschiffen in Sicherheit gebracht werden.

Auch wir probierten immer wieder, mit kleinstem Gepäck ausgestattet, einen Platz auf einem der völlig überladenen Schiffe zu erlangen. Dass wir es nach einer Reihe vergeblicher Versuche schafften, verdankten wir der Tatsache, dass bestimmte Organisationen und Bürokratien doch noch immer so funktionierten, als sei alles in bester Ordnung – und wir verdankten es der couragierten Haltung einer jungen Frau vom BDM (Bund Deutscher Mädel, einer Nazi-Frauenorganisation). Sie hatte sich von der Zentralstelle des Königsberger Roten Kreuzes Listen aushändigen lassen, welche die Rangfolge der Bevorzugten für den Schiffstransport festlegten: Zur ersten Kategorie gehörten verletzte Soldaten, dann kamen Mütter mit Kleinkindern, schließlich *elternlose Kinder*. Zur letzten Kategorie gehörten wir.

Eines Morgens war die junge Frau, die selbst kaum älter als achtzehn Jahre war, ins Lager der Flakkompanie gekommen und erkundigte sich nach unserem Verbleib. Sie hatte unsere Namen von der Heimleiterin bekommen; die wiederum hatte vom Roten Kreuz eine Aufstellung elternloser Kinder erhalten. Die Flakhelfer unter fünfzehn Jahren wurden befragt, ob sie Königsberg verlassen oder für den Führer bis zum Endsieg kämpfen wollten. Die meisten lehnten die Flucht ab. Für mich und meinen Schicksalsgenossen Lutz war die Entscheidung bereits durch die Schwestern getroffen worden, bevor wir überhaupt etwas sagen konnten. Das bisschen Gepäck, das wir noch besaßen, war schnell auf einen Schlitten geworfen, und wir fuhren im Eiltempo zu einer Sammelstelle, wo sich verwundete Soldaten, Mütter mit Kleinkindern und eben elternlose Kinder eingefunden hatten.

Da saßen wir nun, in Notbehausungen, Zelten, Planwagen, und warteten darauf, dass es in dem vorübergehend freigekämpften Hafen von Pillau genügend Schiffe gab, um diese Tausende, die endlich Hoffnung auf einen Ausweg schöpften, über See in die Freiheit zu bringen. Das BDM-Mädchen, das uns die Hoffnung auf eine Fluchtmöglichkeit gebracht hatte, hielt sich in unserer Nähe auf, auch hier mit Ordnungsaufgaben betraut. Meine Schwestern waren sichtlich bemüht, die junge Frau nicht aus den Augen zu verlieren. Tagsüber war die Strecke zwischen Königsberg und Pillau durch Artilleriebeschuss oder Flugzeuge bedroht. So musste die riesige Menschenmenge den Schutz der Dunkelheit nutzen, um sich dem Hafen nähern zu können.

Das absehbare Flüchtlingselend

Die in der Festung Königsberg sitzende Militärführung hatte irrtümlicherweise angenommen, die Russen würden ihre Kraft hauptsächlich auf die Eroberung Pillaus legen, um den Flüchtlingsstrom zu unterbinden. Das war nicht der Fall. Trotzdem war die Strecke Königsberg – Pillau fortwährend unterbrochen. Die ganze militärische Misere zeigte sich hier exemplarisch für die Gesamtsituation. Später versuchten Generäle zu legitimieren, warum Königsberg zur Festung erklärt werden musste – dass es nämlich im Wesentlichen um Fluchtmöglichkeiten für die Zivilbevölkerung gegangen sei. General Otto Lasch, der schließlich am 9. April 1945 die Kapitulation Königsbergs unterzeichnete und von Hitler zum Tode verurteilt wurde, beschreibt die völlig ausweglose Situation des Kampfes um Sicherung der Fluchtwege zum Hafen Pillau. Lasch charakterisiert die Verfassung des militärischen deutschen Widerstandes Ende Februar, Anfang März: »Mit offenen Scheinwerfern bewegten sich des Nachts die russischen motorisierten Kolonnen ungehindert durch unsere Festungs-Artillerie, die infolge des grotesken Munitionsmangels nicht einmal zu stören in der Lage war. Musste doch jede einzelne Granate für den Endkampf aufgespart bleiben. (...) Die deutsche Luftwaffe war damals zu keiner Aktion mehr fähig. Die feindlichen Panzer kurvten trotz ausreichender Schussentfernung ungehindert durch das Gelände. Auch die Infanterie konnte ungestört ihre Bereitstellungsräume erreichen. (...) Aber schon mit Rücksicht auf die Königsberger Bevölkerung, die immer noch gläubig auf ihre Wehrmacht vertraute, musste der Versuch, die Festung zu verteidigen, unternommen werden. Vielleicht ergaben sich doch noch Möglichkeiten, die Zivilbevölkerung unter dem Schutz ihrer Verteidiger zunächst ins Samland und dann über Pillau ins Reich oder nach Dänemark hinüber zu retten. (...) Die eigene Flak litt an Munitionsmangel und musste sich notgedrungen nur auf den Erdkampf einstellen. Besonders krass war auch die artilleristische Überlegenheit des Gegners, vor allem was die Munitionsausstattung betraf, die bei uns nur für den einzigen Großkampftag ausreichte und für diesen seit Beginn der Belagerung hatte aufgespart werden müssen.«[37]

Man muss dem General, der sich schließlich in russische Gefangenschaft begab, wohl zugutehalten, dass er immerhin Anfang April die Kapitulation wagte. Aber Generäle seiner Umgebung, und keineswegs nur die Nazigrößen, faselten bis zu diesem Tag vom Endsieg, der kommen werde. Die Bevölkerung Königsbergs hat, so weit sie überhaupt den Weg nach Pillau erreichen konnte, von der Verteidigungsarbeit der Armee kaum etwas gespürt.

Als ich am 25. Januar 1945 mit meinen beiden Schwestern am Bahnhof Groß-Lindenau einen mit Flüchtlingen schon besetzten Güterzug bestiegen hatte, lagen unser Dorf und die ostpreußische Hauptstadt Königsberg bereits in einem von russischen Truppen fest eingeschlossenen Kessel; die führenden deutschen Generäle hatten sich wieder einmal geirrt. Die Russen verzichteten auf einen Sturmangriff, wie ihn General Lasch erwartet hatte, und marschierten an Königsberg vorbei in Richtung Elbing zum Frischen Haff. Am 21. Januar 1945 waren die letzten Züge in Richtung Westen gefahren. Spätestens am 22. Januar war der Zugverkehr aus Ostpreußen heraus auf allen Strecken eingestellt.

Die am 13. Januar 1945 einsetzende Winteroffensive der Roten Armee leitete die Endphase des Krieges ein. Die Festung Königsberg wurde zu einem Schlachthaus. Diese Tragödie hatte sich seit Mitte 1944 angekündigt; den Berichten verwundeter Soldaten war zu entnehmen, dass die russische Front unaufhaltsam näher rückte. Die Parolen vom Endsieg und die markigen Sprüche der Nazi-Funktionäre zeigten kaum noch Wirkung; viele Menschen hatten den Eindruck, dass der Krieg dem Ende zuging und Ostpreußen in naher Zukunft von den Sowjettruppen erobert würde. Private Fluchtbewegungen waren längst im Gang, als die Oktoberoffensive der Sowjetarmee zum ersten Mal zur Besetzung deutscher Städte und Dörfer führte. Ohne den Regierungsbezirk Westpreußen, aber einschließlich Memelland hatte die Provinz Ostpreußen Anfang 1944 etwa 2.300.000 Einwohner. Bis Mai 1945 wurden etwa 1,5 Millionen Zivilisten und rund 500.000 Wehrmachtssoldaten aus Ostpreußen, Pommern und Kurland nach Dänemark und Schleswig-Holstein evakuiert.[38] Ab Januar 1945 zeichneten sich folgende Fluchtbewegungen ab: Die ersten konnten noch einigermaßen normale Verkehrswege – Straßen oder die Eisenbahn – benutzen. Weit mehr Menschen mussten versuchen, im Treck über die Nehrung Danzig zu erreichen oder die Flucht über das gefrorene Haff in den Raum Danzig und nach Pommern wagen. Von dem eisfreien Hafen Pillau flohen Hunderttausende auf dem Seeweg über Gotenhafen entweder nach Schleswig-Holstein oder nach Dänemark. Etwa 500.000 Ostpreußen fielen in die Hand der Russen.[39]

Massenpsychologisch bestimmte die Fluchtbewegungen der ostpreußischen Bevölkerung ein Motivationsgemenge aus

Russenangst, Durchhaltepropaganda mit Endsieg-Parolen, trotzigem Beharren auf einer Art »Heimatrecht« und schließlich autoritätsgebundenem Vertrauen in die Beschwichtigungspolitik der Nazis.

Von Anfang an hatten die Nationalsozialisten bei der ostpreußischen Bevölkerung große Zustimmung gefunden: Bei allen Reichstagswahlen seit der vom 14. August 1930 nahmen im *Wahlkreis Ostpreußen* die Stimmen für die NSDAP einen Spitzenplatz ein. Bei der Reichstagswahl vom 20. Mai 1928 hatten die Nazis noch bei 0,8 Prozent gelegen, am 14. September 1930 erreichten sie 22,5 Prozent und steigerten sich, mit einer kleinen Ausnahme vom 6. November 1932, auf 47,1 und schließlich auf 56,5 Prozent.[40] Es gab keinen Reichstagswahlkreis, in dem die NSDAP einen höheren Stimmenanteil hatte. Betrachtet man die regionalen Schwerpunkte der Nationalsozialisten, so kann man feststellen, dass ihre Anhängerschaft umso größer war, je weiter sie im Osten lokalisiert war. Am 5. März 1933 erreichte der Stimmenanteil der NSDAP in Ostpreußen 56,5 Prozent, in Berlin dagegen nur 31 Prozent. Bei einer Wahlbeteiligung von 85 Prozent der Wahlberechtigten kann man den Eindruck gewinnen, dass es sich bei der Märzwahl 1933 nicht um eine normale Wahl, sondern um ein Plebiszit handelte. Denn auch beide Linksparteien, KPD und SPD, kamen zusammen nur auf gut 22 Prozent.

Spätestens Mitte Januar 1945 wurde jedoch vielen Menschen klar, dass der »Endsieg« der Nazis eine Propagandalüge war und dass sie die letzte Chance einer geregelten Flucht verpasst hatten. Kälte, Schnee und Truppentransporte beschränkten die Bewegungsmöglichkeiten der Flüchtlingstrecks. Wer sich jetzt einem Treck anschloss, musste damit rechnen, dass er von den eigenen Truppen in den Graben oder aufs Feld gedrängt wurde.

Die Nazis hatten in die Kalkulation des Volkswiderstands gegen die russischen Truppen den psychologischen Faktor einbezogen, dass die Angst vor den neuen Herren die Kampfbereitschaft des sogenannten Volksturms erhöht. Ältere Männer wie mein Vater, der mit fünfzig damals als alt galt, wurden in den Dörfern und Städten rekrutiert, um Barrieren aufzuschütten und Gräben auszuheben, die den Vormarsch der sowjetischen Truppen behindern sollten – was sich schnell als komplette Täuschung erwies. Das »Führerhauptquartier« im ostpreußischen Rastenburg war von den »Führern« bereits verlassen und in sowjetischer Hand; die Führungsriege der Nazi-Partei hatte sich längst aus dem Staube gemacht; auf der Parteiebene hatten Blockwarte und andere niedrigrangige Funktionsträger das Kommando übernommen – zum Glück für viele Flüchtlinge.

Die meisten Menschen in Ostpreußen waren entschlossen, Hab und Gut vorübergehend zu opfern; an das Endgültige, das diese Flucht bedeutete, hat wohl niemand so recht glauben wollen. Auch von meinen Eltern weiß ich, dass sie geheimnisvoll und geschäftig Dinge vergraben haben. Ich weiß jedoch nicht, was; es mag Silberbesteck oder Geschirr gewesen sein, das man nur schwer transportieren konnte. Egal, ob der Krieg verloren würde oder tatsächlich so etwas wie ein »Endsieg« zustande kommen sollte, in den Köpfen und Seelen der meisten Menschen Ostpreußens war die Vorstellung einer endgültigen Trennung dieser Provinz vom Deutschen Reich völlig irreal. Das bedingte auch eine ambivalente Haltung gegenüber der Flucht. Solange die Front noch nicht deutlich zu hören war, stützten die Propagandaparolen über die Schlagkraft der Wehrmacht den Beharrungswillen: *aushalten und bleiben, solange es irgend möglich ist*. So haben sich viele Menschen erst mit Fluchtgedanken beschäftigt, als die sogenannten Stalin-Orgeln mit ihrem fürchterlichen Pfeifton nicht mehr zu überhören waren und die Nerven strapazierten. Eine geordnete Flucht war dann nicht mehr möglich.

Die »Russenfurcht«

Dass mit dem Vormarsch der Roten Armee die Zerstörung jeder zivilisatorischen Haltung und des menschlichen Anstands zwangsläufig verknüpft sei, war bis in höchste Militärkreise so verinnerlicht, dass dieses Argument immer stärker benutzt wurde, um die Verteidigungsbereitschaft der Bevölkerung zu erhöhen. Noch im Nürnberger Prozess hat Großadmiral Dönitz die Priorität der Militärtransporte in der Ostsee und die sinnlose Festungsmentalität damit begründet, dass das Militär eine Schutzfunktion gehabt habe und die Menschen vor dem »Bolschewismus« retten sollte. Aber als die Winteroffensive der Roten Armee im Januar 1945 einsetzte, Tag und Nacht Geschosssalven zu hören waren, lieferte auch die angestachelte »Russenfurcht« den Menschen keine ausreichenden Motive mehr, ihren Boden, ihr Hab und Gut wie eine Festung zu verteidigen. Die »Russenfurcht« bewirkte eher das Gegenteil: dass alle Menschen möglichst schnell weg wollten, in Richtung Westen – egal ob mit dem Schiff, mit der Eisenbahn oder im Treck.

Die »Russenfurcht« war nicht unbegründet. Man war ziemlich sicher, dass die Verbrechen, die die Wehrmacht in Russland begangen hatte, Rachegefühle bei den kämpfenden Truppen der Roten Armee geweckt hatten. Immer wieder hörte man, dass Frauen und Kinder von ihnen bestialisch getötet wurden. Nemmersdorf im Kreis Gumbinnen wurde als Beispiel dafür genannt, was Menschen, die nicht in den Westen fliehen wollten, alles angetan werden konnte. Dort kam es bei der ersten Begegnung russischer Soldaten mit der deutschen Bevölkerung zu einem Massaker, bei dem Kinder und alte Menschen, Frauen und Männer umgebracht wurden. Dieser Ort gehört zu den Schandflecken, die eine wild gewordene sowjetische Soldateska hinterließ – Rächer für die Leiden, die das eigene Volk erfahren hatte. Übrigens haben sehr viele Menschen in Ostpreußen befürchtet, Opfer von Racheakten zu werden; Briefe von Soldaten und Flüsterpropaganda hatten sie durchaus ins Bild gesetzt, welche Verbrechen nicht nur SS- und Sonderkommandos zu verantworten hatten, sondern auch die Soldaten der Wehrmacht, die an der Erschießung von Partisanen, von jüdischen Frauen und Kindern beteiligt waren. Die Furcht vor Racheaktionen war also nicht grundlos.

Auch die Mitglieder meiner Familie, die mit einem Treck über das noch gefrorene Frische Haff die Flucht ergriffen hatten, konnten mancherlei über Brutalitäten der Sowjetsoldaten berichten. Außerdem war die »Russenfurcht« durch das Schicksal meines Großvaters in unserer Familie gegenwärtig; im Ersten Weltkrieg hatten ihn russische Soldaten angegriffen und für sein Leben versehrt, weil er das von ihnen eroberte Gelände nicht verlassen und seine Schafherde nicht aufgeben wollte.

Als Kind hatte ich die Russenangst nicht verstehen können. In der Nähe von Kapkeim gab es ein Lager mit russischen Gefangenen, die in vielfältiger Weise mit den Bauern und Kindern Kontakt hatten. Man hatte herausgefunden, dass in diesem Lager einige Fachleute gefangen gehalten wurden; zum Beispiel kursierte die Nachricht, dass es dort einen fähigen Uhrmacher gebe. Einzelne Bauern brachten diesem Spezialisten ihre Uhren zur Reparatur. Wir Kinder lungerten gerne in der Nähe des Gefangenenlagers herum, weil manche Rotarmisten Spielzeug bastelten. Eines davon war besonders possierlich. Auf einem Brettchen, das einem Ping-Pong-Schläger glich, saßen Spielzeughühner, an denen mit Schnüren Gewichte befestigt waren, sodass bei jeder Bewegung des Brettchens abwechselnd einige Hühnchen nach dem daraufgestreuten Getreide pickten.

Auch historisch gab es in Deutschland ganz andere Bilder von den Russen als die der »Russenfurcht«, etwa während der vorübergehenden Besetzung Königsbergs im Siebenjährigen Krieg, in dem sich Russland, Österreich und Frankreich gegen Friedrich den Großen verbündet hatten. Diese Besetzung brachte für die Königsberger eine Erfrischung ihres gesellschaftlichen Lebens, die von vielen Bürgern begrüßt wurde; Amtsträger und Professoren schworen eilfertig den Amtseid auf die Zarin Elisabeth, was Friedrich den Großen veranlasste, Königsberg nie wieder zu besuchen. Auch von Kant wird erwähnt, dass er mit russischen Offizieren Billard gespielt habe. In der Zwischenkriegszeit des 20. Jahrhunderts kämpften Offiziere der Reichswehr und Politiker um ein Russlandbild, das sich mit den Erfahrungen während der Friedensvertragsverhandlungen von Brest-Litowsk und Rathenaus Außenpolitik verband. Selbst in Wirtschaftskreisen war man bemüht, den Handel und die Investitionsbeziehungen nicht durch ein verzerrtes Russlandbild zu belasten. Viel Aufklärung hat das aber nicht bewirkt.

Als die Nazis begannen, den »Kulturbolschewismus« zu brandmarken, der direkt in den »Untergang des Abendlandes« führe, und es verstanden, antisemitische Syndrome einzubinden, gewann sehr schnell das Bild von der »feindlichen Bedrohung aus dem Osten« die Oberhand. Das daraus resultierende Abwehrverhalten prägte nicht nur die Strategien des Krieges, sondern auch das Alltagsbewusstsein der Menschen. Dass die Kriegsvorbereitungen für den Überfall auf die Sowjetunion so geräuschlos und konfliktfrei vonstatten gehen konnten und von der gesamten Generalität hingenommen wurden, hat sicher auch damit zu tun, dass sich die vermeintliche »Unvermeidbarkeit« dieser epochalen Auseinandersetzung nicht nur in den Köpfen der Herrschaftscliquen festgesetzt hatte, sondern auch von den Alltagsüberlegungen einfacher Menschen Besitz ergriff. In dieser Russlandideologie ging es nicht um den

Sieg über einen Nationalstaat, sondern um die Vernichtung eines Weltfeindes. Anders wären viele Briefe der in Stalingrad eingeschlossenen Soldaten, die sich an einer zivilisatorischen Kampffront glaubten, überhaupt nicht zu verstehen.

Das Flüchtlingselend in den ostpreußischen Provinzen, in Schlesien, überhaupt im Osten, ging auf zwiespältige Grundeinstellungen der Militärführung zurück. Bis in die Januartage 1945 glaubten wenige im Ernst daran, dass in weniger als acht Wochen diese Gebiete von der Sowjetarmee dauerhaft besetzt sein würden. *Die meisten gingen davon aus, dass sie sich nur vorübergehend auf die Flucht machten.*

Gedanken über Königsberg – 1996 und 2004

Erst mehr als fünfzig Jahre später kam ich wieder nach Königsberg. Am 7. Juni 1996 reisten Hans Werner Dannowski und ich in das frühere Ostpreußen, um unsere Geburtsorte (Nautzken und Kapkeim) in Augenschein zu nehmen, die nur dreißig Kilometer voneinander entfernt lagen, und um Königsberg zu besuchen. In der Stadt trafen wir auf eine junge Generation von Intellektuellen, Schriftstellern und Künstlern, die darum bemüht waren, die *gebrochene Identität* der Stadt durch Wiederbelebung deutscher Traditionen zum Ausdruck zu bringen. Wie stark die Wunde Ostpreußen/Königsberg aufgerissen war, konnte ich sinnlich fassbar am neuen Stadtbild studieren. Hier war auf den Trümmern der alten eine neue Stadt entstanden; es ragen deutsche Traditionen, wie der Dom, in diese Stadt, und die Gedanken großer Königsberger, wie Kant und Hamann, E. T. A. Hoffmann oder Hannah Arendt, leben weiter. Doch wie man es auch drehen und wenden mag, *hier leben heute Russen und es ist eine russische Stadt.*

Aber eine sentimentale Neigung, mich immer wieder mit Ostpreußen und mit Königsberg zu beschäftigen, ist mir geblieben. Nie dagegen erlag ich der Versuchung, mich mit Heimatverbänden einzulassen. Die sogenannte Vertriebenenpolitik hat heute allerdings auch nicht mehr jene Brisanz, die sie in Zeiten des Kalten Krieges im bundesdeutschen politischen Kräftefeld besaß. Der *Wehlauer Heimatbrief,* den ich seit dem gemeinsam mit Hans Werner Dannowski veröffentlichten Buch über Königsberg[41] regelmäßig zugeschickt bekomme, ist eine für ostpreußische Gemüter trostreiche Publikation; sie dient eher der Dokumentation des Wiederaufbaus der Dörfer und Städte, um Touristen anzulocken, als der Beschwörung der Vergangenheit und dem Infragestellen der Nachkriegsgrenzen. Das den Vertriebenen angetane Unrecht, wie es in einer Art politischer Litanei heißt, spielt eine große Rolle, aber es hat die Spitze der Tendenz zum Revisionismus verloren, weil auch die Verbrechen der Nazi-Organisationen und der deutschen Wehrmacht in Russland zuweilen erwähnt werden.

Im biographischen Bericht meiner eigenen Entwicklung würde etwas fehlen, wenn ich Kant und Königsberg, wie es vor den schweren Luftangriffen existierte, verschwiege. Es sind quer liegende Betrachtungen, welche die Erzähllinie brechen, Reflexionen, die das kontinuierliche Berichtsgeschehen aus der Erinnerungsklammer lösen.

Aktueller Anlass einer solchen Reflexion war die Einladung des damaligen Bundeskanzlers Gerhard Schröder, mit ihm und Jürgen Manthey, der gerade ein Königsberg-Buch geschrieben hatte, nach Königsberg zu fliegen, um an den offiziellen Feiern zur Umbenennung der *Universität Kaliningrad* in *Kant-Universität* teilzunehmen. Das war im Jahr 2004, zweihundert Jahre nach Kants Tod.

Die prekäre Situation einer Stadt, deren Untergang ich

als Kind miterlebt hatte und die in idealisierter Form in mir weiterlebte, wurde offenbar, als Russlands Präsident Putin die offizielle Umbenennung der Kaliningrader Universität in *Kant-Universität* bekannt gab und sogar auf Deutsch einige ehrende Worte über den großen deutschen Philosophen sprach. Das Prekäre und Widersprüchliche in dieser gutwilligen Geste der Russen bestand darin, dass auf der Vorderfront des Universitätshauptgebäudes Kant nur in kyrillischen Buchstaben zu lesen war. So konnte man den Eindruck gewinnen, dass die Umstehenden, die sich dieses Spektakel nicht entgehen lassen wollten, vielleicht doch der Auffassung waren, Kant sei Russe gewesen.

Auf dem Rückflug von Königsberg/Kaliningrad saßen wir zu viert in der Kanzlerkabine des Flugzeugs: Gerhard Schröder, Jürgen Manthey, eine Staatssekretärin, die aus Königsberg gebürtig ist, und ich. Wir redeten über Ostpreußen, über die Stadt Königsberg und natürlich auch über Kant, der ja Anlass für diese Reise war. Etwas Unwirkliches lag in diesem Besuch; bereits auf dem Weg vom Flugplatz zur Universität war uns aufgefallen, dass die an dieser Route stehenden Häuser frisch gestrichen waren – wie in Potemkins Zeiten, dachten wir. Wir erfuhren später, dass dieser frische Anstrich tatsächlich ausdrücklich für diese Wegstrecke vom Flugplatz zur Universität geplant und ausgeführt worden war – die ganze Staatsvisite nahm nur einige Stunden in Anspruch. Wir wichen deshalb gerne aus, redeten über die Vergangenheit Ostpreußens und Königsbergs, Manthey sprach über sein Buch. Er erwähnte einen Dialog zwischen Joachim Fest und Hannah Arendt, in dem die Philosophin, als Intellektuelle und Jüdin aus Deutschland vertrieben, öffentlich bekundet, dass sie in ihrer Art zu denken und zu urteilen immer noch aus Königsberg komme. »Manchmal verheimliche ich mir das, aber es ist so.«[42]

Was ist das, was die Königsberger Denkatmosphäre auszeichnet? In seiner Schrift *Anthropologie in pragmatischer Hinsicht* entwickelt Kant eine merkwürdige Spannung, in die der Weltbürger eingebunden sei. *Die Welt haben und die Welt kennen seien in ihrer Bedeutung radikal verschieden,* »indem der eine nur das Spiel versteht, dem er zugesehen hat, der andere aber mitgespielt hat«.[43] Dabei trifft er einen prekären Punkt seiner eigenen Lebensweise. An sich sei Reisen ein wesentliches Mittel zur Erweiterung der Kenntnis von Menschen und Welt; aber als sei er plötzlich erschrocken über diese Aussage, fügt Kant, der selbst seine Heimatstadt praktisch nie verlassen hat, in einer Fußnote reichlich kasuistisch Ausnahmebedingungen hinzu. Sie gelten für bestimmte Städte, die in ihrer Struktur auf Weltläufigkeit angelegt sind. »Eine große Stadt«, schreibt Kant, »der Mittelpunkt eines Reiches, in welchem sich die Landeskollegia der Regierung desselben befinden, die eine Universität (zur Kultur der Wissenschaften) und dabei noch die Lage zum Seehandel hat, welche durch Flüsse aus dem Inneren des Landes sowohl als auch mit angrenzenden entlegenen Ländern von verschiedenen Sprachen und Sitten, einen Verkehr begünstigt, – eine solche Stadt, wie etwa Königsberg am Pregelflusse, kann schon für einen schicklichen Platz zur Erweiterung sowohl der Menschenkenntnis als auch der Weltkenntnis genommen werden; wo diese, auch ohne zu reisen, erworben werden kann.«[44]

Die Philosophie Kants bleibt ein wesentlicher Orientierungspunkt in meiner Bildungsgeschichte. Erste Kant-Texte habe ich mir aus der Schülerbibliothek der Gottfried-Keller-Schule ausgeliehen. Ich weiß nicht mehr welche, aber in Erinnerung geblieben sind mir jene Sätze, die im Schlusskapitel der *Kritik der praktischen Vernunft* stehen und jetzt an der Königsberger Schlossmauer auf Russisch *und* auf Deutsch eingraviert sind: »Zwei Dinge erfüllen das Gemüt mit immer neuer und zunehmender Bewunderung und Ehrfurcht, je öfter und anhaltender das Nachdenken sich damit beschäftigt: *der bestirnte Himmel über mir, und das moralische Gesetz in mir.* Beide darf ich nicht als in Dunkelheit verhüllt oder im Überschwenglichen, außer meinem Gesichtskreise, suchen und bloß vermuten. Ich sehe sie vor mir und verknüpfe sie unmittelbar mit dem Bewusstsein meiner Existenz.«[45]

Als ich von dem Kurzbesuch in Königsberg zurückgekehrt war, bohrte es in mir weiter. Königsberg ist nicht mehr das Königsberg wie zur Zeit Kants – und auch nicht mehr das Hannah Arendts. Aber es bleibt eine Stadt, in der eine Kultur des Denkens entwickelt wurde, die Weltgeltung hat.

Kaum war das Kant-Jahr vorüber, mit ansehnlichen Würdigungen des großen Aufklärungsphilosophen und der pünktlichen Präsentation einiger fundierter Biographien, die auch das Stadtmilieu in seinem Denken abhandeln, stand schon ein neues Jubiläum bevor: die Feier zur Gründung Königsbergs vor 750 Jahren. Dieses Ereignis fiel allerdings viel prekärer aus als die im Grunde unstrittige Ehrung des Philosophen: Hier stießen Geschichte und Gegenwart frontal aufeinander. Denn welche Stadt wurde hier gefeiert – und von wem?

Königsberg ist heute russisches Territorium; Stadt und ostpreußisches Umland (Oblast) sind zu einer *Exklave* geschrumpft, eingekeilt zwischen Litauen und Polen, beide mittlerweile Mitgliedsstaaten der EU. Die Stadt trägt seit 1947 den Namen Kalinins, also jenes Mannes, der von 1919 bis 1946 nominelles Staatsoberhaupt Sowjetrusslands bzw. der Sowjetunion war und die schlimmsten Verbrechen der Stalin-Ära nicht nur kannte, sondern gedeckt und legitimiert hat. Eine große Zahl der belasteten Straßen- und Städtenamen der früheren Sowjetunion sind getilgt worden, einige übrigens schon vor Perestroika und Glasnost. Warum hat sich Kaliningrad behaupten können? Wie würden die russischen Repräsentanten in ihren Feierreden mit dem Tatbestand umgehen, dass von den 750 Jahren Königsberger Stadtgeschichte nur 63 unter russischer Oberhoheit standen – im Siebenjährigen Krieg von 1759 bis 1762 und in der Zeit nach dem Zweiten Weltkrieg? Und welcher diplomatischer Verrenkungen würde es auf deutscher Seite bedürfen, anlässlich des Stadtjubiläums und in Zukunft, um mit diesen fatalen Brechungen in der Geschichte einer großen Stadt zurechtzukommen?

So kam Jürgen Mantheys Buch *Königsberg. Geschichte einer Weltbürgerrepublik* (2005) gerade zur rechten Zeit; es ist ein leidenschaftliches Plädoyer für eine Stadt, die es nicht mehr gibt, die aber nicht vergessen ist.

Ich kann freilich nicht verhehlen, dass mir bei der Lektüre dieses Buches eigene Traumphantasien, Schreckbilder und Erlebniserinnerungen fortwährend in die Quere gekommen sind. Ich beginne mit dem Ende; da gibt es buchstäblich eingebrannte Erlebnisse, die mit dem Untergang Königsbergs verknüpft sind. Ich bin kein Königsberger, ich bin in einem Dorf dreißig Kilometer östlich dieser Stadt geboren und aufgewachsen, aber Königsberg war die Bezugsstadt für uns, *das Tor zur Welt*. Wenn meine Mutter uns Kindern neue Kleider oder Schuhe kaufen wollte, dann war das wie eine Weltreise. »Stadt« war in meinem kindlichen Phantasiehorizont eben Königsberg. Bis zum Spätsommer 1944. Am 27. und 30. August saß ich mit meiner Familie in der »Lehmskuhle«, einer von Pregelbaggern vertieften Höhle neben unserem Haus, eng an die Lehmwände gepresst, so, als würde uns das vor Bomben schützen – und starr vor Entsetzen blickten wir in den großen Brand, der Königsberg in zwei Nächten zur Ruinenstadt machte. Da ahnte ich noch nicht, dass ich kaum ein halbes Jahr später in dieser verlorenen Stadt mehrere Wochen leben würde. Anfang 1945 erfuhr ich die zweite Stufe des Untergangs von Königsberg unmittelbar, als ich mit zwei meiner Schwestern nach Fluchtmöglichkeiten aus der eingekesselten Stadt suchte.

Das sind zwei Stufen des Untergangs von Königsberg, die ich persönlich erfahren habe – die eine aus der Distanz, die andere mitten im Geschehen; die dritte, unter russischer Besatzung, mit der Mantheys Buch endet, ist mir erspart geblieben. Aber schon in diesem Zusammenhang zeigen sich Königsberger Besonderheiten. Dass das bereits ausgehungerte und mit Kindersoldaten »wehrfähig« gehaltene Königsberg in dem Zustand, wie ich ihn wahrgenommen hatte, überhaupt zur Festung erklärt werden konnte, war nicht nur Wahnsinn und Verbrechen. Es war auch, wie Manthey nachweist, ein absolutes Novum in der Königsberger Stadtgeschichte. Mit diplomatischem Geschick, mit Geld und offenen Stadttoren hatten die Magistrate früherer Zeiten ihre Feinde bei Laune gehalten, bis diese sich zurückzogen; so auch zur Zeit Kants, als die russischen Besatzungstruppen einmarschierten und die Behörden und Honoratioren ohne Umschweife, zum größten Ärger Friedrichs II., eilfertig einen Treueeid auf die Zarin Elisabeth leisteten.

Um an die Wurzeln des kulturellen Verfalls und des Untergangs einer über Jahrhunderte blühenden und durch politische Klugheit ausgezeichneten Stadt zu kommen, muss Manthey daher tiefer graben. Was sich ihm in den Untergangsszenarien darstellt, sind äußerliche Akte und Spätfolgen einer schleichenden Aushöhlung des Gemeinwesens, der politischen Urteilskraft, des kritischen Geistes, einer zutiefst aufklärerischen und weltoffenen Kultur. Der Untergang selbst erweckt nicht das besondere Interesse des Autors, das Schlusskapitel unter dem Stichwort »Das Ende« umfasst nur acht Seiten dieser fast siebenhundert Seiten langen *Geschichte einer Weltbürgerrepublik*.

Die erste, in allen Lebensäußerungen der Stadt spürbare Untergangsstufe datiert Manthey auf 1933. Das Königsberg, das ihn interessiert und das er wie in einem großen Stadtroman beschreibt, ist »spätestens 1933, nachdem Kräfte schon vorher darauf hingearbeitet hatten, von der Landkarte der Zivilisation verschwunden.«[46]

Manthey ist es gelungen, die Grundzüge eines städtischen Gemeinwesens kenntlich zu machen, das, anders als Weimar oder Florenz, nicht nur mäzenatisch der geistigen Produktion Hilfe und Förderung zuteil werden ließ; vielmehr hat hier der *Polis-Gedanke* eine tragende Funktion. Für diesen Stadtstaat, der 1255 mit der Gründung der Burg Königsberg durch den Deutschen Orden in die Geschichte eintrat, 1287 bis 1292 mit dem Bau des Schlosses, 1325 bis 1572 mit der Errichtung des Doms eigene identitätsstiftende Wahrzeichen erhielt, ist die »spannungsvolle Dreieinigkeit aus Bürgerbewusstsein, Staatsklugheit und kritischer Gelehrsamkeit« bestimmendes Merkmal.

Es war weniger der vereinheitlichende Bürgersinn, eine Art permanente Frontstadtmentalität, die dieses Stadtgebilde rebellisch machte und ihr immer wieder Eigensinn und Selbstbewusstsein verschaffte. Es war genau das Gegenteil: die Art und Weise, wie die zahlreichen Konflikte und Interessenwidersprüche verarbeitet und in gemeinsame Entscheidungen eingebracht wurden – das machte die Differenz zu anderen politischen Gemeinwesen aus. »Das Einmalige, Unverwechselbare daran hat als Voraussetzung das spannungsreiche Verhältnis zwischen landesherrlicher Superiorität und stadtrepublikanischer Bestrebung.«[47]

Bis 1724 umfasste Königsberg praktisch drei selbstständig verwaltete Städte: Altstadt, Löbenicht und Kneiphof. »Königsberg verdankt sein unverwechselbares politisches Klima (...) mehr dem Gegeneinander als dem Zusammenwirken.«[48] Es erforderte viel Verhandlungskunst, politische Umsicht und Toleranz, dieses Stadtgebilde in einem Zustand zu bewahren, der über Jahrhunderte immer wieder die freien Geister anlockte und sie in ihrer Denkweise prägte.

Warum spreche ich so ausführlich über Königsberg? Es ist nicht meine Geburtsstadt; aber bei manchen Begegnungen, besonders mit Personen im Ausland, antworte ich auf die Frage »Woher kommen Sie?«: »Aus der Nähe von Königsberg«; und dabei klingt Stolz mit – so, als wäre ich gerne in Königsberg geboren.

Gewiss spielt Kant dabei eine entscheidende Rolle. Aber längst bevor Kant in seinen Friedensentwürfen die republikanischen Prinzipien für ein modernes Staatswesen festlegte und Weltbürgertum zur Grundlage auch der inneren Verfassung der Gesellschaft machte, gab es in Königsberg, wie in keiner anderen deutschsprachigen Stadt, eine enge Verbindung zwischen privater Vergesellschaftung in vielfältigen Formen der Geselligkeit (Hamanns und Kants Tischrunden sind keine Ausnahmen), bürgerlich-politischem Stadtregiment und einer kritischen Öffentlichkeit, die unbotmäßiges Verhalten durchaus als produktiven Beitrag zur Sicherung des Gemeinwesens anerkannte.

In den Begriffen von *Geselligkeit und Bürgerlichkeit* steckt der Gedanke, dass Menschen Mitgestalter des Gemeinwesens sind. Hannah Arendt, Sympathisantin der Räterepublik und Rosa Luxemburg zugeneigt, nimmt später (vor allem in *Vita Activa*) den Faden der *Polis* wieder auf und spinnt ihn weiter bis zu Jeffersons »Elementarrepubliken«. Vielleicht ist hierin ein Erkenntnismotiv Mantheys begründet: die Stadtutopie Königsberg zu vergegenwärtigen und zu zeigen, dass vieles von dem, was in der Oberflächenrealität zerbricht, im Untergrund der Traumphantasien der Menschen weiterarbeitet – und keine Ruhe gibt.

Es ist eine moderne Stadtutopie, die Manthey in seinem Königsberg-Buch entwirft – keine bloße Gedankenkonstruktion, sondern eine mit geschichtlichem Erfahrungsmaterial ausgestattete Utopie, die wie ein abgebrochenes Projekt in die Gegenwart hineinragt. *Es ist die Liebeserklärung an eine Stadt, die es nicht mehr gibt, deren Grundidee aber unabgegolten ist.*

Jürgen Manthey lässt offen, wie Kaliningrad sich weiter entwickeln kann und was ein Königsberg-Buch dazu beizutragen hat, eine zerstörte Stadt wieder lebendig werden zu lassen. Königsberg ist die einzige europäische Kulturstadt, die nach dem Krieg nicht wieder aufgebaut wurde. Noch nicht einmal für archäologische Grabungsarbeit – worin immerhin die großen zerstörten Städte der Antike fortleben, Troja, Korinth, Karthago – ist in Königsberg viel übrig geblieben. Gleichwohl: die Liste großer Namen, die mit Königsberg verbunden sind, ist kaum abschließbar: Simon Dach, Johann Christoph Gottsched, Immanuel Kant und Johann Georg Hamann, Theodor Gottlieb von Hippel, Johann Friedrich Reichardt, Heinrich von Kleist, E. T. A. Hoffmann, Theodor von Schön, Hannah Arendt, Hugo Haase, Otto Braun und viele andere mehr.

RETTUNG AUF KLEINEN SCHIFFEN

Koholit – Erste Etappe der Flucht über die Ostsee

Nach Tagen des Wartens brachte uns im Winter 1945 das umsichtige BDM-Mädchen schließlich auf ein Schiff, das wie ein verschrotteter Bananendampfer aussah. Glücklicherweise konnten wir, weil die Dunkelheit nur durch einige schwache Lichter erhellt war, dieses Wrack nicht genau erkennen. Man stumpft allmählich ab, und schließlich ist es egal, wo man hingeschoben wird. Trotzdem waren wir geradezu erschrocken, uns plötzlich auf einem Schiff zu bewegen, das im Wasser spürbar schaukelte und mit einer erleuchteten Reling versehen war.

Ich weiß nicht, warum ich mir den Namen des Schiffs gemerkt habe; er stand in Großbuchstaben am Bug: *Kolhit* oder *Koholit* meinte ich gelesen zu haben – oder wie mir später ein Mitreisender mitteilte: *Kolholyt*. Wie wenig die Erinnerungskraft – zumal eines damals Zehnjährigen – verlässliche Daten liefern kann, ist mir immer wieder bewusst geworden, wenn ich bei Gesprächen mit meinen Schwestern um möglichst genaue Orts- und Zeitangaben bat. Wo man stark in Alltagsüberlegungen eingebunden ist, die sich darum drehen, Essen und Trinken zu beschaffen und den Schutz vor Gewalt zu organisieren, da ermüdet allmählich das Gedächtnis – umso drastischer, wenn man die Erfahrungen als Kind gemacht hat. Durchaus verlässlich ist die Erinnerung an Situationen und Stimmungen, aber die Frage nach der exakten Reihenfolge der Ereignisse oder nach Namen und Daten ist objektiv schwer zu beantworten. Je mehr ich mich in das Vergangenheitsmaterial vertiefte, desto bitterer war die Erkenntnis, *dass in den Grauzonen einer Flücht-*

lingsexistenz, die Angst im Rücken und nur unklare, wechselnde Zielorte vor Augen, Wahrheit etwas sehr Subjektives ist.

Wir bestiegen diesen Dampfer *Kolhit* oder *Koholit*, ohne die geringste Ahnung zu haben, dass bereits mehrere große Schiffe mit Tausenden von Flüchtlingen untergegangen waren. Die *Wilhelm Gustloff* war am 30. Januar 1945 versenkt worden; allein bei diesem Unglück starben mehr als 5000 Menschen. Der Dampfer, mit dem wir schließlich sicher in Gotenhafen landeten, muss so klein gewesen sein, dass ich ihn lange Zeit in keinem Verzeichnis der in der Ostsee operierenden Flüchtlingsschiffe finden konnte. Die geringe Ladekapazität wird einer der Gründe gewesen sein, warum wir uns unbehelligt auf der Ostsee bewegen konnten. Es war offenbar eine irrige Annahme, dass die großen Schiffe, die zudem noch bewaffnete Begleitschiffe hatten, besonders sicher seien. Die über 20.000 Flüchtlinge, die in den letzten drei Monaten des Krieges in der Ostsee ertranken, sind mehrheitlich auf großen Schiffen unterwegs gewesen. Die sowjetischen U-Boote, die auf der Ostsee allmählich ein freies Kampffeld vorfanden, richteten ihre kostspieligen Torpedos überwiegend auf große Schiffe mit Tausenden von Menschen, zu denen Soldaten wie auch Flüchtlinge zählten. Für die kleinen Schiffe und ihre geringere Belegung waren die Torpedowaffen wohl zu teuer.

So schaukelte unser Kahn zwar bedrohlich, und manchmal hatten wir den Eindruck, dass er jetzt gleich zur Seite kippt; auch gab es nur wenige, die *nicht* seekrank waren. Aber wir landeten ohne großen Schaden in Gotenhafen, wenn man von jenem Missgeschick absieht, welches meine Schwester Margot verursachte, als sie sich an einem Stromkabel festhielt und mit diesem zu Boden stürzte. Sie blieb unverletzt, aber das Schiff hatte für Stunden kein Licht.

In seiner eindrucksvollen Dokumentation der Flüchtlingstransporte[49] hat Heinz Schön aufgezeigt, welche große Bedeutung die Stadt und der Hafen Pillau für Tausende von Flüchtlingen hatten, die in zusammengewürfelten Trecks oder mit einzelnen Fuhrwerken aus dem Norden Ostpreußens und aus dem Süden der Provinz auf Königsberg zugesteuert waren. Als wir Ende Januar Kapkeim in Richtung Königsberg verlassen hatten, war die Stadt bereits durch Sowjettruppen eingeschlossen; es gehört zu den fatalsten und folgenreichsten Fehleinschätzungen der Generäle an Ort und Stelle, dass sie glaubten, den Bewegungsraum für Flüchtlingstrecks mit einer Front schützen zu können, die es so überhaupt nicht mehr gab. Als die Winteroffensive der Russen im Januar 1945 vorbereitet wurde und mit einer unglaublichen Schlagkraft einsetzte, da war dieser Krieg an der Ostfront bereits verloren: 580.000 Wehrmachtssoldaten der Heeresgruppe Mitte und 220.000 Angehörigen des Volkssturms standen 1,67 Millionen sowjetische Soldaten gegenüber. Zu Beginn der »Schlacht um Königsberg« am 6. April 1945 zählten die deutschen Truppen 130.000 Soldaten, die der Roten Armee über 250.000. Die jeden politischen Urteilsvermögens beraubten Generäle, die ihrem obersten Kriegsherren nach dem Munde redeten und militärische Potenziale dort herbeischwadronierten, wo es nur noch Fluchtbewegungen gab – die militärische Führung in Ostpreußen trägt einen Teil der Schuld, dass Tausende Menschen in diesem kalten Winter zu Tode kamen.

Ich glaube nicht, dass Anfang 1945 noch irgendjemand Schutz von deutschen Soldaten erwartet hat; die Soldaten, die meine Schwestern und ich kennenlernten, zeigten dieselbe depressive Untergangsstimmung wie die meisten Flüchtlinge. Wenn überhaupt so etwas wie ein Geist des Widerstandes spürbar war, dann richtete er sich auf Möglichkeiten des Überlebens. Der desolate Zustand in der militärischen Führungsriege zeigte sich auch daran, dass eingeschlossene Truppen, wie die Heeresgruppe Kurland, von Transportschiffen nach Westen befördert werden mussten und deshalb Schiffsraum beanspruchten, der den Flüchtlingen verloren ging.

Das Verbrechen von Palmnicken

Zu der Zeit, als wir in Königsberg angekommen waren und unsere ganze Hoffnung auf Rettung mit dem Wasser, der Ostsee, verbanden, hatte das Morden der Nazis in Ostpreußen nicht aufgehört. Die Vertriebenenverbände haben jahrzehntelang die Heroisierung der Wehrmacht betrieben und durch ihr Schweigen die Ermordung Tausender jüdischer KZ-Häftlinge dem Vergessen anheimgegeben. Dass am Königsberger Nordbahnhof Juden zu Todesmärschen zusammengetrieben wurden, hatte sich damals gerüchteweise verbreitet. Genaueres wusste angeblich niemand. Nicht nur in Ostpreußen wurden KZ-Häftlinge auf Todesmärsche geschickt; aber eben auch hier. »Die Legende will, dass am Ende des Krieges gerade im Osten so verbissen gekämpft und die ›Front‹ gehalten wurde, um den Deutschen dort die Flucht vor der Roten Armee zu ermöglichen. Doch das stimmt nur zum Teil. Denn just in jenen Tagen, als Tausende aus Ostpreußen flohen und viele von ihnen – wie durch den Untergang der *Wilhelm Gustloff* – den Tod fanden, ging auch dort (unter den Augen der Wehrmachtssoldaten) der Völkermord an den Juden, ging der Holocaust weiter. Was lange vor dem Pogrom am 9. November 1938 vor aller Augen begonnen hatte, sollte so noch in den letzten Kriegstagen vollendet werden, zum Beispiel in Palmnicken an der ostpreußischen Ostseeküste.«[50]

Der Untergang der *Gustloff* mit über 5.000 Menschen, die in der Ostsee den Tod fanden, ist in der deutschen Nachkriegsöffentlichkeit immer wieder als barbarischer und in jeder Hinsicht sinnloser Akt sowjetischer Kriegsführung betrachtet worden; was aber im ostpreußischen Palmnicken passierte, ist jahrzehntelang nicht als Verbrechen der Deutschen zur Kenntnis genommen worden. Als die russische Winteroffensive im Januar 1945 begann, wurden die ostpreußischen Außenlager des KZ Stutthoff aufgelöst, Tausende von Juden wurden auf Todesmärsche geschickt. Etwa siebentausend Frauen zwischen sechzehn und vierzig Jahren trieb man auf den Marsch nach Palmnicken, das für seine große Bernsteinanlage bekannt gewesen ist. Diejenigen, die nicht genügend Kraft hatten, den Todesmarsch durchzustehen, starben auf der Straße oder wurden an Ort und Stelle erschossen – weit mehr als die Hälfte derer, die aufgebrochen waren. Die Überlebenden, so die Pläne der SS, sollten in einem der Stollen der Bernsteinwerke von Palmnicken eingemauert werden. Das wurde vereitelt, weil die Bergwerksdirektoren und der Bürgermeister von Palmnicken sich schützend vor die Frauen stellten und die Annagrube für dieses Verbrechen nicht freigaben. In der Bevölkerung regte sich Widerstand gegen die SS, die jedoch jede Hilfe unterband und die entscheidenden Leute ermordete. Danach trieb sie Tausende jüdischer Frauen auf den Strand und ins vereiste Wasser, mähte sie mit Maschinengewehren nieder. Es war offenkundig das größte Massaker in Ostpreußen. Zehn Wochen später entdeckten die sowjetischen Truppen die Toten und zwangen die Zivilbevölkerung von Palmnicken, die Leichen aus dem Sand zu bergen und zu bestatten. Erst 1999 wurde an der Bernsteingrube ein Gedenkstein errichtet.

Die Tragödie von Palmnicken liest sich wie ein Lehrbeispiel verzerrter, in großen Teilen ins Unbewusste gedrängter Realitätsbearbeitung. Die absehbare Niederlage Deutschlands in diesem durch vielfache Verbrechen geprägten Krieg trieb bei den

Verlierern offenkundig die sadistische Phantasie ins Bodenlose. Junge Frauen in einem Bergwerk einmauern zu wollen, bei lebendigem Leib und ohne Versorgung, überschreitet jede menschliche Vorstellungskraft. Allerdings verdeutlicht das Beispiel Palmnicken auch, wie in solchen Situationen Widerstand entsteht. Dieser ist nicht risikofrei, wie das Schicksal der mutigen Bevölkerung Palmnickens ebenfalls zeigt. Dass die Bergwerksdirektoren den Zugang zu den Gruben verweigerten und dabei von den politischen Instanzen unterstützt wurden, ist ein Zeichen für die menschliche Widerstandskraft; aber der größte Teil dieser Widerständigen bezahlte den Mut mit dem Leben.[51]

Der Todesmarsch nach Palmnicken führte übrigens in Pillau an wartenden Flüchtlingen vorbei. Ich selbst habe ihn nicht gesehen; man sprach aber davon.

Irgendwohin, egal wohin

In welcher Verfassung sind Menschen, die sich bei Tageslicht bemühen müssen, sichere Verstecke zu finden, um dann nachts auf Schiffe verladen zu werden, die sie erhofften sicheren Orten einige Kilometer näher bringen? Was wir in Pillau erlebt hatten, wiederholte sich in Gotenhafen (heute Gdingen) in einer gespenstisch erweiterten Dimension. Tausende Flüchtlinge, Verwundete, elternlose Kinder, Jugendliche sahen zahlreiche Schiffe in unmittelbarer Nähe, die aber für Flüchtlingstransporte nicht freigegeben waren. Als in den Morgenstunden des 13. Januar 1945 die russische Winteroffensive eingesetzt hatte, durften die großen Schiffe für Evakuierungsmaßnahmen und Flüchtlingstransporte noch nicht verwendet werden. Erst später wurden die großen Kriegsschiffe, Schiffe der Handelsmarine und Passagierdampfer mit Flüchtlingen und verwundeten Soldaten vollgestopft. Das BDM-Mädchen, das uns seit Königsberg begleitete, hielt seine Truppe von Flakhelfern und uns Fünfen (außer uns noch ein Mädchen von etwa siebzehn Jahren und sein Bruder) durch Blickkontakt zusammen. Insgesamt waren wir vielleicht zwanzig. Mit einem offenkundig offiziellen Dokument in der Hand steuerte die junge Frau auf das Fallreep eines Schiffes zu, dessen Beschaffenheit im Halbdunkel nicht so recht einzuschätzen war. Allerdings waren wir auch nicht mehr wählerisch, nachdem wir dem »Bananendampfer« *Koholit* unsere Rettung aus Königsberg zu verdanken hatten.[52] Wir waren froh, einen Platz auf einem Schiff ergattert zu haben, mit dem wir uns irgendwohin begeben konnten – egal wohin; denn niemand hat uns gesagt, wo wir voraussichtlich landen würden. Die ganze Nacht über herrschte hoher Seegang und eiskalte Wellen peitschten gegen dieses kleine Schiff, das vielleicht 500 Passagiere aufnehmen konnte.[53]

Mit meinen beiden Schwestern, an deren Rockzipfel ich buchstäblich hing, um in der Masse nicht verloren zu gehen, suchte ich mir in irgendeiner Ecke, wo man nicht totgetrampelt werden konnte, einen Schlafplatz. Wir drei lagen praktisch aufeinander, mit engstem Körperkontakt. Das schaukelnde Schiff wirbelte immer wieder Dinge, die um uns herum lagen, durcheinander, und manchmal schrie ein Mensch vor Schmerz auf. Die Beleuchtung in den Räumen war äußerst reduziert, aus Angst vor Flugzeugen, die gezielt Bomben abwarfen. Gerne wüsste ich, was wir in dieser Situation geträumt haben; aber auch nachdrückliches Befragen meiner Schwestern und meiner selbst förderte nichts zutage, was man wiedergeben könnte. Ich weiß nicht, wie lange wir auf diesem Schiff gefahren sind. Als wir aufwachten und die Sonne für Augenblicke zu sehen war, ging das Gerücht um, wir seien in Dänemark gelandet, in Kopenhagen.

Größtes Rettungswerk der Seegeschichte? –
Die Dönitz-Legende

Es hat Jahrzehnte gedauert, bis ich darüber nachzudenken begann, worin der *Organisationskern* in diesem Chaos der Fluchtbewegungen bestand, der es ermöglichte, Hunderttausende von Menschen aus Ostpreußen in den Westen zu bringen. Es scheint in der Tat eine beachtliche zivile Leistung der deutschen Marine gewesen zu sein, dass sie so viele Menschen innerhalb weniger Monate nach Dänemark oder Schleswig-Holstein befördert hat. Die Tatsache dieser massenhaften Flüchtlingstransporte ist unstrittig. Aber wer hat den Befehl dazu erteilt?

Großadmiral Dönitz hat die volle Verantwortung dafür im Nürnberger Prozess gegen die *Hauptkriegsverbrecher* für sich beansprucht. Seine ganze Verteidigungsstrategie war auf dieser Behauptung aufgebaut: dass die komplette Ostsee-Marine auf Flüchtlingstransporte und Begleitschiffe eingestellt, also ihre gesamte Gefechtsbereitschaft auf Abwehr und Schutz ausgerichtet gewesen sei. Diese von Dönitz in Nürnberg vorgetragene Argumentation wurde damals als glaubwürdig aufgenommen und bewahrte ihn vor dem Galgen. Das Urteil lautete deshalb auf milde zehn Jahre Haft für den Führer-Nachfolger.

Auf die Feststellung des Flottenrichters Kranzbühler, dass es Dokumente gebe, die Dönitz als fanatischen Nazi ausweisen, der in einem hoffnungslosen Krieg den Kampf auf Kosten der Frauen und der Kinder weiterführen wollte, antwortete Dönitz: »Im Frühjahr 1945 war ich nicht Staatsoberhaupt, sondern Soldat. Weiterkämpfen oder nicht, das war eine politische Entscheidung. Das Staatsoberhaupt wollte weiterkämpfen, ich als Soldat hatte zu gehorchen; es ist eine Unmöglichkeit in einem Staat, dass etwa ein Soldat erklärt, ich kämpfe weiter, und der andere sagt, ich kämpfe nicht mehr weiter. Ich hätte auch keinen anderen Rat geben können, wie ich die Dinge übersah aus folgenden Gründen: (...) Im Osten bedeutete das Durchbrechen unserer Fronten an einer Stelle die Vernichtung des hinter der Front lebenden Volkes. Das war uns klar aufgrund der praktischen Erfahrungen und aller Nachrichten, die wir darüber hatten. Das war der Glaube des ganzen Volkes, dass der Soldat im Osten seine kämpferische Pflicht tun musste in diesen harten Monaten des Krieges; das war daher besonders wichtig, weil sonst deutsche Frauen und Kinder verloren gingen. Die Marine war im Osten erheblich eingesetzt mit etwa hunderttausend Mann an Land und die gesamte Überwasser-Kriegsmarine konzentriert in Truppen-, Waffen-, Verwundeten- und vor allem Flüchtlingstransporten in der Ostsee. Es kam aber gerade zur Erhaltung deutschen Volkstums in dieser letzten harten Zeit auf hartes, durchgreifendes Handeln ganz besonders an.«[54]

Im Zusammenhang eines Verhörs, das Sir David Maxwell Five mit Dönitz geführt hat, wurden diesem Dokumente vorgelegt, aus denen ersichtlich ist, dass er zwölftausend KZ-Häftlinge zu Werftarbeiten angefordert hatte. Die Frage, ob er von Konzentrationslagern gewusst habe, beantwortete Dönitz mit der Bemerkung, das ganze deutsche Volk habe davon gewusst – aber nicht, was in den Lagern passiert sei. Dazu wollte Dönitz im Nürnberger Verhör eine Erklärung abgeben, die folgenden Wortlaut hat: »Ich habe am Ende des Krieges die Aufgabe gehabt, in der Ostsee große Transporte durchzuführen. Allmählich ergab sich die Notwendigkeit, die Masse Hunderttausender von armen Flüchtlingen, die in Ost- und Westpreußen standen, dort verhungerten und Seuchen unterlagen, beschossen wurden, nach Deutschland zu bringen. Ich habe aus diesem Grunde mich um Handelsdampfer gekümmert, die an sich nicht mir unterstanden, und habe dann festgestellt, dass von acht Dampfern, die in Dänemark in Auftrag gegeben waren, sieben kurz vor Werkzustellung durch Sabotage vernichtet worden waren. Ich habe dann eine Sitzung einberufen von all den Stellen, die mit den Handelsdampfern zu tun hatten, und ich habe sie gefragt: ›Wie kann ich Ihnen helfen, dass wir schneller zu Schiffsraum kommen und verschiedene Dampfer schneller reparieren können?‹ Dabei sind mir dann von diesen Seiten, die außerhalb der Marine standen, Vorschläge gemacht worden und es ist mir auch der Vorschlag gemacht worden, zur Beschleunigung der Arbeit, der Reparaturen usw. KZ-Häftlinge einzusetzen, mit der klaren Begründung, dass diese Beschäftigung bei sehr guter Verpflegung sehr gern gemacht würde, und da ich weder von Methoden noch Zuständen von Konzentrationslagern wusste, so war es für mich selbstverständlich, dass ich in meiner Sammlung dieser Vorschläge dieses Angebot mitaufgenommen habe, zumal eine Schlechterstellung dieser Leute unter keinen Umständen in Frage kam, da zweifelsohne bei der Arbeit ihre Verpflegung besser war. Und ich weiß, man hätte mir umgekehrt einen Vorwurf machen können und mir erklärt, die Leute werden bessergestellt in der Verpflegung, und ich hätte es abgelehnt. Ich hatte ja auch nicht den geringsten Grund dazu, weil ich von irgendwelchen Methoden in den Konzentrationslagern damals nichts wusste.«[55]

Dem Gericht fiel es schwer, zu glauben, dass ein ranghoher Offizier zwölftausend KZ-Häftlinge ordern konnte und nichts davon wissen wollte, aus welchen Lagern sie stammten und wie sie dort behandelt wurden. Aber darum geht es in meinem Zusammenhang nicht; vielmehr geht es um Antworten auf die Frage, ob der Großadmiral als entscheidender Befehlshaber der Marine aktiv Flüchtlingstransporte betrieben hat – oder ob er sie niedrigrangig einordnete, um möglichst großen Spielraum für den Transport militärischer Güter und Soldaten zu sichern. Militärstrategen wie Guderian oder Kesselring haben in der Nachkriegszeit dafür gesorgt, dass sich Widerstandslegenden an ihr Soldatentum knüpften. So auch Dönitz. Es dürfte kaum ein Zufall sein, dass ihn Hitler zu seinem Nachfolger ernannte.

Noch am 7. April 1945 verfasste Dönitz einen Aufruf an alle Marineoffiziere: »In dieser Lage gibt es nur eines: Weiterzukämpfen und allen Schicksalsschlägen zum Trotz doch noch eine Wende herbeizuführen. (...) Fanatischer Wille muss unsere Herzen entflammen (...). Unsere militärische Pflicht, die wir unbeirrbar erfüllen, was auch links und rechts und um uns herum geschehen mag, lässt uns wie ein Fels des Widerstandes kühn, hart und treu stehen. Ein Hundsfott, wer nicht so handelt. Man muss ihn aufhängen und ihm ein Schild umhängen: ›Hier hängt ein Verräter‹.«[56] Dönitz wollte offenbar, wie neuere Untersuchungen zeigen, die östliche Ostsee als einzig verbliebenes Übungsgebiet für die neuen U-Boot-Typen halten, mit denen er bis in das Frühjahr 1945 hinein noch eine Wende in der Seekriegsführung gegen die Alliierten zu erreichen hoffte.[57]

Es scheint erwiesen zu sein, dass Dönitz Militärtransporten Vorrang vor den Flüchtlingstransporten sicherte. An erster Stelle sollte Nachschub für das Armeekommando in Ostpreußen stehen. An dieser Prioritätensetzung hat sich offenbar auch nichts geändert, als die Sowjettruppen zu einer großen Offensive antraten und Artilleriefeuer die hilflos ausgelieferten Flüchtlinge traf. Heinrich Schwendemann fasst zusammen: »An der nach 1945 zur ›größten Rettungstat der Geschichte‹ stilisierten Organisierung der Massenflucht über die Ostsee, für die Dönitz persönlich die Urheberschaft beanspruchte, hatte dieser den geringsten Anteil: Nur das Engagement der örtlichen Marinestellen, die teilweise im Widerspruch zu den von der Marineführung erteilten Befehlen agierten, ermöglichte im Frühjahr 1945 den Transport von 800.000 bis 900.000 Flüchtlingen und etwa 350.000 verwundeten Soldaten über die Ostsee direkt nach Westen.«[58]

Natürlich ändert das nichts an dem Tatbestand, dass innerhalb kurzer Zeit Hunderttausende aus Königsberg flüchten konnten und viele von ihnen über Gotenhafen oder Danzig nach Schleswig-Holstein oder Dänemark gelangten. *Wie in vielen anderen Fällen war dabei das Verantwortungsbewusstsein der untergeordneten Stabsstellen oder Kommandeure an Ort und Stelle weitaus größer als das der Führungsriege, die vielmehr menschenverachtend bis zum Schluss aussichtslose Durchhalteparolen ausgab.* Solches Verantwortungsbewusstsein zeigte auch die junge Frau vom BDM, die uns aus Königsberg lotste, auf den Fluchtschiffen begleitete und die wir erst im dänischen Lager aus den Augen verloren. Oder die Kommandeure und Kapitäne in Pillau und Gotenhafen, die unermüdlich unterwegs waren, um Flüchtlinge in sichere Gebiete Süddänemarks oder nach Schleswig-Holstein zu bringen.

Die Ostsee als Flüchtlingsgrab

Die Flucht über die Ostsee gilt als das größte Rettungswerk der Seegeschichte. Natürlich hat die Nazi-Propaganda über den »jüdisch-bolschewistischen Weltfeind«, der sich im Osten festzusetzen versuche, wesentlich zu den Anstrengungen beigetragen, Flüchtlingstransporte über See zu organisieren. Auch die berechtigte Angst vor Racheaktionen jenes Volkes, das unter den Vernichtungsfeldzügen der Deutschen am meisten gelitten hatte, spielte eine Rolle. Zwischen 800.000 und 2,5 Millionen Menschen waren es schließlich, die mit Schiffen der deutschen Handels- und Kriegsmarine 1944/45 über die Ostsee transportiert worden sind. Viele wurden gerettet – aber mehr als 20.000

sind elend zugrunde gegangen. Und die Beschädigungen der Geretteten wirken bis in unsere Tage hinein.

Einer der Geretteten, Heinz Schön, hat eine der wichtigsten Dokumentationen über die Hilfsaktionen in der Ostsee verfasst. Er brauchte Jahrzehnte, um als Überlebender der *Gustloff*-Katastrophe darüber schreiben zu können. Im Vorwort seiner Dokumentationen »Ostsee '45. Menschen, Schiffe, Schicksale« hält er fest, was ihn über weite Strecken seiner Lebensgeschichte nicht losließ: »Den Entschluss, dieses Buch zu schreiben, fasste ich, neunzehn Jahre alt, Anfang Mai 1945. Wenige Tage zuvor war ich in Kopenhagen auf dem Dampfer *General St. Martin* interniert worden. Ich hatte die Todesfahrt der *MS Wilhelm Gustloff* und danach zehn Flüchtlingsfahrten mit *General St. Martin* über die Ostsee überlebt, hatte mein Elternhaus in Schlesien verloren und stand elternlos, heimatlos, allein am Kopenhagener Kai. Wenige Wochen später begann ich niederzuschreiben, was ich beim Untergang der *Gustloff* und danach auf der mehrmaligen Flucht über die Ostsee erlebt, gesehen und gehört hatte. Damals ahnte ich nicht, dass ich mein halbes Leben, 35 Jahre, dazu benötigen würde, das Material zusammenzutragen, um ›Ostsee '45‹ schreiben zu können.«[59]

Die Ostsee ist ein riesiges Flüchtlingsgrab. Meist waren die großen Schiffe Ziel russischer Angriffe mit Raketen, Bomben oder Torpedos: Die *Wilhelm Gustloff* wurde am 30. Januar 1945 von Torpedos getroffen, dabei starben mindestens 5.384 (manche Quellen sprechen von bis zu 9.000) Menschen; die *Steuben* sank am 10. Februar; bei der Versenkung der *Goya* am 16. April 1945 gab es fast 6.000 Tote; die mit KZ-Häftlingen belegten Schiffe *Cap Arcona* und *Thielbeck* wurden noch am 3. Mai von der britischen Luftwaffe versehentlich mit Bomben und Raketen attackiert, etwa 7.000 Menschen kamen ums Leben; und so weiter und so fort. Allein im kurzen Zeitrum von Februar bis April 1945 sind zwölf große Schiffe versenkt worden.

Die fanatischen Durchhalte-Appelle mit der immer absurder werdenden Parole »Sieg oder Tod«, von der obersten Militärführung wider alle Einsicht in die militärisch ausweglose Situation ausgegeben, haben mit dazu beigetragen, dass die Menschen erst so spät in ihren panischen Fluchtimpulsen auf die Schiffe drängten. So sehr die Marine stolz darauf sein konnte, dass über tausend Schiffe – Militärschiffe sowie die gesamte in der Ostsee stationierte und agierende Handelsflotte – daran beteiligt waren, fast eine Million Flüchtlinge in den Westen zu schaffen: die verspätete Evakuierungserlaubnis trägt Mitschuld daran, dass gerade in den letzten Kriegsmonaten so viele Menschen auf der Flucht sterben mussten, dass drei bis vier Millionen Deutsche in den Herrschaftsbereich der Roten Armee fielen und anschließend vertrieben wurden.

Meine beiden Schwestern Margot (links) und Ursel (rechts), mit denen ich die Flucht bewältigt habe. In der Mitte meine Mutter, ich ganz vorn.

Hoch zu Ross, mit meinem Bruder Gerhard, der die ganze Nacht beim kranken Fohlen verbracht hat. Im Hintergrund das Außengerüst meiner Höhle in der Lehmskuhle.

Vier meiner Schwestern – von links Ursel, Edith, Ruth, Margot.
Ich im Matrosenanzug für den Fotografen.

›Aufmarschiert‹ für den Fotografen. Sogar die Gänse stehen in Reih und Glied. Von links nach rechts: Mein Bruder Gerhard, Edith, meine Mutter mit mir, Ruth und Margot. Im Hintergrund unser Haus in Kapkeim; links, kaum zu erkennen, mein Vater, der nicht ins Bild wollte, daneben mein Großvater mütterlicherseits.

Die Hochzeit meiner älteren Schwester Irmgard. Neben ihr Erwin, Geheimnisträger, weil Mitglied im Führerbegleitbataillon in der Wolfsschanze Rastenburg. Um diese Heirat zu ermöglichen, trat mein Vater 1943 der NSDAP bei.

Mein Vater (Dritter von links) war in beiden Weltkriegen mit der Organisation von Essen und Trinken beschäftigt, die Feldküche war sein eigentlicher Standort. Vielleicht hat das dazu beigetragen, dass er die vielen Kriegsjahre überlebt hat – und nicht nur das: Er ist noch nicht einmal verwundet worden.

Edith und Ruth nach einem Besuch im Tanzlokal »Kellermühle«.

Kurz nach der Rückkehr aus Dänemark, Sommer 1947 in der 7. Klasse in Altfinkenkrug. Der Altersunterschied der Schüler ist deutlich zu erkennen, viele Flüchtlinge waren dabei. Ganz links die Klassenlehrerin Frau Meier, ich in der dritten Reihe, Zweiter von rechts. Der kleine Junge in der zweiten Reihe ganz rechts, Jürgen Röstel, lieh mir regelmäßig Goethe-Ausgaben seiner Eltern aus.

Auf unserem Neubauernhof in Altfinkenkrug 1949 – neben mir unser Neufundländer mit dem Namen „Treu".

Unser Bauernhof in Altfinkenkrug um 1950. Er blieb auch Jahrzehnte nach dieser Aufnahme unverputzt.

Mein Vater in Altfinkenkrug, mit Blick durch den Pferdehals. So erschloss er die Welt: Im kleinen Weltausschnitt hat er stets das große Ganze erfasst.

Arbeitsgruppe Philosophie der Oldenburger Hindenburg-Schule.
Ich als zweiter von links.

Ich in der Mitte der engsten Freunde – Kurt Blum und Jürgen Finzel – über einem Plattenspieler beim Musikraten in einer Unterrichtspause.

Während eines Landschulaufenthalts mit der Abiturklasse.

Auf Bitten der Mitschüler rezitiere ich Zarathustras »Nachtlied«.

Abiturfoto 1955, ich ganz rechts.

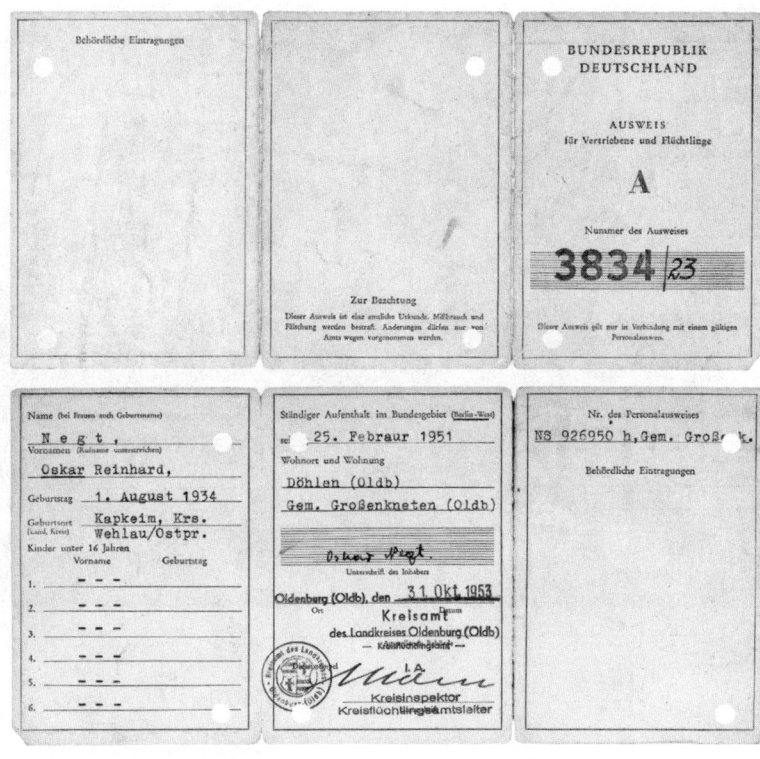

Ausweis für Vertriebene und Flüchtlinge, ausgestellt 1953, mit Erlaubnis zum ständigen Aufenthalt im Bundesgebiet sowie Berlin-West.

Zur goldenen Hochzeit meiner Großeltern: Vorne meine Großeltern väterlicherseits, links hinten mein Vater, in der Mitte meine Schwester Irmgard mit ihrem Sohn Burckhard, ganz rechts meine Mutter.

Eines der wenigen Bilder mit meiner Schwester Edith, um 1952, gemeinsam mit meiner Schwester Ruth und unseren Eltern.

Ende der 1950er Jahre: Meine Eltern in hohem Alter.

GLÜCKLICHES, UNGLÜCKLICHES LAND – DÄNEMARK

Zivile Stille

Nie im meinen ganzen Leben habe ich den Unterschied zwischen dem ununterbrochenen Lärm der Gewalt und einer Art »ziviler Stille« so krass empfunden wie damals, als wir in Kopenhagen ankamen und das Schiff verließen. Außer den normalen Hafengeräuschen, die eher beruhigend wirkten, empfing uns Stille. Das war wohltuend nach den Strapazen, die wir durchgestanden hatten. Seit Anfang Januar 1945, als die Sowjettruppen mit immer stärkerem Geschützfeuer in die Nähe unseres Dorfes vorgerückt waren, hatten wir ohne Unterbrechung das Lärmen des Krieges gehört – selbst im Laderaum der Schiffe. Diese Geräusche verfolgten uns bis in die Träume. Sie waren allgegenwärtig. Umso nachdrücklicher erschien uns die Stille. Auch das Kommandogebrüll der Ordnungskräfte war verschwunden.

Wie lange wir Aufenthalt in Kopenhagen hatten, weiß ich nicht mehr; es ist nicht lange gewesen. Unsere kleine Truppe, die von der jungen BDM-Frau zusammengestellt worden war, hatte Orts- und Schiffswechsel überstanden und wurde in einen Personenzug verfrachtet, der sich auf eine merkwürdige Reise durch Dänemark begab. Die Route ist eigentlich nur erklärbar, wenn die deutsche Besatzungsmacht geplant hatte, Flüchtlingsorte möglichst breit über ganz Dänemark zu verteilen. Wir fuhren von Kopenhagen über Fredericia Richtung Aalborg, bogen dann nach Holstebro ab und fuhren weiter in Richtung Agger. Dass wir über Fredericia gefahren sind, ist mir in Erinnerung geblieben, weil hier die Fahrt unterbrochen werden musste; der Flüchtlingszug sei durch Sabotage dänischer Widerstandskämpfer bedroht, erklärten uns die Militärbegleiter. Wir mussten den Zug kurzfristig verlassen, damit einzelne Waggons, in denen man Sprengsätze vermutete, kontrolliert werden konnten. Ich kämpfte allerdings auf dieser gesamten Reise mit einem ganz anderen Problem. Weder war ich die Kleiderläuse, die ich mir in der Flakkompanie geholt hatte, losgeworden, noch hatte sich meine Haut beruhigt; ich litt nach wie vor unter der Krätze. Einschlafen konnte ich nur, wenn ich meine Brust blutig gekratzt hatte. Zum Glück hatten meine Schwestern irgendwo Verbandszeug ergattert; das legte ich auf meine Brust, um nicht die Kleidung gänzlich mit Blut zu beschmieren.

Zwischen Stacheldraht und Gastfreundschaft – Lager Agger

Während viele Mitreisende enttäuscht waren, nicht nach Schleswig-Holstein gelangt zu sein, wo sie bei Verwandten hätten unterkommen können, waren meine Schwestern und ich froh, in Dänemark zu sein. Hier war der Krieg nicht so zu spüren und wir glaubten, das Elend der Flucht hinter uns zu haben. Wir fühlten uns buchstäblich befreit, als wir in einem der kleineren Barackenlager Dänemarks zur Ruhe kamen. Bei der Ankunft in Agger wurden wir aufs Herzlichste von deutschen Soldaten begrüßt, die sich offensichtlich langweilten und von den Flüchtlingen Abwechslung versprachen. Wie ich später aus offiziellen Statistiken erfahren habe, war Agger eines der kleinsten Flüchtlingslager, mit nur 52 Personen. Wir bezogen zwei Militärbaracken, die in der Nähe des Strandes, in einer

Kuhle gut getarnt, aufgestellt waren. Offensichtlich war dieses Lager Agger eigentlich für die Soldaten gedacht, die die nahe gelegenen Bunkeranlagen bewachten und hier wohl auch gewohnt hatten, bevor wir kamen.

Es ist kaum vorstellbar, wie groß unsere Freude war, als wir von dem Kommandeur der Truppe, einem Leutnant Kleinhans (einer der wenigen Namen, die ich mir aus dieser Zeit gemerkt habe), und einer Abordnung Soldaten begrüßt wurden. Jeder von uns bekam etliche Kronen ausgehändigt, damit wir beim Bäcker oder Fleischer zusätzlich etwas kaufen konnten, wenn die Soldatenverpflegung nicht ausreichte. Meine Schwestern waren etwas knauserig und ermahnten mich zur Sparsamkeit, weil man doch nicht wisse, wie lange man hier in Dänemark bleiben müsse. Ich erlaubte mir, heimlich zum Bäcker zu gehen und einige Sahnetörtchen zu erwerben, die ich sofort an Ort und Stelle aufaß. Wir waren alle ausgehungert und normale Nahrung nicht mehr gewohnt; so folgte, als ich die Törtchen gierig verschlungen hatte, dem Genuss die Strafe auf dem Fuße; selten ist mir so übel gewesen wie nach dem Verzehr dieser äußerst schmackhaften Sahnetörtchen.

Das Leben im Lager normalisierte sich schnell. Wir konnten uns außerhalb bewegen, wie wir wollten, am Strand spazieren gehen. Die Dänen waren uns gegenüber sehr freundlich; meine Schwestern und ich hatten keinerlei Grund, uns über das Verhalten der hier ansässigen Bevölkerung zu beklagen. Möglicherweise hatte das auch damit etwas zu tun, dass für unsere Unterkunft nicht irgendwelche Räume – Schulen, Hotels, ja Privatwohnungen – requiriert werden mussten. Wir lebten in Baracken und konnten uns deshalb jeden Abend zurückziehen, was uns von den deutschen Soldaten auch dringend nahegelegt wurde. Wer wollte, konnte sich an einer Besichtigung der Hochbunker und der militärischen Geräte beteiligen.

Es gab nur wenige Kinder meiner Altersgruppe in diesem Lager. Ein Junge ging, als er mich zum ersten Mal sah, sofort auf Distanz; mit ihm musste ich mich prügeln, um die Rangordnung festzulegen. In Agger habe ich den Kampf verloren und musste mich mit der untergeordneten Position begnügen, was ich als äußerst kränkend empfand. Im nächsten Flüchtlingslager kehrte sich die Sache dann zu meinen Gunsten um. Schließlich entwickelte sich mit meinem einstweiligen Rivalen Martin Jurgutat aber eine intensive und produktive Freundschaft.

Die Zeit in Agger hat mein Bild von Flüchtlingslagern in Dänemark entscheidend geprägt. Die dänische Bevölkerung blieb gastfreundlich gestimmt; meine Schwestern erzählen von einer Begebenheit in der Zeit der Internierung, die das anschaulich demonstriert: Der Milchmann, der täglich herumfuhr, um die bestellte Milch in den Vorgärten zu deponieren, hatte stets zwei große Milchflaschen so verpackt, dass er sie über den Zaun ins Lager werfen konnte. Er tat das bei jeder Tour, und manchmal hatte er sein Paket so gepolstert, dass auch einige Eier darin Platz fanden.

Der 8. Mai 1945, der Tag der Kapitulation (das deutsche Militär in Dänemark hatte schon am 4. Mai kapituliert), änderte unsere Lebenssituation grundlegend. Plötzlich hatten wir Ausgangssperre. Hastig wurde um unser Lager Stacheldraht gezogen. *Wir galten von da an als unerwünschte Gäste.* Wir waren interniert und durften das Lager nicht verlassen. Für zweieinhalb Jahre wurden wir als Gefangene behandelt – Erwachsene, Kinder, Kriegsverletzte, eben alle, die das Glück gehabt hatten, mehr oder weniger unbeschadet mit Hilfe der deutschen Ostseeflotte sicher nach Dänemark gelangt zu sein. In diesen Tagen begann ein neues Kapitel meiner Lebensgeschichte.

Vergeblich warteten wir auf den Besuch von Leutnant Kleinhans; er war, wie wir erfahren mussten, abgelöst worden. Es war für uns eine bittere Erfahrung, plötzlich interniert zu sein, obwohl wir doch alle nichts verschuldet hatten. Man kann allerdings nicht sagen, dass wir offene Aggressionen der Dänen gegenüber Deutschen erfahren haben; es war eher ein verhaltener Triumph. Am Stacheldrahtverhau wurden dänische Fähnchen befestigt, um uns zu zeigen, dass die deutsche Besatzungszeit zu Ende war. Es war eine merkwürdige Übergangszeit, mit der wir es jetzt zu tun hatten. Natürlich wussten wir, dass wir durch die deutsche Besatzungsmacht hierher nach Dänemark verschleppt worden waren. Wir hatten uns aber keine Gedanken darüber gemacht, was nach Abzug des Besatzungsmilitärs (was noch einige Zeit in Anspruch nahm) passieren würde. Als Flüchtlinge waren wir völlig hilflos, hatten nicht den geringsten Kontakt zu dänischen Behörden oder sonst einer Instanz, die unsere Versorgung sichern konnte. So waren wir überrascht, dass am zweiten Tag unserer Internierung ein älterer Herr das Lager besuchte und sich freundlich als Bürgermeister einer angrenzenden Kreisstadt, deren Namen ich vergesse habe, vorstellte. Er sprach gebrochen, aber gut verständlich Deutsch. Der Mann war darauf bedacht, uns zu beruhigen, und er selbst strahlte eine Ruhe aus, die in unserer prekären Situation sehr wohltuend wirkte.

Aus Rohstoffen Ansehnliches gestalten –
Der Werkzeugkasten

Nachdem der Bürgermeister die Wünsche der Erwachsenen zur Kenntnis genommen, sich auch einiges notiert hatte, wagte ich, einen Wunsch zu äußern, der etwas riskant war, weil er mit der üblichen Versorgung gar nichts zu tun hatte. Als der Mann sich zum Ausgang begab, lief ich ihm nach und sagte: »Sie werden verstehen, dass es in einem solchen Lager ziemlich langweilig ist. Ich habe schon in meiner Heimat gerne gebastelt, sehr gerne würde ich auch hier basteln, aber mir fehlen die Werkzeuge dazu. Ob Sie so freundlich sein könnten, mir einen Werkzeugkasten mitzubringen?« Ich war darauf vorbereitet, dass er das als besondere Dreistigkeit ansehen würde. Er sagte nichts, sondern nickte nur, was verschiedene Deutungen zuließ. Ich rechnete nicht damit, dass mein Wunsch erfüllt würde.

Umso erfreuter war ich, als ich bei seinem dritten Besuch sah, dass sich der Bürgermeister an seinem Auto zu schaffen machte und in einen kleinen Korb Materialien sammelte, die sich für Laubsägearbeiten eigneten. Es war eine rührende Szene, als er mir schließlich einen »Werkzeugkasten« übergab, in dem alle nützlichen Dinge für Bastelarbeiten enthalten waren: Hämmer, Sägen, Feilen, Holzleim – eben alles, was man so braucht, um aus unsortierten Rohstoffen etwas Ansehnliches zu gestalten. Als der Bürgermeister mir die Werkzeuge aushändigte, merkte man ihm an, dass ihm dieses Geschäft ebenso viel Freude bereitete wie mir. Er entschuldigte sich, dass er die Sachen nicht schon beim letzten Besuch hatte mitbringen können; einiges hatte er erst beschaffen müssen. Nach kurzer Begrüßung meiner Mitbewohner in diesem Barackenlager verabschiedete er sich und fuhr in schnellem Tempo davon. Wir haben ihn nie wiedergesehen, denn das Lager wurde bald aufgelöst und wir kamen in ein größeres. Was für mich geblieben ist und anhaltende Wirkung hatte, sind das Bild eines großherzigen Dänen und eine Reihe nützlicher Werkzeuge, die ich bis zum Ende der Internierung in Dänemark sorgsam mit mir herumschleppte.

Knivholt – Ein kleines Barackenlager in der Nähe von Frederikshavn

Ein großes Lager wie Oksbøl hatte den Charakter einer Barackenstadt, etwa 35.000 Menschen mussten verwaltet werden. Es gab einen Magistrat, es gab Theater- und Filmvorführungen. Filmvorführungen sind auch die einzigen kollektiven Unternehmungen, die ich in Erinnerung habe, wenn ich über das letzte Lager, in das wir eingewiesen wurden, nachdenke. Ob wir zwischenzeitlich in mehrere Durchgangslager verfrachtet worden sind, ist auch meinen Schwestern nicht mehr in Erinnerung – es ist wahrscheinlich, aber wir wissen es einfach nicht. Gehen wir also davon aus, dass wir, nachdem wir in Agger gelebt hatten, nach Knivholt gebracht wurden, das in unmittelbarer Nähe von Frederikshavn lag. Da beginnen meine Erinnerungen wach zu werden.

Ich sehe Baracken vor mir, in denen erneut das schon bekannte Problem auftauchte: Man wollte mich wieder in eine Jungen- und Männerbaracke verfrachten; dagegen protestierten nicht nur meine Schwestern, sondern auch die anderen Frauen – mit dem Ergebnis, dass ich in der Frauenbaracke bleiben durfte. Ich sehe einen Strand, der verbarrikadiert war, damit wir nicht ins Wasser konnten. Ich sehe das angeschwemmte Treibholz vor mir, das sich gut gebrauchen ließ. Das Lager hatte mehrere Baracken, war aber übersichtlich. Ich sehe die Wachposten vor mir, die auf Wachtürmen postiert waren und ihre Waffen zeigten. Ich sehe den Stacheldrahtzaun, über den manchmal schwedische Touristen Süßigkeiten warfen, was strengstens verboten war. Ich sehe einen Betonbunker, der allerdings nicht mehr genutzt wurde. Sollte es eine längere Zwischenzeit zwischen Agger und Knivholt gegeben haben mit Aufenthalten in verschiedenen Zwischenlagern, dann habe ich sie komplett verdrängt; aber es kann auch sein, dass es auf der relativ kurzen Strecke zwischen Agger und Knivholt keine Zwischenstation gab, sondern dass wir direkt in dieses letzte Lager vor unserer Ausreise nach Deutschland gebracht wurden.

In Knivholt sind wir ziemlich lange geblieben. Für uns junge Leute war das Lagerleben mit den ritualisierten Essenszuteilungen und den Filmvorführungen, die wir oft nicht besuchen durften, ziemlich langweilig. Das ewige Fußballspielen mit Bällen, die aus Flicken zusammengesetzt waren, machte bald keinen großen Spaß mehr. Eine reguläre Schule gab es nicht, weil die Lehrer fehlten. Aber es gab da einen Mann namens Hardlich, der verkrüppelte Hände hatte und deshalb wohl für den Wehrdienst nicht geeignet gewesen war – einen Schulleiter, der gerne diskutierte. Ich verbrachte viele Stunden mit ihm, aber Unterricht wollte er nicht erteilen.

Folgenreiche Umstände

So kam ich, als ich mir den aus Agger mitgeschleppten »Werkzeugkasten« ansah, auf die Idee, in dem frei verfügbaren Bunker eine Werkstatt zu gründen. Ich konnte meine beiden Erzrivalen im Kampf um die Zuneigung der hübschen Rosemarie dafür gewinnen, mit mir zu kooperieren. Gemeinsam hoben wir das Projekt »Spielsachen für Weihnachtsgeschenke« aus der Taufe. Meine Rivalen Lutz Moek und Martin Jurgutat machten sich zwar zunächst über den Vorschlag lustig, fanden dann aber doch, dass sich ein Versuch lohnte. Natürlich fehlten uns die Materialien, Farben vor allem. Es war unglaublich befriedigend zu sehen, wie die Lagerinsassen, die häufig in depressiven Zuständen verharrten, langsam aufwachten und auf Materialien aufmerksam wurden, die für solche Spielsachen verwendet werden konnten. Selbst die Wachposten machten mit; sie brachten Farbtöpfe ins Lager und schmuggelten auch Laubsägeblätter herein. Sehr nützlich war auch das angeschwemmte Treibholz. Die Materialnot trieb unsere Phantasie an, manche Frauen zu motivieren, Decken und anderes Gewebe vom Roten Kreuz auseinanderzunehmen und aus den Fäden neues anzufertigen. Es bildete sich so etwas wie ein lebendiger Projektherd, an dem sich viel mehr Menschen beteiligten, als wir erwartet hatten. Wir errangen damit im Lager als Gruppe hohes Ansehen.

Für mich persönlich gab es jedoch eine Situation, die viel folgenreicher war als das, was wir in unserer Handwerksstube produzierten. Meine Schwester Ursel hatte sich, ich weiß nicht auf welcher Grundlage, für den Dienst in der Küche des Flottenstützpunktes Frederikshavn beworben, von dem aus deutsche Marinesoldaten die gefährliche Entschärfung von Wasserbomben und Seeminen vorzunehmen hatten. Der Stützpunkt lag nicht weit entfernt vom Lager; meine Schwester wurde morgens abgeholt und abends ins Lager zurückgebracht. Es mag an einer etwas liberalisierten Umgangsweise mit den Flüchtlingen gelegen haben, dass die deutschen Soldaten auch zu Tanzveranstaltungen ins Lager kommen konnten. Einer dieser Soldaten, Theo Möntenick, hoch angesehener Schifferklavierspieler, hatte seinen Kameraden Schorsch Breitkopf auf eine junge Frau aufmerksam gemacht, die besonders gut tanzte; Schorsch forderte sie auf. Es handelte sich um ein Tanzturnier, bei dem es darum ging, welches Paar sich als letztes auf der Tanzfläche bewegte; die junge Frau, die mit ihrem Partner am längsten aushielt, war meine Schwester Ursel. Auf einem Tanzboden des Flüchtlingslagers Knivholt bei Frederikshavn begann 1946 eine Liebesgeschichte, die bis in das Jahr 2013 reichte. Da starb ihr Mann.

Für mich hatte diese Liebesgeschichte zwischen Ursula Negt und Schorsch Breitkopf, der Küchengehilfin und dem Signalmaat, die vielleicht größten Einflüsse auf meinen eigenen Bildungsprozess. Meine Schwester verließ als Küchengehilfin auf dem Flottenstützpunkt morgens das Lager und kam abends zurück. Nach einiger Zeit ging auch den Wachposten auf, dass die Bewachung von Frauen und Kindern nicht besonders befriedigend war; so erlaubten sie meiner Schwester, die einen offiziellen Ausweis besaß, hin und wieder ihren kleinen Bruder mitzunehmen. Die ersten Versuche waren gescheitert, aber dann gab es doch Wachposten, die gestatteten, dass ich meine Schwester begleitete. Ich glaube, es war gut ein Jahr her, dass ich die Welt außerhalb des Stacheldrahts zuletzt gesehen hatte.

Schorsch war als Signalmaat verpflichtet, die Schiffe mit Fähnchen und Lichtsignalen in den Hafen zu leiten – und das geschah von einem hohen Turm aus. Auf diesem Turm durfte ich mich in einem gesonderten Zimmer aufhalten. Ich verbrachte viel Zeit in diesem Raum, weil es dort ein Radio gab – auch mit deutschen Sendungen. Schulfunksendungen habe ich da gehört. Aber das entscheidende Erlebnis, das lange nachwirkte, war die neunte Sinfonie von Beethoven, die ich hier hörte. Ich war davon so überwältigt, dass ich beinah die Treppe hinuntergestürzt wäre, wenn Schorsch, der zufällig heraufkam, mich nicht aufgefangen hätte.

Es war für mich eine glückliche Zeit, die ich an den Wochenenden auf diesem Marinestützpunkt verbringen durfte, weil die Soldaten mir bei allem halfen, was ich von ihnen wollte. Unsere »Währung« im Lager bestand nicht aus Geld, sondern aus Naturalien oder anderen Gegenständen; es hatte sich ein informelles »Geldwertsystem« herausgebildet. Ich weiß nicht, wie es in den anderen Lagern gewesen ist, aber in Knivholt beruhte dieses System auf Briefmarken. Mir war aufgefallen, dass die entscheidenden Leute der Lagerverwaltung mit Briefmarken hantierten; zunächst war mir jedoch nicht klar, was das zu bedeuten hatte. Sie feilschten, als ginge es um risikoreiche Börseneinsätze. Als ich das mehrere Monate verfolgt hatte und mich wunderte, mit welchem Ernst hier Tauschgeschäfte betrieben wurden, kam mir der Gedanke, mich in diesen Warenverkehr einzubinden.

Die Matrosen auf den Schiffen des Marinestützpunkts bekamen regelmäßig Post aus Deutschland; ich besuchte sie in ihren Kabinen und fragte, ob sie mir ihre Briefmarken geben könnten. Nichts leichter als das. Sie konnten zwar nicht ahnen, wofür ich die Marken benötigte, aber nach einigen Wochen begannen sie schon nachzufragen, wann ich denn wiederkomme, um die Briefmarken abzuholen, die sie bereits für mich gesammelt und präpariert hatten. So verfügte ich sehr schnell über eine Briefmarkensammlung, der zwar noch alte Bestände fehlten, was ich aber durch Neuzugänge schnell ausgleichen konnte. Als wir das Lager verließen und nach Deutschland kamen, besaß ich eine umfangreiche Briefmarkensammlung, die ich um wertvolle alte Marken vervollständigen wollte. Das misslang jedoch, weil meine Mutter die zu Tauschzwecken entwendeten zehn Eier zurückgeordert hat. Seitdem ging mir der Spaß am Briefmarkensammeln verloren, und ich konzentrierte mich auf das Sammeln von Büchern.

»Man wusste nicht, wie es ist, ›normal‹ aufzuwachsen« – Gespräch mit meiner Schwester Margot

Mit meinen Schwestern Margot und Ursel, die mit mir in Kapkeim aufgebrochen waren, um möglichst schnell nach Berlin zu kommen, und mit denen ich in Kopenhagen gelandet war, habe ich Gespräche über *ihre* Erinnerungen und Sichtweisen der Flucht und über die Situation in den dänischen Flüchtlingslagern geführt. Auszüge aus dem Gespräch mit Margot, die damals sechzehn Jahre alt war, stelle ich den historischen Nachforschungen über Dänemark voran. Das Gespräch wurde am 6. Oktober 2011 in Berlin aufgenommen. Wenige Monate danach starb meine Schwester Margot. Dem aufmerksamen Leser wird nicht entgehen, dass manche Daten, Informationen und Sichtweisen sich nicht mit dem decken, was ich erlebt habe oder wie ich die Dinge sehe. Ich habe diese Gespräche jedoch unverändert belassen, auch dort, wo ich ziemlich sicher war, dass sich meine Schwester irrt.

Oskar: *Hast du noch präzise Erinnerungen an die Flucht von Kapkeim nach Königsberg? Da gab es doch einen Zugunfall, in den wir geraten sind?*

Margot: Ja. Wir waren in einem Güterwagen untergebracht, wir drei, du, Ursel und ich. Und da ist eine Lokomotive in den Zug gefahren. Danach haben wir vier Tage auf der Strecke gestanden, nur dreißig Kilometer von Königsberg entfernt. Dadurch sind auch viele Kinder von ihren Eltern getrennt worden, weil manche Eltern losgelaufen sind, um etwas zu essen zu besorgen; nach der Reparatur der Strecke ist der Zug einfach weitergefahren. Und als wir dann in Königsberg ankamen, da fuhr kein Zug mehr nach Berlin. Schon durch diese vier Tage hatte sich die Frontlage total verändert. Königsberg war von der Roten Armee eingeschlossen.

Oskar: *Wir sind zu deiner ehemaligen Lehrerin und ihrem Mann, der Rektor der Mittelschule war, gegangen und die haben uns geholfen.*

Margot: Ihr Mann hat dagesessen im Büro und aufgeschrieben, wo Flüchtlinge untergebracht werden können, also Quartiere verteilt.

Oskar: *Das war Erste Hilfe in großer Not; offenkundig sind wir als elternlose Kinder registriert worden.*
Margot: Ja, aber das war nicht ganz einfach. Zu mir hat der Schuldirektor noch gesagt: Ihr seid jetzt in Wirklichkeit jünger. Er fälschte die Geburtsdaten. Ihr seid alle noch ein Jahr jünger. Du bist erst vierzehn und Ursel fünfzehn, und du bist sowieso erst zehn. Sonst wären wir nicht auf die Liste elternloser Kinder gekommen. Und Elternlose wurden bevorzugt.
Oskar: *Ich habe in Dänemark eine deutsche Militäruniform getragen. Wie bin ich dazu gekommen?*
Margot: Da ist Folgendes passiert: Die Lehrerin war meine Klassenlehrerin, und er war der Schuldirektor. Deshalb kannte er uns alle. Die haben uns beiden, Ursel und mir, den Rat gegeben, ein Heim aufzusuchen. Es wäre besser, wenn wir dahin gingen, als zu versuchen, privat unterzukommen. Mögliche Fluchtwege seien besser organisiert. Die haben uns dringend diesen Rat gegeben. So sind wir in das Heim gekommen. Da waren lauter Mädchen. Ihr beiden, du und der kleine Bruder eines anderen Mädchens, wart die einzigen Jungen – der Lutz, ein Schicksalsgenosse, und seine Schwester. Lutz war auch erst zehn oder elf Jahre alt. Und ihr musstet zu den Jungs runter, in die Abteilung. Das waren Flakhelfer. Die sind ausgebildet worden, ein Flakgeschütz zu bedienen. Und die haben euch immer mitgenommen. Ihr seid immer zu Flakübungen gefahren. Da seid ihr beide mal nach Hause gekommen – ihr wart den Vormittag nicht da, wurdet versorgt und alles –, jedenfalls kommt ihr beide zurück ins Zimmer, zu den Mädchen, waren so zwanzig, eine Schulklasse etwa. Ihr habt beide strammgestanden und gegrüßt, mit Uniform. Und die Zivilsachen weggeschmissen. Die Zivilsachen waren nicht mehr da.

Oskar: *Die waren nicht mehr da?*
Margot: Nee. Ihr habt behauptet, ihr wurdet eingekleidet. Wir haben gesagt, das glauben wir nicht. Die Jungs haben sich einen Spaß draus gemacht. Mein Gott, das waren alles so Fünfzehn-, Sechzehnjährige. Haben die Spaß gehabt mit den kleinen Jungs, haben sie eingekleidet. Und nun war das so, bis Dänemark seid ihr immer als Soldaten uniformiert gewesen.
Oskar: *Das war absolut guter Stoff, diese Militärsachen waren besonders haltbar. Oben und unten aufgekrempelt.*
Margot: Wir kamen in ein kleines Fischerdorf – nee, zuerst waren wir in Kopenhagen. Wir waren in mehreren Lagern.
Oskar: *Wir sind doch in einem Lager gewesen, das Agger hieß.*
Margot: Das war das älteste Lager, ein altes Dorflager. Es war ein wunderbares, kleenes Lager. Und die Leute, Deutsche wie Dänen, waren auch sehr, sehr nett. Wir haben auch immer Kronen gekriegt und konnten einkaufen.
Oskar: *Wer hat uns die Kronen gegeben?*
Margot: Die deutschen Soldaten. Das war ja von deutschen Soldaten besetzt.
Oskar: *Kann es sein, dass der Leutnant, der das Lager unter sich hatte, Kleinhans hieß?*
Margot: Ja. Der kam gleich am nächsten Tag mit euch beiden an der Hand an. Soldatenuniform hattet ihr da noch an. Ihr musstet ja mit den anderen Jungen zusammen schlafen, nicht mit den Mädchen.
Oskar: *Ja, das war so.*
Margot: Ihr wart beide verheult. Schließlich durftet ihr dann bei uns mit rein. Der Leutnant ist mit euch in die nächste Stadt gefahren, und hat euch mit Zivilsachen eingekleidet. Als wir ankamen und in die Küche gingen, saßen da so ältere Soldaten, die Essen gemacht haben. Das waren ja deutsche

Soldaten. Denen liefen die Tränen, als sie zwei uniformierte Kinder sahen: Jetzt haben sie die Kinder schon eingezogen. Ihr seid erst in Dänemark zivil eingekleidet worden.

Oskar: *Ich habe in Erinnerung, dass wir am 8. Mai morgens aufwachten und Stacheldraht um unser Lager gelegt fanden.*

Margot: Nein, das war nicht gleich. Da sind erst ein paar Tage später die Soldaten abgezogen, und wir mussten dann in das Lager rein, in die Schule dann auch. [Meine Erinnerungen weichen von denen meiner Schwester ab.]

Oskar: *Wir waren zunächst in einer Schule untergebracht?*

Margot: Ja, zuerst in der Schule. Konnten frei rumlaufen, ans Meer gehen, spazieren gegangen sind wir bis zum 8. Mai, dem Tag der Kapitulation. Ich weiß noch, da haben wir viel Krach gemacht und da kamen welche, wir sollten mal lieber reingehen, wäre besser so. Also, man wüsste nicht, was kommt.

Oskar: *Ich erinnere mich noch daran, dass wir auch diese schmackhaften Sahnetörtchen von dem einen Bäcker gekauft haben.*

Margot: Ja, die haben wir immer gekauft. Wir kriegten ja Kronen. Wir hatten irgendwie Geld. Auch die dänischen Zivilpersonen waren sehr nett. Zunächst bewachten deutsche Soldaten das Gelände – es war ja militärisches Gebiet. Nachher waren das dänische Posten. Aber zuerst, da kam der Milchmann dienstags. Er hatte unter der Jacke immer drei Flaschen Sahne gehabt. Immer für uns.

Oskar: *Ja?*

Margot: Hast du das gar nicht mitbekommen?

Oskar: *Nein. Das ist ja eine rührende Begebenheit.*

Margot: Der Lutz und seine große Schwester konnten nachher sehr früh Dänemark verlassen. In Schleswig-Holstein irgendwo hatte die Schwester Arbeit gefunden. Die konnte dann auch bald nach Hause.

Oskar: *Wann war uns denn bewusst, dass unsere Eltern lebten?*
Margot: Das haben wir schon gewusst, als noch Krieg war. Das muss noch in Agger gewesen sein. Eines Tages kam der Leutnant rein und sagte: Wem gehört der Brief? Der wollte das gar nicht glauben. Der Vater hat uns über das Rote Kreuz gefunden. Das muss man sagen, das war deutsche Gründlichkeit. Wo wir so viel unterwegs waren. Das waren ja so viele Ortschaften, in Dänemark auch!
Oskar: *Die Flucht selber aus Königsberg, wie hat sich die abgespielt?*
Margot: Mit einem ollen Dampfer.
Oskar: *Wer hat uns da rausgebracht?*
Margot: Über meinen Schuldirektor, der hat uns diesen Fluchtplatz besorgt. Wir sind ja etliche Tage unterwegs gewesen bis Gotenhafen.
Oskar: *Und es war unser Glück, dass ...*
Margot: Ja, wir hatten Glück, dass diese Flakhelfer noch in Ausbildung waren. Wir waren mit denen zusammen, wir galten als Gruppe. Von daher haben wir einen Vorteil gehabt. Wir wurden bevorzugt, mit allem. Auch mit dieser Dampferfahrt. Und als wir dann in Gotenhafen ankamen, haben da ja Tausende Menschen gestanden, in Scharen, um auf einen Dampfer zu kommen. Und uns wurde Platz gemacht. Und da sind wir ganz schnell nach Kopenhagen gekommen. Auf einem kleinen Schiff. Wiederum auf einem kleinen Schiff.
Oskar: *Das würde erklären, warum wir gut durchgekommen sind. Die großen Schiffe wurden torpediert. Aber auf die kleinen Schiffe, das weiß ich jetzt aus der Nacharbeitung dieser Zeit, lohnte es sich nicht, einen teuren Torpedo abzuschießen.*
Margot: Wie hieß das große Schiff, das damals untergegangen ist?
Oskar: *Gustloff.*

Margot: Ich habe mal eine Zeitschrift aus dem Westen bekommen. [Meine Schwester Margot war nach der Rückkehr aus Dänemark Gemeindeschwester in Weißensee, einem östlichen Stadtteil Berlins]. Der hat sich das Leben genommen, der Mann, der das getan hat. Er hat nicht gewusst, dass es Zivilisten sind. Er hat das Schiff torpediert. Und hat das nicht mehr verkraften können.
Oskar: *Schuldgefühle.*
Margot: So viele Zivilisten sind umgekommen, Kinder.
Oskar: *Die Infamie der Deutschen war, dass Militärpersonen mit auf dem Schiff waren, nicht nur Zivilisten. Das hat Günter Grass in seiner Novelle* Im Krebsgang *zum Thema gemacht. – Weißt du eigentlich noch, wie wir in diesem kleinen Flüchtlingslager Agger gelebt haben?*
Margot: Mit Lebensmitteln und so?
Oskar: *Ja, wie die Versorgung war.*
Margot: Gut, wunderbar.
Oskar: *Es gibt inzwischen eine Untersuchung einer dänischen Ärztin.*[60] *Sie spricht davon, dass die Kindersterblichkeit in den Lagern sehr hoch gewesen sei, die elementare Versorgung sehr schlecht.*
Margot: Nee.
Oskar: *Auch meiner Erinnerung nach sind wir gut versorgt worden.*
Margot: Es wurde knapp, als der Krieg zu Ende war, gewiss, und die Deutschen für die Versorgung nicht mehr zuständig waren. Aber Not haben wir nicht gelitten. Auch sonst war das meiste zufriedenstellend. Was ich persönlich erlebt habe: Da waren zum Beispiel mehrere zu einer Gruppe zusammen, haben viel Sport gemacht. Es gab eine Frau, die die Übungen vorgeführt hat. Die hat mal eine Auszeichnung bekommen, eine Urkunde. Und die Urkunde half ihr später, in der DDR, dass die Zeit im Lager als Arbeitszeit für die

Berechnung der Rente anerkannt wurde. Urkunde Internierungslager Dänemark – und drei Arbeitsjahre angerechnet. Du musst im Grunde alles aufheben! Ursel hat ihre Arbeit auf dem Flottenstützpunkt in Dänemark im Westen nicht angerechnet bekommen.

Oskar: *Ja, das klappte nicht. Aber noch einmal zurück zur Lagersituation. Nach dem Krieg gab es eine Selbstverwaltung.*

Margot: Da war einer, der auch die Verpflegung unter sich hatte, der verteilte für acht Tage die Rationen. Und wir Mädels waren wie eine Familie, so sechs oder sieben Mädchen, die in einer Baracke wohnten. Und du auch, aber dich wollten die Lagerverantwortlichen immer wegholen. Du solltest in eine Jungenabteilung.

Oskar: *Ja, ich weiß; war ein ziemliches Problem für mich, von euch beiden getrennt zu sein. Die Fluchtangst hatte Nachwirkungen.*

Margot: Da haben die anderen Frauen gesagt: Ihr seid ja schlimmer als die Nazis. Der bleibt hier bei seinen Schwestern. So war es dann auch.

Oskar: *Haben wir im Lager Schule gehabt?*

Margot: Nein. Einmal kam der Lagerleiter – weißt du, junge Mädchen müssen ja was machen. Am Mittag mussten wir uns von da an immer mit den jüngeren Mädchen beschäftigen, sie betreuen. Mussten einmal die Woche mit denen zu den Duschen gehen, zur Schule rüber, gegenüber war eine Schule. Da haben die dänischen Kinder – meistens waren das Jungs – uns »tyske schwenehunde« angespuckt. Das war grauenvoll. Wenn die Kinder in der Schule auf dem Schulhof waren, dann sind sie immer herangekommen und haben gespuckt: »tyske schwenehunde«. Das widerspricht ein bisschen meinen sonstigen Erfahrungen. Es waren Kinder und Jugendliche, die so auf uns schimpften.

Oskar: *Man muss ja berücksichtigen, dass der Hass seine guten Gründe hatte. Ich wusste damals natürlich auch nicht, dass die Hälfte des dänischen Staatshaushalts für die deutschen Flüchtlinge gebraucht wurde, eine irrsinnige Summe. Es waren immerhin etwa 250.000 Deutsche in dänischen Lagern.*

Margot: Eine Entschädigung hat Dänemark bis heute nicht gekriegt.

Oskar: *Doch, aber Adenauer hat die Dänen mit ein paar Millionen abgespeist. Mehr als 400 Millionen Kronen hatten sie geltend gemacht, 160 Millionen Kronen hat die Alliierte Schuldenkonferenz in London 1953 Dänemark zugebilligt. Den Dänen ist es zum Teil schlechter gegangen als den Deutschen in den Flüchtlingslagern.*

Diese zweieinhalb Jahre im Lager in Dänemark, was haben die für dich bedeutet? Du bist ja in einem Alter gewesen, das für eine junge Frau besonders prägend ist. Für mich ist natürlich die Kindheit ganz anders verlaufen, als das der Fall gewesen wäre, wenn ich weiter auf unserem Bauernhof in Kapkeim gelebt hätte.

Margot: Die sorglose Zeit als junges Mädchen, die hat man verloren. Man wusste nicht, wie es ist, »normal« aufzuwachsen. Wir hatten ja schon Elternverantwortung für den weit jüngeren Bruder. So mit vierzehn, fünfzehn, sechzehn Jahren die Zeit frei von Überlebensstrategien zu verbringen – wie das ist, wussten wir nicht.

Oskar: *Hast du das als Verlust empfunden?*

Margot: Eigentlich nicht. Eigentlich gar nicht so als Verlust. Wir waren immer viel zusammen. Es war ja immerhin Kriegszeit, so viele haben – unmittelbar neben uns – ihr Leben verloren, waren krank... Und wir hatten jetzt Ruhe, keine Angriffe, nichts mehr. Wir wurden ja, als wir in Dänemark waren, in Ruhe gelassen. Das Höllenfeuer Königsberg war uns gegenwärtig. In den dänischen Flüchtlingslagern hatten wir das dankbare Gefühl der Davongekommenen.

Oskar: *Ja, in der Kriegszeit Ruhe, und in der Nachkriegszeit haben wir in Dänemark die schlimmsten Nöte nicht erfahren. Ich war ja bestürzt, als ich später nach Deutschland kam und unseren Vater sah.*

Margot: Verwundet war er nicht, aber zum Skelett abgemagert. Ich weiß noch: Vater war eben Bauer, und Bauern sind sowieso andere Leute, andere Typen. Ich habe ihn noch so in Erinnerung. Dort in Altfinkenkrug, wohin es die Eltern nach der Flucht verschlagen hatte, herrschte Hunger. Sie hatten dort doch einen Neufundländer mit dem schönen Namen »Treu«. Den hatten sie bekommen, weil unsere Schwester Edith bedürftigen Menschen, die bei den Bauern auf »Hamsterfahrt« waren, mal Pellkartoffeln gegeben hat. Die hatten so einen Hunger, dass sie vor Hunger geweint haben draußen am Tor vor unserem Neubauernhaus in Altfinkenburg. Ein Ehepaar, die haben nichts gekriegt. Und Edith hat denen etwas zu essen gegeben, und dafür den Neufundländer bekommen.

Oskar: *Ach, das wusste ich nicht.*

Margot: Der war eine große Hilfe. Der hat keine Russen auf den Hof gelassen, wenn der gebellt hat, mit seiner ernsthaft drohenden, tiefen Stimme, hat niemand den Hof zu betreten versucht. Ja. Und dann saß der Hund da, mit einer großen Rübe. Da sind die Tränen geflossen: Der gerade eingetauschte Hund ein Rübenfresser – vor Hunger wahrscheinlich. Das habe ich nicht gesehen. Aber das kann einen Menschen so fertig machen. Gerhard, unser Bruder, hatte eine große Sympathie für Hunde; ich erwähne das in diesem Zusammenhang, weil meine Abneigung gegen Hunde mit der Not zu tun hat. Ich habe als Stiftsschwesternschülerin, so nannte sich das, in einem katholischen Kinderheim angefangen. Die Oberin hat fortwährend gebetet, dem Hund Butterstullen gegeben und uns nur trockenes Brot. Das werde ich nie vergessen, deswegen bin ich nicht so für Tiere und speziell für Hunde. Aber Gerhard hat dich immer in Begleitung unseres Hundes zur Schule in Finkenkrug gebracht und auch wieder abgeholt; weil es so dunkel war im Wald, war das eine große Hilfe. Auch mir hat er geholfen. Ich habe ihn nie drum gebeten, obwohl ich auch immer Angst hatte. Nachher durfte ich im Winter im Schwesternheim übernachten. Da haben sie auch gesagt, das ist besser.

Eine Anekdote muss ich noch erzählen, die mit der Hochzeit unserer ältesten Schwester Irmgard und der Parteimitgliedschaft unseres Vaters in der NSDAP zu tun hat. Das Kind war schon unterwegs, also mussten sie heiraten, um die Schande zu vermeiden, die damals ein nichteheliches Kind bereitete. Einladungen zur Hochzeit waren längst rausgegangen, ja, alle waren schon zur Hochzeit losgefahren, alle. Und als sie ankamen, hieß es: Es gibt keine Hochzeit, weil unser Vater nicht in der Partei ist. Erwin, der Verlobte, gehörte nämlich zum Regiment Großdeutschland oder gar zum Führerbegleitbataillon; das unterlag besonders scharfen Sicherheitsbestimmungen. Ein Schwiegervater, der nicht in der Partei war, erschien da verdächtig. Und dann ist unser Vater aber doch ganz schnell eingetreten in die Nazi-Partei. Ist zum Lehrer gegangen – wie hieß der? Ich glaube Hanneman, seines Zeichens Ortsgruppenleiter. Und später hat er sich geschämt, unser Vater; hat alle Unterlagen, Parteiabzeichen usw. im Schuppen verbuddelt. Ich weiß, als wir aus Dänemark nach Deutschland kamen, da mussten wir einzeln aussagen. Auch Gerhard wurde allein befragt, wegen Vaters Parteizugehörigkeit. Ich sagte: Du, Papa war nie in der Partei. Das habe ich Gerhard eingeschärft. Du wolltest bei der Vernehmung die Wahrheit sagen. Wir wurden, als wir aus Dänemark kamen, immer bei den Durchgangslagern registriert. Das war – na, wo war das? Na, jedenfalls schon in der sowjetisch besetzten Zone. Ich glaube, Güstrow hieß das Durchgangslager. Da mussten wir auch wieder vierzehn Tage in Quarantäne. Und da wurde man natürlich immer registriert – wer, was, wann, wo? Und weil du auch schon allein reingerufen wurdest, für die Befragung alt genug warst, da haben wir gleich zu dir gesagt: Sag aber nichts, sag, Papa war nicht in der Partei. Und als du rauskamst, habe ich gefragt: Was hat er denn gesagt? Ja, er hat gesagt, in Ostpreußen ist bloß der Gauleiter in der Partei gewesen, kein anderer.

Dänische Kompromisse und die Londoner Schuldenkonferenz

Es gehört zum Irrsinn des Zweiten Weltkriegs, dass in seiner Endphase eine Besatzungsmacht Teile der eigenen Bevölkerung den Besetzten zum Schutz überließ – wohlwissend, dass in wenigen Monaten die Besatzer den Krieg verloren haben würden. Und es gehört zu den historischen Leistungen eines kleinen Volkes, der Dänen, dass sie die etwa 240.000 ungebetenen Flüchtlingsgäste ausreichend versorgten,[61] wenn sie sie auch nach Kriegsende einsperrten. Und es gehört schließlich zu den Nachkriegsskandalen, dass das ökonomisch wiedererstarkte Westdeutschland selbst von den siegreichen Alliierten gegenüber den Entschädigungsansprüchen Dänemarks unterstützt wurde; das kann man durchaus als eine Brüskierung dieses kleinen Landes verstehen, das sich zwar während des Krieges und der deutschen Besatzung in einer wirtschaftlich guten Situation befand, aber später mit erheblichen Kriegsfolgekosten konfrontiert war; die Kosten für die deutschen Flüchtlinge machten einen erheblichen Teil davon aus.

Auf der Londoner Schuldenkonferenz von 1953 hatte Dänemark mehr als 400 Millionen Kronen Entschädigung gefordert. »Die letztlich entscheidenden Alliierten genehmigten nur 160 Millionen Kronen, die die Bundesrepublik bis 1958 beglichen hat – was ein Hinweis darauf ist, wie klein die Entschädigung im Grunde war. Die Briten hätten im Zweiten Weltkrieg große Opfer bringen müssen, erklärte man. Dänemark sei dagegen sehr gut durch den Krieg gekommen. Bei der Festsetzung der Schuldsumme fand die schwierige Aufbauphase Deutschlands Berücksichtigung, vielleicht auch die von Dänemark, aber die Dänen sind auf dieser Schuldenkonferenz unfreundlich behandelt worden. Der immer wieder auftauchende *Kollaborationsverdacht* hatte eine bleibende Wirkung. Die Vorschläge der Alliierten, die Deutschen für ihren Unterhalt arbeiten zu lassen, hatte Dänemark strikt abgelehnt, zu sehr hätte das den dänischen Arbeitsmarkt belastet. Erhalten hatte Dänemark als Schadensersatz unter anderem Fernkabel, die deutsche Truppen zwischen Norwegen und Jütland gelegt hatten.«[62]

Karl-Georg Mix verweist mit Recht darauf, dass eine Gesamtaufstellung aller dänischen Aufwendungen inklusive des schwer berechenbaren menschlichen Einsatzes, des Zeitaufwands usw. kaum möglich ist. Am 27. Februar 2003 findet sich eine noch viel weitergehende Berechnung der dänischen Ansprüche. Die *Neue Zürcher Zeitung* erwähnt am 50. Jahrestag der Unterzeichnung des Londoner Schuldenabkommens Forderungen von 13,5 Milliarden D-Mark, wobei der Bundeshaushalt 1953 etwa 23 Milliarden D-Mark umfasste. Mix zufolge sei es ein Ziel vor allem der US-Regierung gewesen, Deutschlands wirtschaftlichen Wiederaufbau, im Interesse der westlichen Frontstellung im beginnenden Kalten Krieg, zu gewährleisten.[63]

Dänemark, dieses kleine Land im Norden Europas mit etwa fünfeinhalb Millionen Einwohnern und einem durch viele Inseln zerklüfteten Territorium, spielt in meinem Leben nicht nur deshalb eine besondere Rolle, weil ich fast drei Jahre zwangsweise dort leben musste. Bei jedem Ferienbesuch und bei der Verleihung der Ehrendoktorwürde der Universität Roskilde habe ich mir immer wieder Gedanken gemacht, die unmittelbar gar nicht mich betreffen, sondern das Land, in dem ich Jahre als eine Art *Kinderemigrant* verbracht habe, ohne von den weltpolitischen Konstellationen, in die Dänemark verwickelt war, eine Ahnung zu haben. (Die Verleihung der Ehrendoktorwürde der Universität Roskilde hat übrigens überhaupt nichts mit meiner Flüchtlingsexistenz zu tun – ganz im Gegenteil: Erst dieser akademische Akt, mit dem ich geehrt wurde, weil viele meiner im Erwachsenenalter entwickelten pädagogischen Gedanken in Roskilde aufgenommen und weiterentwickelt wurden, hat die Öffentlichkeit darauf aufmerksam gemacht, dass ich in einem Flüchtlingslager in Dänemark interniert war.)

Einige Fragen, die beim Nachdenken über Dänemark immer wieder auftauchten, konnte ich mir selbst leicht beantworten. Man kann gut verstehen, dass die dänische Bevölkerung, die ja unter der deutschen Besatzungsmacht auch einiges zu erdulden gehabt hatte, nach der Kapitulation wenigstens symbolisch durch Stacheldraht den unerwünschten Gästen die Veränderung der Machtverhältnisse demonstrieren wollte – wenn das auch gegenüber Kindern, Frauen und alten Männern nicht besonders eindrucksvoll erschien. Was ich aber schon während der Lagerzeit nicht richtig verstehen konnte, ist der Tatbestand, dass die dänische Nachkriegsregierung die dem dänischen Volk aufgezwungenen Flüchtlinge nicht einfach nach Deutschland abgeschoben hat. Die letzten sind, wenn ich das richtig sehe, erst vier Jahre nach Kriegsende nach Deutschland zurückgekehrt.

Erst nach Jahren wurde mir allmählich klar, dass das Flüchtlingsproblem in Dänemark auch mit der dänischen Haltung gegenüber Deutschland und den Westalliierten zu tun hatte. Dänemark hatte nicht nur, im Unterschied zu vielen anderen von Deutschland überfallenen Ländern, die Waffen sehr schnell gestreckt; nach zwei Stunden war der Krieg gegen Deutschland zu Ende. Der Verdacht der Kollaboration stützte sich auch darauf, dass die siegreiche deutsche Armee Investitionsfelder für die dänische Wirtschaft im Osten eröffnete. Die dänische Wirtschaft versprach sich sehr viel von möglichen Investitionen in den deutschen Ostgebieten. So schien der *Kollaborationsverdacht der Westalliierten* nicht ganz unbegründet. Bei der später auf Initiative der Alliierten beschlossenen Reduktion der Schadensersatzzahlungen an Dänemark spielte eine Rolle, dass Dänemark ja viel weniger unter den Deutschen gelitten habe als andere Länder. »›Wir haben immerhin erreicht, dass Kopenhagen nicht bombardiert und das Land nicht zerstört wurde‹ – mit diesen berühmt gewordenen Ausspruch würdigte der dänische König Christian X. in der Abschiedsaudienz am 5. Mai 1945 für Staats- und Außenminister Erik Scavenius die dänische Politik in den fünf Besatzungsjahren 1940 bis 1945 im Lichte und Schatten eines dramatischen Kriegsverlaufs. Er wird dabei auch an das Inferno der Bombenverwüstungen überall im kriegsbetroffenen Europa gedacht haben, das seinem Königreich weitgehend erspart blieb.«[64] Die einzigen Bombenangriffe auf Kopenhagen kamen von der Royal Air Force; 1943 griff sie eine Schiffswerft an und 1945 das Hauptquartier der deutschen

Sicherheitskräfte im Shellhaus. Dabei gab es 123 Todesopfer, darunter allein 86 Kinder und zehn Nonnen der irrtümlich getroffenen französischen Schule.

Es war schon eine höchst merkwürdige Situation, in der sich Dänemark angesichts des imperialen Eifers Deutschlands befand, das unter keinen Umständen den Engländern Gelegenheit geben wollte, eine nordische Front aufzubauen. Die immer wieder von dänischen Politikern bekundete Neutralität, die sogar so weit gehen sollte, auch Kriegsschiffen der verschiedenen feindlichen Länder die Durchfahrt durch dänische Gewässer zu erlauben, diese bekundete Neutralität enthielt eine Demutsgebärde, die die Deutschen in ihrem Aggressionsverhalten nicht hinderte, sondern bestärkte.

In Norwegen scheint es ganz anders gewesen zu sein, hier formierte sich sofort Widerstand gegen die deutsche Besatzung. Zwar gab es auch in Dänemark bedeutenden antifaschistischen Widerstand, aber die Form, in der die Besetzung Dänemarks durch deutsche Truppen stattfand, mag dazu beigetragen haben, dass dieses Land in eine zwiespältige Lage geriet. *Nie in der Geschichte hat die Armee eines Landes so schnell kapituliert wie die dänische.* »Der militärische Ablauf der Besetzung Dänemarks dauerte präzise zwei Stunden und fünf Minuten. Die deutschen Grenzübertritte und Landungen begannen am 9. April 1940 um 5:15 Uhr; der dänische Befehl zur Feuereinstellung, der sich zur Wehr setzenden eigenen Truppenteile erfolgte um 7:20 Uhr.«[65]

Angesichts der bekannten Brutalität der Besatzer und ihrer Feldzüge gegen unbotmäßiges Verhalten kann man die Entscheidung des Königs und seines Kabinetts (unter massiver Beteiligung der Königin) als vernünftig bezeichnen; aber so problemlos war es für einen großen Teil der dänischen Bevölkerung doch nicht. Eine Armee aufzubauen, mit zwei gut ausgestatteten

Divisionen, und am Ende, wenn es zu kriegerischen Handlungen kommen könnte, einfach die Waffen zu strecken, das hinterlässt sicherlich einen Makel. Es war eine kollektiv erfahrene Demütigung, die im seelischen Untergrund, im *kollektiven Unbewussten*, weiterarbeitete. Diese Demütigung lag auf verschiedenen Ebenen: Die Deutschen beließen die Kommandostruktur des dänischen Militärs so, wie sie war, funktionierten die Armee aber zu einer *Ordnungsmacht* um. Die dänische Armee existierte also weiter; erst 1943 wurde sie demobilisiert. *Auch das hat es meines Wissens in der Geschichte nicht gegeben: dass eine besiegte Armee für die Sieger Ordnungsfunktionen übernimmt.*

Das Motiv, warum Kinder, Frauen, alte Männer jahrelang hinter Stacheldraht gehalten wurden, muss tiefer reichen als das übliche Fraternisierungsverbot. Man gewinnt den Eindruck, dass die Wut gegen die deutsche Besatzungsmacht, die sich in Kriegshandlungen oder Sabotageakten nicht ausdrücken konnte, sondern zurückgehalten werden musste, weil das der Anpassungspolitik der dänischen Regierung, der offiziell so genannten *Verhandlungspolitik*, entsprach – dass diese Wut sich nach Kriegsende gegen die lebenden Zeugen dieser verquollenen »Friedenspolitik« richtete, nämlich gegen die Flüchtlinge.

Auch das ist Teil der unaufgearbeiteten Vergangenheit Dänemarks. Diese unaufgearbeitete Vergangenheit hat einen ganz spezifischen Zuschnitt: Dänemark war *auch ein Land der Emigranten:* Juden, Intellektuelle, Sozialisten und Kommunisten flohen aus Deutschland und viele von ihnen suchten zunächst in Dänemark einen neuen Standort, manchmal auch eine neue Heimat. Es gehörte zu den ersten Zufluchtsländern in Europa, eine Zuflucht ist es auch später geblieben – für Rudi Dutschke wie einstmals für Bertolt Brecht. Andererseits hat es jedoch auch viele dänische Sympathien für ein germanisiertes Europa unter deutscher Führung gegeben. Hitler konnte aus guten Gründen eine Dänemark-Politik betreiben, die auch den Interessen *dieses* Landes entgegenkam. Seit 1940 war Deutschland zwar Besatzungsmacht, aber mit einem Sonderstatus, der aus einem Besatzungsregime eine Art ziviler Verwaltung machte. Auch die dänischen Wirtschaftsinteressen wurden dabei berücksichtigt. Rund sechshundert Betonbunker, von denen wir fünf in Agger besichtigen durften, zogen sich entlang der Küsten und sollten eine Invasion der Alliierten verhindern; mit dem Bau dieser Bunker haben dänische Firmen, etwa Zementfabriken und Bauunternehmen, viel Geld verdient. (Übrigens ist Jahrzehnte später ein Streit darüber entbrannt, ob man diese Bunker abreißen oder als eine Art *negatives Kulturerbe* und Mahnmal bewahren sollte; heute ist man wohl eher geneigt, die der Erosion anheimgegebenen Bunker abzureißen.) Die Interessen der dänischen Wirtschaft richteten sich darüber hinaus auf die Erwartung lukrativer Ostgeschäfte, falls Deutschland als Sieger aus diesem Krieg hervorgehen und über den Wirtschaftsraum Russland verfügen sollte. An der Verteilung der Beute wollten die Dänen gerne beteiligt werden. Konkrete Organisationspläne für Osteuropa, insbesondere für das Baltikum, lagen ausgearbeitet vor.

In Dänemark herrschte eben nicht das Widerstandsklima der Resistance. Zwar verhafteten die dänischen Freiheitskämpfer nach der Kapitulation am 4. Mai 1945 über zwanzigtausend Kollaborateure, was übrigens auch das Flüchtlingsproblem zur Sprache brachte, weil die öffentlichen Gebäude durch deutsche Flüchtlinge belegt waren. Aber man hätte viel mehr Menschen festnehmen müssen, denn die Kollaborateure saßen in der Regierung, ja der König und die Königin gehörten dazu. Es ist charakteristisch, wie sich der »Widerstand« auf dänische Art und Weise artikulierte: Der König hatte von Hitler ein Gratulationsschreiben zu seinem Geburtstag bekommen. Darauf antwortete er mit kargen Worten, die nur als eine Eingangsbestätigung dieses Gratulationsschreiben verstanden werden konnten. Das führte zu erhöhter diplomatischer Aktivität und zur Umbesetzung der diplomatischen Vertretung auf deutscher Seite.

Die *Verhandlungspolitik*, wie dieses Arrangement mit der Besatzungsmacht bezeichnet wurde, ist von dänischen Politikern immer wieder als eine Politik legitimiert worden, die mit den geringsten Opfern verknüpft sei. Scavenius (der Regierungschef während der Besatzungszeit) erklärte in *Berlingske Tidende* am 13. September 1956 auf die Frage, ob Dänemark sich im Kriegszustand mit Deutschland befunden habe: »›Dieser Kriegszustand ist jedenfalls weder von der Widerstandsbewegung noch vom Freiheitsrat erklärt worden. Sollte dieses insgeheim geschehen sein, dann hätte ich, wenn ich mit besagter Behauptung konfrontiert worden wäre, antworten müssen, gut, dass die Deutschen nicht gemerkt haben, dass sie im Krieg mit Dänemark waren, denn das würde ihre Position entschieden erleichtert haben.‹ (...) ›Wir leben unter den Bedingungen der Gesetze, aber nicht im Kriegszustande mit Deutschland‹, hatte Dänemarks sozialdemokratischer Regierungspräsident Stauning schon am 3. November 1940 auf einem Kongress seiner Partei in Aarhus festgestellt. Ein Jahr später gab Großbritanniens Außenminister Eden in einem Runderlass an sämtliche britischen diplomatischen Vertretungen im Ausland folgende Instruktion: *Formell sei zwar die dänische Regierung als Kollaborateur-Regime zu kennzeichnen, aber es müsse beachtet werden, dass deren Zusammenarbeit mit den Deutschen nur halbherzig und keineswegs komplett erfolgt.* Unverändert übte Dänemarks König seine Funktionen aus. Ebenso genieße die dänische Regierung eine gewisse Unabhängigkeit. Folglich solle die britische Propaganda zwar zum Widerstand aufrufen, aber dabei keine übertriebenen Töne anschlagen.«[66]

Wie geht man mit einer solchen kollektiven Zwiespältigkeit um? Was ist ein Kollaborateur-Regime? Was macht man mit solch einer Regierung, wenn sich die Machtverhältnisse gewendet haben, aber der Befreiungsakt nicht der eigenen Anstrengung und der eigenen Kampfmoral zu verdanken ist, sondern anderen? So ist verständlich, warum die beschränkte Souveränität Dänemarks, von der Anthony Eden spricht, nach 1945 fortgesetzt wurde. Nicht nur, dass Adenauer auf der Schuldenkonferenz von 1953 die Reparationsleistungen an Dänemark mit Hilfe der Alliierten drastisch reduzieren konnte, wurde von der dänischen Regierung hingenommen. Auch die Tatsache, dass die Alliierten bestimmten, wann die deutschen Flüchtlinge Dänemark verlassen konnten, war ein Zeichen der beschränkten Souveränität. Irgendwie erschien Dänemark nach 1945 so, als sei es nicht Opfer, sondern Täter gewesen. So blieb als eine Art »Restposten« an Souveränität die Entscheidung, *Stacheldraht um die Barackenlager der unerwünschten Gäste zu ziehen,* wenn man die deutschen Flüchtlinge schon nicht abschieben durfte. Dass dieser Akt auch etwas mit dem Schutz der Flüchtlinge vor Aggressionen wütender Dänen zu tun hatte, ist für mich unstrittig. Aber er war auch ein Zeichen der Ohnmacht einer Regierung, die sich jetzt vor den neuen Siegern zu rechtfertigen hatte.

In Rankings über Zufriedenheit und Glück der Menschen in den OECD-Ländern rangiert Dänemark heute an einer der vordersten Stellen; hier soll es die glücklichsten Menschen geben. Wenn nun freilich ein Land mit einer solchen Ambivalenz behaftet ist, dass Demütigungen und narzisstische Verletzungen über weite Strecken der modernen Geschichte zentrale Bedeutung hatten, könnte man Zweifel an der Aussagekraft solcher Rankings haben. Vielleicht hat aber die kollektive Verdrängung dieser Probleme, die sich auf nationaler Ebene stellen, Verschiebungen bewirkt, die mit einer bis heute anhaltenden Schutzschicht verknüpft sind. Das herauszubekommen, überschreitet jedoch meine Fragestellungen, die um Probleme eines Flüchtlingsdaseins organisiert sind.

Deutsche Nachrichten

Allerdings ist es unbefriedigend, wenn nur Tatbestände aufgezählt werden, die sich allgemeinen Zusammenhängen zuordnen lassen. Aus den konkreten Erinnerungen eines damals Zehnjährigen ist nicht viel Rohstoff zur Verarbeitung zu gewinnen; vom heutigen Standpunkt aus muss ich auch darstellen, worüber ich später nachgedacht habe und was mir in der damaligen Situation des Lebens in einem Flüchtlingslager völlig unbekannt war. Meine Schwestern erwähnen in den Gesprächen, die sich auf Dänemark beziehen, kein einziges Mal eine Zeitung. Ebenso war uns der Kampf unbekannt, der sich offenkundig in größeren Lagern abspielte: Dort versuchten als vermeintliche Flüchtlinge eingeschmuggelte frühere Nazi-Funktionäre, die schon vor der Kapitulation autoritäre Kommandostrukturen in den Lagern aufgebaut hatten und den demokratischen Initiativen feindselig gegenüberstanden, sich wieder als Wortführer hervorzutun. Man weiß auch, dass sich Nazi-Funktionäre getarnt auf Flüchtlingsschiffe begeben hatten und jetzt Herrschaftsfunktionen ausübten.

Informationen lieferten den Deutschen in Dänemark – den Emigranten, aber auch vielen Flüchtlingen in den Lagern (jedoch außerhalb unserer Wahrnehmung) – die *Deutschen Nachrichten*. Sie waren von einer Emigrantengruppe in Dänemark gegründet worden, die sich am *Nationalkomitee freies Deutschland* in der Sowjetunion orientierte. Die aufklärerische Wirksamkeit dieser

Zeitung wuchs in dem Maße, wie die alten Herrschaftsstrukturen fragwürdig wurden und die Niederlage Hitler-Deutschlands sich abzeichnete. Das Blatt galt zunehmend als das einzige verlässliche Presseorgan, das wahrheitsgetreu über die Situation an der Front berichtete und eine Einschätzung der Kriegslage vermittelte. Meine nachträglichen Reflexionen über die damaligen Verhältnisse in Dänemark stützen sich auch auf diese Quelle, die uns seinerzeit nicht bekannt und zugänglich war. Wie ich es verstehe, war ein Zweck dieser Zeitung, deutsche Soldaten und Offiziere zum Widerstand zu motivieren; Beteiligte sprechen jedoch von einer sehr geringen Resonanz.

Als allmählich das Herrschaftssystem der dänischen Kompromisse erkennbar zerbrach, nahmen Eisenbahn- und Industriesabotage sprunghaft zu. Wenn ich davon gesprochen habe, dass es einen substanziellen Widerstand in Dänemark nicht gegeben hat, dann gilt das nicht für das letzte Jahr vor der Kapitulation. Im Herbst 1943 war das dänische Heer entwaffnet worden und verlor seine Funktion als Ordnungsmacht. Bis zum Mai 1945 wuchs die Anzahl der in der militärischen Widerstandsorganisation erfassten Freiheitskämpfer von 6.200 auf 55.500 an. Die Widerstandsorganisationen dokumentieren zahlreiche Eingriffe gegen die 1943 einsetzende Deportation jüdischer Mitbürger. Kein Militärzug oder Gütertransport habe Deutschland ohne erhebliche Verspätung erreicht. Insgesamt seien 7.680 Schienen, 240 Kreuzstücke, 410 Weichen, 31 Brücken und 15 Unterführungen gesprengt worden. An einem einzigen Tag, dem 20. April 1945, wurde durchschnittlich alle vier Minuten eine Sprengung der Schienenwege durchgeführt. Es gehörte zum Konzept des dänischen Widerstandes – wiederum eine Besonderheit –, Gewalt gegen Sachen zu verüben, nicht aber gegen Personen. Jedenfalls waren die Saboteure bemüht, Verletzungen von Menschen möglichst zu vermeiden.

Das alles sind Tatbestände und Überlegungen, die nicht im direkten Bezug zum Thema »Flüchtlinge in Dänemark« stehen – und doch etwas damit zu tun haben, weil sie auf eine Wunde, auf nicht Aufgearbeitetes in der dänischen Vergangenheit verweisen. Die schleswig-holsteinische Kultur- und Europaministerin Anke Spoorendonk (SSW) äußerte ihre Zustimmung zu Plänen für ein Flüchtlingsmuseum, das die Geschichte der deutschen Flüchtlinge nach 1945 im Lager Oksbøl historisch aufarbeiten soll. Mit 35.000 Insassen zählte Oksbøl zu den größten dänischen Flüchtlingslagern. Die Kommune Varde, zu der Oksbøl gehört, will 500.000 Kronen zur Verfügung stellen. Die Bürgermeisterin von Varde hatte diesen Wunsch bekräftigt und Geldzuwendungen für ein solches Museum versprochen. Ich selbst habe in keinem dieser großen Lager gelebt. Das Glück, das wir mit den kleinen Schiffen hatten, für deren Versenkung die Torpedos zu teuer waren, war uns auch bei der Größenordnung der Lager, in die wir verlegt wurden, beschieden. Schon das erste – Agger – war sehr klein; und auch das letzte, Knivholt in unmittelbarer Nähe von Frederikshavn, war ein eher übersichtliches Flüchtlingslager am Strand, der allerdings abgeriegelt war.

Ein Versuch, die Aufarbeitung der Vergangenheit in Dänemark anzustoßen

Meine Dänemark-Geschichte scheint damit beendet zu sein; aber ganz ist sie es nicht. Ich schulde dem Land großen Dank. Ich weiß nicht, wie die Deutschen reagieren würden, wenn sie eine im Verhältnis zur Bevölkerung so große Zahl an Flüchtlingen aufnehmen müssten; gut 250.000 Flüchtlinge musste Dänemark damals, bei einer Bevölkerung von nicht einmal sechs

Millionen, innerhalb von drei Monaten aufnehmen, mit Unterkunft, Nahrung und grundlegender Gesundheitsvorsorge ausstatten. Wie würden die Deutschen in einer solchen Situation reagieren? Schulen, Sportstätten, Versammlungsräume, Hotels, zum Teil Privatwohnungen wurden seinerzeit in Dänemark mit deutschen Flüchtlingen belegt. Dänemark bietet sicher kein leuchtendes Beispiel für eine humane Flüchtlingspolitik. Aber es ist ein Land, in dem die Imperative der Zivilgesellschaft am Ende Geltung erlangten – jedenfalls nach meiner Erfahrung.

Dennoch beschweren diese Flüchtlingsprobleme noch immer wie Steine die kollektive Seele der Dänen. Es ist etwas Scham beteiligt, dass man deutsche Flüchtlinge, überwiegend Frauen, Kinder und alte Männer, mehr als vier Jahre lang hinter Stacheldraht gehalten hat, so als wären sie aktive Verbrecher. Wie wenig offen bis heute damit umgegangen wird, zeigt mir der Brief eines 35-jährigen Künstlers, der aus Agger stammt und dessen Großvater der Besitzer des Geländes ist, auf dem die Militärbaracken standen; eine dieser Baracken, in der offenbar damals Flüchtlinge lebten, hat er zu einem ansehnlichen Haus umgewandelt. Aber offenkundig gibt es zwischen Großvater und Enkel keine Diskussion über dieses Lager; doch der Enkel wollte etwas darüber erfahren und stellte mir Fragen, die ich später beantwortet habe. Diese Fragen des jungen Mannes bezogen sich auch auf die Versorgung der Flüchtlinge, nachdem die deutsche Armee die Flüchtlingslager der dänischen Verwaltung übergeben hatte.

In diesem Zusammenhang ist in jüngerer Zeit eine heftige Debatte entbrannt, ob nämlich die medizinische Betreuung der Flüchtlinge und die Versorgung mit Nahrung und Wasser, insbesondere für Kleinkinder, ausreichend war. Was die dänische Ärztin und Historikerin Kirsten Lylloff in Archiven und auf Friedhöfen, auf denen damals Deutsche beerdigt wurden, herausfand, entspricht gewiss der Wahrheit.⁶⁷ Sie sagt, dass von etwa 10.000 unbegleiteten Kindern, die nach Dänemark transportiert worden waren, etwa 2.300 starben. Das kann ein Resultat mangelnder Fürsorge, der Vernachlässigung bei der medizinischen Versorgung und der Ernährung sein. Lylloff führt dies auf zwei Ursachen zurück: zum einen auf die Achtlosigkeit im Umgang mit den deutschen Flüchtlingen, die nicht willkommen waren; zum anderen auf ein Problem, das die Gesamtsituation des Arrangements mit den Deutschen betraf. Es führte gleichsam zu einem Gefühlsstau: Die Wut, die man gegenüber den deutschen Besatzern hatte zurückhalten müssen, wurde jetzt umgelenkt auf die schwächsten Glieder dieser »Herrschergemeinschaft«: auf die Kinder. Kinder wurden als Feinde behandelt, sagt Lylloff.⁶⁸

Die Daten über die ungewöhnlich hohe Kindersterblichkeit unter den deutschen Flüchtlingen sind weitgehend unstrittig. Doch was Kirsten Lylloff in ihrer geschichtswissenschaftlichen Dissertation zutage gefördert hat, berührt eine Seite des dänischen Selbstverständnisses, die weit darüber hinausweist. Man könnte von einem Versuch sprechen, eine verspätete Aufarbeitung der Vergangenheit einzuleiten. Die rund 250.000 Flüchtlinge, die vom 11. Februar bis zum 5. Mai 1945 dänischen Boden betraten, wurden unter der Verwaltung der deutschen Besatzungsmacht über ganz Dänemark verteilt; zahllose große und kleine Lager wurden eingerichtet, öffentliche Gebäude, aber auch viele Privatwohnungen wurden mit deutschen Flüchtlingen belegt, ohne dass die Dänen gefragt wurden. Man kann gut verstehen, dass sich nach der langen Besatzungszeit (unter der allerdings die Zivilbevölkerung wenig zu leiden hatte) die dänische Zivilgesellschaft betroffen fühlte.

Für Kirsten Lylloff stellt sich die Frage, ob bestimmte Regeln des zivilisierten Anstands im Falle des deutschen Flüchtlingsstroms außer Kraft gesetzt waren. Der dänische Ärzteverband hatte im März 1945 beschlossen, deutschen Flüchtlingen keinerlei Hilfe zu leisten: »Im selben Monat lehnte auch das Rote Kreuz jedes Engagement ab, so die Tageszeitung *Politiken*, weil die Stimmung der Bevölkerung ›gegen die Deutschen‹ sei. Das Ergebnis: 80 Prozent der Kleinkinder, die das Schicksal nach Dänemark spülte, überlebten die nächsten Monate nicht.«[69]

Vieles von dem, was die damalige Flüchtlingspolitik bestimmte, ist unaufgeklärt. Erst als ich mich mit meiner Flucht nach Dänemark beschäftigte, sind mir Tatbestände deutlich geworden, über die ich bisher nicht nachgedacht hatte; ich persönlich habe, gemeinsam mit meinen Schwestern, während dieser zweieinhalb Jahre, die ich in dänischen Flüchtlingslagern verbrachte, nichts von den Notsituationen erfahren, über die Kirsten Lylloff spricht: Hunger, medizinische Unterversorgung, Hass der Wachmannschaften.

Ich kann die radikale Kritik vieler Menschen am dänischen Verhalten gut nachvollziehen; wahrscheinlich ist es so gewesen, wie Kirsten Lylloff es darstellt. Aber meine eigenen Erfahrungen und die meiner etwas älteren Schwestern gehen in eine andere Richtung. Wir hatten das Fluchtelend am eigenen Leib erfahren, bevor wir in Dänemark ankamen – sterbende Kinder im Rucksack der Mutter, tagelang nichts zu essen und zu trinken, unvorstellbares Elend in jeder Beziehung, das Kinder am stärksten betraf. Früher, als ich über dieses Elend nachzudenken begann, schienen mir die umlaufenden Todeszahlen eher zu signalisieren, dass es erstaunlich ist, wie viele Menschen dieser Misere entronnen sind und überlebten. Diejenigen, die schließlich den rettenden Hafen Kopenhagen erreichten oder anderswo in Dänemark ankamen, haben Glück gehabt. Wenn ich den gesamtgesellschaftlichen Rahmen betrachtete, in dem sich dieses Flüchtlingselend in Dänemark vollzog, dann musste ich Gehässigkeiten, die es natürlich gegeben hat, zu den menschlichen Schwächen rechnen. Wie sollte ich es dem dänischen Volk zur Last legen, dass ich von Wachposten mit Gewehr im Anschlag aufgefordert wurde, die Tafel Schokolade, die schwedische Touristen über den Zaun geworfen hatten, wieder zurückzuwerfen? Es hat mich geärgert, weil ich gerne wieder einmal Schokolade gegessen hätte; aber das zu verallgemeinern, wäre mir nie in den Sinn gekommen.

Einen Kollegen von der Universität Roskilde, mit der ich seit Jahrzehnten in wissenschaftlichem Kontakt bin, habe ich gebeten, Nachforschungen über das Lagerleben anzustellen. Seine Untersuchungen kamen zu dem nicht besonders spektakulären Ergebnis: *Du und deine Schwestern – ihr habt wahrscheinlich Glück gehabt.* Was mich allerdings schon als Elf-, Zwölfjährigen beschäftigt hat, war die Frage: Warum sperren die uns ein? Warum sichern sie den Strand, den wir sehen, mit Stacheldraht? Es sind Kinder, Frauen, alte oder im Krieg verletzte Männer, die hier von schwer bewaffneten Posten bewacht werden. Eine britische Militärkommission, die unser Lager besichtigte, stellte dann auch die Frage: »Is that a concentration camp?«

Wir – Margot, Ursel und ich – können also die Aussagen von Kirsten Lylloff durch unmittelbare Erfahrungen nicht bestätigen. Was diese Ärztin aber offensichtlich durch wissenschaftlichen Fleiß nach oben kehrt, ist eine Art kollektives Unbewusstes, das bis heute die dänische Flüchtlingspolitik und die Neigung zum Rechtsradikalismus bestimmen mag. Kirsten Lylloff verweist auf einen wunden Punkt in der Geschichte Dänemarks, der im Prozess der europäischen Einigung von Bedeutung sein kann; vielleicht habe ich die negativen Erfahrungen aus meiner Seelenverfassung ausgegliedert. Aber selbst wenn es so wäre, so könnte man die andere, von mir erlebte Seite: den geglückten Umgang mit Flüchtlingen, als wichtiges Untersuchungsobjekt betrachten, um daran Lernprozesse anzuknüpfen. Denn die Art und Weise, wie man mit Flüchtlingen umgeht, ist immer auch ein Ausdruck des Geisteszustandes und der Kultur eines Landes.

Wärmestrom und Kälte – Noch einmal Dänemark

Je mehr ich mich in die Literatur vertiefe, die meinen zweieinhalbjährigen Aufenthalt in einem dänischen Flüchtlingslager betrifft, desto rätselhafter erscheint mir das Leben meiner Schwestern und mein eigenes in diesen Lagern. Kann es sein, dass wir drei aus dieser Zeit überhaupt nichts berichten können, was uns Leid und Schmerzen bereitet hat, es sei denn die Trennung von unseren Eltern? Hinter Stacheldraht zu sitzen und sich nicht frei in der Umgebung bewegen zu können, ist zweifellos leidvoll; aber wir hatten gut sechs Wochen Dauerbeschuss in der Festung Königsberg erfahren. Tag und Nacht Fliegerangriffe, Granateinschläge, die Suche nach geschützten Schlafplätzen, alltägliche Begegnungen mit den Toten, zwei Schiffsreisen ohne jede Versorgung – das hatten wir alles hinter uns. Es kann sein, dass diese Erfahrungen so sehr die Gegenwartserlebnisse überdeckten, dass wir uns durchgängig *wohlbehalten* fühlten. Von den großen Schiffskatastrophen hatten wir während unserer Passage auf der Ostsee nichts gewusst, noch nicht einmal gerüchteweise gehört. Vielleicht hätten wir in Kenntnis der torpedierten Großschiffe unsere Rettungsschiffe nicht aufgesucht. Offenbar ist es lebenserhaltend, wenn man sich das ganze Ausmaß möglicher Katastrophen *nicht* ständig vor Augen hält. Es war eine große Leistung meiner Schwestern, dass sie in dem Chaos, das überall herrschte – wie oft waren hilflose Schreie zu hören: Anna, wo bist du? –, diese Verbindung zwischen uns sichern konnten. *Das gehört zu ihren größten Verdiensten auf der Flucht.*

Zweieinhalb Jahre in Flüchtlingslagern interniert, verbrachten wir eine von drückender Not freie Nachkriegszeit, freilich hinter Stacheldraht, *innerhalb* bewachter Zäune. Die dänischen Posten jener Lager, in denen wir interniert waren, waren eher freundlich, aber die freie Bewegung war eindeutig eingeschränkt. In der kindlichen Vorstellungswelt bildete sich allmählich eine Art Komplex der Trennungen: Trennung nicht nur von den Eltern, von deren Schicksal wir einige Zeit nichts wussten, und von der Heimat, auf die sich nach wie vor viele Kindheitswünsche richteten; zunehmend war es auch eine Trennung von *Innen* und *Außen.* Die Erfahrung des Lagers, für mich keineswegs nur bedrohlich, sondern in vielen Aspekten auch mit gegenseitiger Hilfe verbunden, hat, wie ich erst jetzt sehe, mein Denken und Empfinden nachhaltig geprägt, sodass ich geradezu bestürzt bin über die Genauigkeit, mit der die Lagererfahrungen später ihre theoretischen und öffentlichen Ausdrucksformen suchten.

Glück ist die Erfüllung eines Kinderwunsches, hat Freud gesagt. Das ist die *eine* Seite der Lebenserfahrung; man kann jedoch nicht nur Glück haben. Die andere Seite ist die bittere Gegenstandserfahrung, nicht immer *Unglück,* aber häufig schmerzhaft. Wenn ich überlege, worauf sich meine Erkenntnisinteressen später zentral verdichtet haben, dann ist es das frühe Erlebnis der Gebrochenheit, in dem *Vertreibung, Flucht, Mauern und Stacheldraht Kategorien der erfahrbaren Realität sind;* sie dokumentieren die *gestörte Balance zwischen reichhaltigem Inneren und kalter Definition des Außen.*

Ich gehöre zur Generation der Davongekommenen. Weder Stalin noch Hitler haben mein Leben maßgeblich geprägt. Vom aktiven Kriegsdienst bin ich verschont geblieben, nur als Zehnjähriger musste ich einmal eine Militäruniform anziehen. Als Entscheidungen schwere Gewissenskonflikte und vielleicht tödliche Gefahren hätten hervorrufen können, war ich zu jung, um die volle Verantwortung für Lebensentscheidungen zu übernehmen. Als ich alt genug war, mit fundiertem Urteil und in Kenntnis der in Theorien aufbewahrten Gedanken Position zu beziehen, waren es keine existenziellen Entscheidungen mehr, keine auf Leben und Tod. Ich bedauere es nicht, von derartigen Verwicklungen verschont geblieben zu sein; aber es kennzeichnet das einzigartige *geschichtliche Privileg* meiner Generation.

»Das Beste draus machen!« –
Gespräch mit meiner Schwester Ursel

Mit meinen Schwestern Ursel und Margot habe ich die gesamte Flucht und die Zeit in den dänischen Internierungslagern erlebt. Das Gespräch mit Ursel habe ich am 10. Oktober 2010 in Dortmund geführt.

Oskar: *Ich sehe, du hast dir einzelne Daten notiert. Worum geht es dabei?*
Ursel: Am 10. März 1945 sind wir in Dänemark angekommen. Wir sind mit dem Schiff von Königsberg bis Gotenhafen gefahren – und dann nach Kopenhagen, wo wir nur kurze Zeit waren. Ja, der Fluchtweg war Königsberg – Pillau – Gotenhafen – Richtung Dänemark 1945.
Oskar: *Dann sind wir in einem kleinen Lager gewesen, das hieß Agger, meines Erachtens. Dieses kleine Lager, um das dann am Tag der Kapitulation, am 8. Mai 1945, Stacheldraht gezogen wurde – erinnerst du dich daran?*
Ursel: Ja, so ungefähr. Später kamen wir in ein größeres Flücht-

lingslager, dessen Name mir als Kniefold, oder so ähnlich, in Erinnerung ist. Das Schiff, mit dem wir Königsberg verließen, war ein alter Bananendampfer, ein Transporter. Ich glaube, er hieß »Koholith«. Da haben wir auf Stroh gelegen, im Laderaum, oft war es zum Schutz vor Angriffen völlig dunkel. Dort haben wir uns auch Läuse und die Krätze geholt, unter der besonders du gelitten hast.

Oskar: *Das weiß ich.*

Ursel: Vom 16. Februar 1946 bis zum 30. April 1947 habe ich in der Küche gearbeitet, auf dem Marinestützpunkt Frederikshavn, wo ich auch Schorsch, meinen Mann, kennengelernt habe.

Oskar: *Ich finde es eindrucksvoll, dass du dir gerade diese Daten gemerkt hast; sie haben sicher für dich große Bedeutung. Für mich ist aber auch wichtig, wie das Lagerleben so gewesen ist. Hast du daran Erinnerungen? Ich hatte zum Beispiel die Erinnerung, dass Margot Krämpfe hatte. In diesem kleinen Lager, das Agger hieß, hatte Margot ganz starke Herzbeschwerden.*

Ursel: Ja, das stimmt. Und wir hatten dann diesen kleinen Raum zur Verfügung, da war vorne eine Familie. Da mussten wir uns immer durchschleichen. Du warst der Junge, den wollten sie immer abschieben in die Männerbaracke, weißt du. Du musstest dich immer umdrehen, wenn wir uns auszogen und so. Du hast da oben geschlafen.

Oskar: *Da war noch eine BDM-Führerin dabei.*

Ursel: Ja. Aber die war gutartig. Wir sind ja durch diese BDM-Führerin nach Dänemark gekommen. Sie hatte überall Vortritt.

Oskar: *Wie hast du denn diese Zeit des Lagerlebens empfunden? Als sehr bedrückend?*

Ursel: Tja, weißte. Du weißt ja, wie es zu Hause war. Ich war ja schon länger in Königsberg gewesen, mit der Margot. Ich hatte ja schon anderes erlebt. Also, ich habe das Beste draus gemacht. Es gab viele erfreuliche Ereignisse. Zum Beispiel war da der Lehrer, weißt du, der hat das Lager geleitet. Ich weiß gar nicht mehr, wie der hieß. Der war auch aus Ostpreußen. Und ich habe mich um seine Frau gekümmert. Weißt du noch? Die wollten mich doch mitnehmen nach Amerika. Der Sohn, der in den USA lebte, hatte schon einen bestimmten Reisebetrag im Konsulat in Kopenhagen hinterlegt. Wer Verwandte in den USA hatte, kam ja zuerst raus. Kannst du dich noch an den Lehrer erinnern? Der hat immer ein bisschen Hilfestellung gegeben, mit dir gelernt oder was mit dir gemacht.

Oskar: *Aber offiziell gab es keine Schule?*

Ursel: Nein. Jedenfalls nicht in den Lagern, in denen wir interniert waren. In größeren mag es auch regulären Unterricht gegeben haben.

Oskar: *Praktisch bin ich zweieinhalb Jahre nicht in der Schule gewesen?!*

Ursel: So ist es. Der Lehrer hat sich gerne mit dir unterhalten und auch so ein bisschen Rat gegeben. Ich weiß nicht, direkt Schule hat er, glaube ich, nicht gemacht. Ich bin ja nachher dann in die Küche gegangen, auf dem Marinestützpunkt mit deutschen Soldaten, die von Engländern und Dänen den Auftrag hatten, die von den Deutschen gelegten Wasserminen wieder wegzuräumen – eine ziemlich gefährliche Angelegenheit. Da wurde ich immer morgens abgeholt und nachmittags zurückgebracht.

Oskar: *Haben die Soldaten dich angefordert? Wie bist du denn dahin gekommen?*

Ursel: Na, die Waltraud, eine Lagerfreundin, war erst da und dann haben die noch eine Hilfe in der Küche gebraucht. Waltraud war wiederum die Freundin eines Matrosen, der das Schifferklavier in der Kapelle der Marinebasis spielte; später haben sie geheiratet. Nach dem Krieg war er hochkarätiger Manager.

Oskar: *Dass ich hin und wieder in den Marinestützpunkt mitgehen durfte, gehört zu meinen Glücksempfindungen dieser Lagerzeit. Wir wurden zusammen abgeholt und zurückgebracht. Es hing von der Stimmung und der Laune des Lagerwachposten ab, ob ich mitdurfte. Die meisten dänischen Wachposten haben das irgendwie akzeptiert, dass ich hin und wieder mit dir das Lager verlassen konnte.*

Ursel: Ja, das stimmt.

Oskar: *Draußen habe ich oft auf dem Signalturm von Schorsch gesessen, von dem aus mit Lichtsignalen und Fähnchen die Schiffe in den Hafen gelenkt wurden. Von diesem Turm aus hatte ich einen freien Blick aufs Meer. Dort oben habe ich meine ersten Radiosendungen gehört, zum Beispiel die neunte Sinfonie von Beethoven. Und Briefmarken habe ich dort gesammelt und geordnet. Briefmarken waren damals ja eine Währung; mit Briefmarken konnte man im Lager alles erwerben. Häufig bin ich dort draußen von Boot zu Boot gelaufen und habe gefragt, wer Post bekommen hat. Und die Soldaten haben mir die Briefmarken gegeben; auch die Matrosen haben mich wohl gerne gemocht. Das war für mich offenkundig eine entlastete, sehr befriedigende Zeit.*

Ursel: Weißt du noch, dass dir in Königsberg eine Militäruniform verpasst wurde?

Oskar: *Ja, das weiß ich. Das Rote Kreuz hatte uns als elternlose Kinder registriert. Eines Tages kam ein Leutnant von einer Flakkompanie und wollte jemanden für die Küche haben. Da habt ihr beide euch gemeldet, Margot und du, und ein anderes Mädchen, das auch einen Bruder hatte, der war ein Jahr älter als ich. Die Schwestern vom Roten Kreuz haben gesagt: »Ihr könnt*

> die Mädchen für die Küche haben, da ist aber noch ein kleiner Bruder dabei, die können wir nicht noch einmal trennen.« Darauf hat der Leutnant geantwortet: »Das macht nichts, den stecken wir in eine Uniform; dann gehört er offiziell zur Flakkompanie.« (Das ist eine Version der Uniform-Geschichte) – Ich erinnere mich daran, dass Margot zu ihrer Lehrerin und deren Mann, dem Schulrektor, gegangen ist, um Rat für uns zu erbitten, und du hast deine Speditionsfirma aufgesucht, bei der du gearbeitet hast. Die Firma gehörte einer Reederei; wir trafen auf eine Reihe von Personen, die fortwährend feierten – sie waren sicher, dass sie aus Königsberg nicht raus können; sie verhielten sich nach dem Motto: Genießt den Krieg, der Frieden wird fürchterlich!

Ursel: Einige Tage wohnten wir in dem Gebäude von Dr. Fricke, so hieß der Chef. Wir sind täglich zum Hafen gelaufen und wollten mit dem Schiff raus. Aber keiner nahm uns mit. Und dann sind wir durch diese Frau, durch diese BDM-Führerin, drangekommen an das Schiff. Dieser Transporter gehörte zu den letzten Schiffen, die Königsberg verließen. Für uns gab es ja nur die Möglichkeit: Entweder werden wir hier getötet – oder uns gelingt die Flucht. Wir waren ziemlich sicher, dass die Flucht gelingt. Wenn man jung ist, denkt man ja gar nicht so an den Tod.

Oskar: Ich erinnere mich daran, dass die anderen in dieser Flakkompanie nicht viel älter waren als ich. Das waren Zwölf- bis Vierzehnjährige.

Ursel: Ja, das waren ganz junge Menschen.

Oskar: Die sind noch gefragt worden, ob sie in Königsberg bleiben wollen, um die zur Festung erklärte Stadt zu verteidigen, oder ob sie raus wollen; auch ich wurde, meine ich, gefragt, aber da bin ich nicht ganz sicher. Für mich hattet ihr entschieden, dass ich mit euch komme.

Ursel: Ja, die wollten dich zu dieser Gruppe abschieben. Ein großer Teil hat sich für Königsberg entschieden und ist wahrscheinlich elend zugrunde gegangen.

Oskar: *Es ist schon merkwürdig, dass in einer Situation, in der rechts und links getötet wird und Tote auf den Straßen liegen, die Angst vor dem eigenen Tod nachlässt. Erinnerst du dich noch an den Schlitten, auf den wir gesprungen sind, und plötzlich berührtest du oder Margot eine steife Hand?*

Ursel: Eine Totenhand. Es war ein Schlitten mit Toten. Das war schlimm. Das habe ich nachher immer verdrängt. Und genauso die Erinnerung an den Lagerraum des Schiffs. Da haben wir doch diese Lampe gehabt – und da war ein Vorhang. Kannst du dich noch erinnern? Dahinter haben sie die Toten von dem Schiff immer ins Meer geworfen, nachdem wir in Pillau eingeschifft worden sind und auf der Fahrt nach Dänemark. Das habe ich ein paar Mal gesehen.

Oskar: *Das war eine schlimme Überfahrt.*

Ursel: Ja, ganz schlimm. Und auch vorher war jeder Schritt riskant. Die herumliegenden Toten gehörten zur zerstörten Stadt. Der Schlossteich in Königsberg war ja schon voller Leichen. Wir sind im letzten Moment rausgekommen.

Oskar: *Erinnerst du dich noch daran, dass wir mit Soldaten, die uns mitnehmen wollten, immer im Kreis gefahren sind?*

Ursel: Das war so ein Militärwagen mit Kohlengasantrieb. Nachher haben die uns irgendwo abgeladen, weil sie merkten, dass sie im Kreis gefahren sind. Die kamen nicht mehr raus. Königsberg war ja umzingelt. Unser Vater kam dann noch zum Volkssturm, kam nach Hause und ist auch noch zu der Unfallstelle an der Bahnstrecke bei Groß-Lindenau hingegangen, wo er uns vermutete. Aber wir waren, nachdem die Strecke freigeräumt worden war, schon in Richtung Königsberg weitergefahren. Er konnte nicht wissen, wo das

Zugunglück passiert war. Er wollte uns zurückholen. Vom Volkssturm ist er abgehauen, weil er keine Waffe hatte. Seine Bauerntruppe hat er aufgelöst. Ja, die sind alle abgehauen. Die hatten keine Waffen, wie sollten die sich verteidigen?

Oskar: *Noch mal zu der Zeit in Königsberg. Wie lange sind wir im eingeschlossenen Königsberg gewesen?*

Ursel: Muss ich mal gucken, vielleicht habe ich das noch irgendwo festgehalten. Die Mama hatte ja am 22. Januar Geburtstag – und da waren wir nicht mehr in Kapkeim. Warte mal. Flucht nach Königsberg. 30. Januar. Nee, kann nicht sein.

Oskar: *Du sagst, die Mama hatte am 22. Januar Geburtstag. Und da sind wir nicht mehr in Kapkeim gewesen.*

Ursel: Da sind wir nicht mehr dagewesen. Stimmt auch.

Oskar: *Also kann es durchaus sein, dass wir am 15. oder 18. Januar aufgebrochen sind. Na ja, also wir sind wirklich einige Zeit in Königsberg gewesen. Ein paar Wochen?*

Ursel: Ja, ein paar Wochen sind wir da auf jeden Fall gewesen. Menschenskinder, das ist so altes Zeug. Nicht so wichtig.

Oskar: *Doch, für mich ist wichtig, wie ihr eure und meine Situation eingeschätzt habt. Es ist ja eine ziemlich schreckliche Zeit gewesen.*

Ursel: Rückkehr aus Dänemark nach Deutschland am 15. Juni 1947.

Oskar: *Hast du mal Albträume gehabt, die sich auf diese schreckliche Zeit bezogen?*

Ursel: Nein.

Oskar: *Das ist ja sehr merkwürdig. Ich auch nicht. Aber voran liegt das? Viele Menschen leiden sehr lange an solchen Situationen. Kann das sein, weil wir zusammen waren?*

Ursel: Ja, ich hatte eine Verantwortung.

Oskar: *Wie alt warst du?*

Ursel: Ich war achtzehn und du zehn, Margot siebzehn. Für uns, Margot und mich, war das schon ein Pflichtbewusstsein. Als wir nach Hause kamen, da hat die Mama – weißt du, was sie gesagt hat, wörtlich?

Oskar: *Nein.*

Ursel: »Der ist aber gut erzogen, der Oskar, du hast ihn aber gut erzogen.« – Du hast dich ja auch angepasst, das muss ich sagen. Du hast dich angepasst und wir waren auch tolerant, wir hatten keine Konflikte. Ich hatte eine Verantwortung.

Oskar: *Ich war kein schwieriges Kind?*

Ursel: Nee, das kann man sagen. Die wollten dich ja wegnehmen.

Oskar: *Und das habt ihr verhindert?*

Ursel: Das haben wir verhindert. »Auf keinen Fall – auseinander gehen wir nicht«, haben wir gesagt. Nein, die wollten dich wegnehmen.

Oskar: *Ich möchte noch einmal zurückkommen auf die Zeit in Agger, den ersten Aufenthalt in Dänemark. An diese Herzkrämpfe von Margot hast du keine Erinnerung?*

Ursel: Nein. Verkrampft manchmal. So direkt, das habe ich vielleicht gar nicht so wahrgenommen. Sie war ja auch schon erwachsen. Und ich meine, sie war selbst verantwortlich für alles. Das habe ich gar nicht so mitgekriegt.

Oskar: *Gut zwei Jahre Lagerleben, von der ringsum lebenden Bevölkerung völlig isoliert, von bewaffneten Posten bewacht – das ist doch eine beträchtliche Lebenszeit. Ich war zehneinhalb, als ich in das Internierungslager kam, ich ging auf dreizehn, als ich mich wieder frei bewegen konnte. Man musste sich schon selbst Projekte ausdenken, um nicht durchzudrehen. Den ganzen Tag konnte man nicht Fußball spielen. Ich habe mich einer jungen Bastelgruppe angeschlossen. Wir haben Kinderspielzeug hergestellt; das hat uns große Anerkennung verschafft.*

Ursel: Und wir haben die Fäden aus diesen Militärdecken rausgezogen und aufgerollt; guck mal, da habe ich meinen Pullover daraus gestrickt.

Oskar: *Das stimmt.*

Ursel: Weißt du, diese Rote-Kreuz-Decken, rot-weiße Streifen hatten die. Die Fäden haben wir einzeln rausgezogen. Und dann haben wir gestrickt damit. Man muss in solchen Lagen erfinderisch sein. Das habe ich noch der Nina erzählt, meiner Enkelin. Ähnlich war es mit Sonnencreme. Ich sage, guck dir mal meine Haut an. Die habe ich in Dänemark immer nur mit ein bisschen Butter eingerieben. Ich kriegte aus der Küche immer kleine Portionen Butter und Weißbrot. Ein bisschen Butter zweigte ich für meine Haut ab. Und du standest immer schon am Schlagbaum und hast auf das Weißbrot und die Butter gewartet.

Oskar: *Das Lagerleben ist erträglich, wenn man sich Ziele setzt.*

Ursel: Da waren Menschen, denen es viel schlechter ging als uns. Das zeigt sich auch im Vergleich mit unseren Eltern. Was hat nicht unsere Mutter geschuftet! Von morgens um fünf, Kühe melken, bis spät abends, wenn für sieben Kinder Kleiderstücke geflickt oder genäht werden mussten. Am Anfang in Kapkeim gehörte uns ja noch nichts, Oskar. Die Eltern haben Schwerstarbeit geleistet. Den Hof zu verlassen, den sie ganz gut in Schuss gebracht hatten, ist unseren Eltern schwergefallen. Die Tiere blieben im Stall, nur die Pferde wurden vor den völlig überladenen Wagen gespannt.

Oskar: *Das Ganze wiederholte sich bei der zweiten Flucht aus Finkenkrug. Das war für unsere Eltern schon eine harte Sache, zweimal Haus und Hof zu verlieren.*

Ursel: Ja, das ist hart. Und dann sind wir, Schorsch und ich, damals nach Dortmund zu meinen Schwiegereltern gezogen. Wir hatten auch in Dortmund kein Anrecht auf eine Wohnung, so mussten wir in die Wohnung meiner Schwiegereltern. Später hast du mal bei uns gewohnt, als du nach Dortmund gegangen bist, nach dem Abitur, um dir ein bisschen Geld im Straßenbau zu verdienen.

Oskar: *Ich habe in den Semesterferien in Dortmund beim Straßenbau gearbeitet und in eurer kleinen Wohnung in der Küche auf einer Pritsche geschlafen. Zehn Stunden harte Straßenarbeit – wie ein nasser Sack bin ich ins Bett gefallen. Aber ich war sehr zufrieden.*

KINDHEITSBILDER UND GLÜCKSERFAHRUNGEN

Irgendwann im Leben muss der Mensch einmal Glück erlebt haben

Über meine eigene Kindheit sprechen zu wollen, wäre unangemessen, wenn ich nicht Bezug auf das nehmen würde, was ich bisher über Kindheit gedacht und geschrieben habe. Meine akademischen Lehrer, Horkheimer und Adorno, messen der Kindheit eine zentrale Bedeutung für die spätere Lebensgestaltung bei. Horkheimer sagt: »Um als bildende Kraft des Ichs, als Grundmotiv autonomen Lebens bewusst zu werden und in den einzelnen Menschen sich durchzuhalten, bedarf die moralische Gesinnung der behüteten Kindheit, der Fähigkeit zu differenzierter Erfahrung, zur Identifikation mit dem Glück!«[70] Was Horkheimer in diesem Satz ausdrückt, ist nicht weniger als das Problem, dass Moralvorschriften, wie stark sie auch philosophisch begründet, religiös gebunden und mit gesellschaftlichen Sanktionsdrohungen versetzt sein mögen, ihre gesellschaftliche Geltung verlieren, wenn sie nicht im *stabilen psychischen Aufbau der Person verankert* sind.

Immanuel Kant hatte ja noch davon gesprochen, dass nichts in der Welt als unverfälscht gut auftreten dürfe, als der gute Wille. Damit meinte er, dass sich in die moralische Pflicht nichts einmischen kann, was mit den Gefühlen von Liebe, Glück und Neigung verknüpft sei. Einer der bedeutendsten Schüler dieses großen Philosophen, der vom kategorischen Imperativ gewiss viel in seine ästhetische Produktion übernommen hat, Friedrich Schiller nämlich, wagte gegen seinen Lehrer den Spottvers:

»Gerne dien ich den Freunden, doch tu ich es leider mit Neigung, / Und so wurmt es mir oft, dass ich nicht tugendhaft bin.«[71]

Horkheimer geht es um die Frage, wie *Glückserfahrungen* der Kindheit, also zum Beispiel die Gewissheit, dass absolut verlässliche Beziehungen existieren, möglichst zwanglos mit dem verschmelzen, was in der Freud'schen Psychologie die strenge Form des Über-Ichs hat. Die von Horkheimer selbst eingeleiteten und in den theoretischen Teilen maßgeblich geprägten Untersuchungen zu *Autorität und Familie* haben ihn davon überzeugt, dass die Erfahrung von Gebrochenheit während der Kindheit, Angst und Not in der frühen Entwicklung, den emotionalen Unterbau, der für eine intakte Gewissensbildung notwendig ist, infrage stellen oder sogar zerstören. *Irgendwann im Leben muss der Mensch einmal Glück erlebt haben*. Diese in der Regel nicht verlierbare Erfahrung kann entscheidende Bedeutung in Situationen haben, in denen der pflegliche Umgang mit Dingen und Menschen, unterhalb der Ebene moralischer Verpflichtungen, die mögliche Verhaltensweise ist.

Die ursprüngliche Verliebtheit in die Welt, die kindliche Neugierde auszeichnet, bedarf der freundlichen Zuneigung lebendiger Menschen in der Umgebung des Kindes. Mit Glück ist in diesem Zusammenhang wohl gemeint, dass die auf Bewegung und Neugierde gehenden Verhaltensweisen des Kindes auf eine Umgebung treffen müssen, die bestätigend antwortet. Gerade in der vorsprachlichen Zeit des Kindes erwachen die Sinne nur dann, wenn freundliche Antworten bereitliegen. Das führt dazu, dass sich Weltoffenheit schon in der Familie bildet.

Der Zwang, die Enge, das Einschnüren von Bewegungen bereiten dagegen schon früh den Boden für gesellschaftliche Ängste, in denen sich Menschen mit Feinderklärungen ein starkes Ich verschaffen, das aber zerbrechlich ist wie eine Prothese. In dem Maß, wie Ich-Stärke durch Ausgrenzung entsteht, geht auch die moralische Autonomie verloren, das eigene unbefriedigte Leben wird durch Neid auf die anderen ausgeglichen. Was dem Einzelnen fehlt, wenn das Ich nicht erfahrungsfähig und mit Glückserlebnissen besetzt auftritt, öffnet eine nie endende Spirale der Ersatzbefriedigungen.

Handle so, dass die Maxime deines Handelns gleichzeitig allgemeines Gesetz werden kann! Verhalte dich anderen Menschen gegenüber nie so, dass du sie lediglich als Mittel, sondern immer so, dass du sie zugleich als Zweck betrachtest! Es gibt sehr verschiedene Formulierungen des kategorischen Imperativs von Kant. Aber sie alle sind darauf gerichtet, dass die Achtung vor dem Gesetz das entscheidende Motiv moralischen Handelns ist. Wenn ich hier von Motiv spreche, dann würde Kant das schon als unzulässige empirische Einmischung in die Gesetzgebungspraxis der reinen Vernunft ansehen.

Für Horkheimer ist dieser moralische Überbau labil, ja sogar für äußerst menschenverachtende Zwecke missbrauchbar. Um selbst Triebverzicht leisten zu können, bedarf es einer befriedigenden und mit Glückserfahrungen besetzten Ausgangslage im menschlichen Leben. Die Sicherheit der Gefühle, vielleicht so etwas, was in der englischen Philosophie des 18. Jahrhunderts *moral sense* genannt wurde, ist am Ende doch Voraussetzung für *die Achtung der Menschheit in meiner Person*.

Es ist allerdings nicht auszuschließen, dass die von Horkheimer genannten Bedingungen – behütete Kindheit, Fähigkeit zu differenzierter Erfahrung, Identifikation mit dem Glück – außer in den Familien, so weit sie diesen freundlichen Bewegungsraum zu bieten noch imstande sind, auch von anderen Institutionen wahrgenommen werden können. Der fragende Blick des Kindes: Bin ich willkommen in dieser Welt?, muss nicht unbedingt auf das Gesicht der leiblichen Mutter oder des leiblichen Vaters gerichtet sein.

Es muss allerdings ein verlässlicher Blick sein, auf den das Kind stößt. Erst wenn das Angstklammern aufhört, kann sich das Kind entfernen. Ein ursprünglich gesicherter Zusammenhang sollte also da sein, damit sich auch im Urteilsvermögen erweiterte Erfahrungsfähigkeit bilden kann. Nur wer sicher ist, zurückkehren zu können, kann sich ohne Angst aus seinem gewohnten heimatlichen Zusammenhang entfernen; universalistisches Denken und Fühlen hat vertraute und befriedigende Näheverhältnisse zur unabdingbaren Grundlage: sichere Orte.

So unabdingbar diese Voraussetzungen, die Horkheimer formuliert, für die Entwicklung der bildenden Kraft moralischer Gesinnung sind, so bitter ist die Feststellung, dass es heute dafür immer weniger Mittel gibt, entsprechende Institutionen mit menschlicher und freundlich begrüßender Umgebung auszustatten. Unsere Gesellschaft ist nie so reich gewesen wie heute, und sie hat nie, im Vergleich dazu, so wenig dafür getan, dass die kommende Generation so ausgestattet wird, dass sie auf eine behütete Kindheit zurückblicken darf, dass sie die Fähigkeit differenzierter Erfahrung gewinnt und Grund hat, sich mit dem Glück zu identifizieren. Da muss künftig Zentrales in den Proportionen geändert werden.

»Die Treue zur Kindheit ist eine zur Idee des Glücks« – Denken als »Versuch, die Kindheit verwandelnd einzuholen«

Adorno geht noch einen Schritt weiter: Er sieht die gesamte Struktur des Menschen verknüpft mit Glückserfahrungen der Kindheit. »Die Treue zur Kindheit ist eine zur Idee des Glücks«,[72] sagt er in dem Aufsatz *Zu Proust*. Wie blickt ein Achtzigjähriger auf die eigene Kindheit? Was ist das für ein Blick?

Wohlwollend-zufrieden? Lücken und Beschwernisse suchend? Anklagend oder rechtfertigend? Ist es ein Blick mit besonderem Fokus auf das, was die Welt einem schuldig geblieben ist? Darauf sind eindeutige Antworten kaum möglich. In Bezug auf meine eigene Biographie kann ich nur eine provisorische Antwort wagen: *Ich habe in meinem Leben viel Glück gehabt.*

Wie auch immer: Sich einen festen Standpunkt zu sichern, um in der Art einer Lebensbilanz abzuwägen, wie weit Kindheitsträume, frühe Charakterprägungen und Gewalterfahrungen unbewusst Entscheidungen im späteren Leben bestimmen, setzt früh geprägte Erfahrungsfähigkeit voraus. Mein Hof-Spielplatz förderte meine Phantasiearbeit beträchtlich.

Goethe hat gespürt, wie leicht Begebenheiten aus der frühen Kindheit, die andere wahrgenommen haben, in Erzählungen eingebunden werden, die in späteren Lebensabschnitten bestimmte Denkweisen oder Haltungen zum Ausdruck bringen. *Dichtung und Wahrheit, nicht Wahrheit und Dichtung, ist der Titel seiner Lebenserinnerungen.* Was darin der Anteil an Wahrheit ist, lässt sich von Legenden und farbigen Erzählungen nur schwer trennen. Zwei große Autobiographien, die gleichzeitig als eigenständige Werke in den Lebenszusammenhang der Autoren eingebunden sind – ich spreche von Goethe und August Bebel – begleiten und reflektieren Schritt für Schritt die Tätigkeitsfelder, in denen sich beide bewegten. Goethes Arbeit an *Dichtung und Wahrheit* nahm zwar nicht so lange Zeit in Anspruch wie die am *Faust;* aber sie erstreckte sich doch über Jahrzehnte. Auch insofern spiegelt das autobiographische Werk die subjektbezogenen inneren Vorgänge Goethes.

Alle Toten haben darin ihren Platz, Streitgespräche, Charakterisierungen von Personen, mit denen Goethe in Kontakt trat, aber auch »Eulenspiegeleien«, wie die des kindlichen *Töpfezertrümmerers:* »Die Meinigen erzählten gern allerlei Eulenspiegeleien, zu denen mich jene sonst ernsten und einsamen Männer [die Nachbarn von Ochsenstein] angereizt. Ich führe nur einen von diesen Streichen an. Es war eben Topfmarkt gewesen, und man hatte nicht allein die Küche für die nächste Zeit mit solchen Waren versorgt, sondern auch uns Kindern dergleichen Geschirr im Kleinen zu spielender Beschäftigung eingekauft. An einen schönen Nachmittag, da alles ruhig im Hause war, trieb ich im Geräms mit meinen Schüsseln und Töpfen mein Wesen, und da weiter nichts dabei herauskommen wollte, warf ich ein Geschirr auf die Straße und freute mich, dass es so lustig zerbrach. Die von Ochsenstein, welche sahen, wie ich mich daran ergötzte, dass ich sogar fröhlich in die Händchen patschte, riefen: ›Noch mehr!‹ Ich säumte nicht, sogleich einen Topf und, auf immer fortwährendes Rufen: ›Noch mehr!‹ nach und nach sämtliche Schüsselchen, Tiegelchen, Kännchen gegen das Pflaster zu schleudern. Meine Nachbarn fuhren fort, ihren Beifall zu bezeigen, und ich war höchlich froh, ihnen Vergnügen zu machen. Mein Vorrat aber war aufgezehrt, und sie riefen immer: ›Noch mehr!‹ Ich eilte daher stracks in die Küche und holte die irdenen Teller, welche nun freilich im Zerbrechen noch ein lustigeres Schauspiel gaben; und so lief ich hin und wider, und brachte einen Teller nach dem anderen, wie ich sie auf dem Topfbrett der Reihe nach erreichen konnte, und weil sich jene gar nicht zufrieden gaben, so stürzte ich alles, was ich von Geschirr erschleppen konnte, in gleiches Verderben. Nur später erschien jemand, zu hindern und zu wehren. Das Unglück war geschehen, und man hatte für so viel zerbrochene Töpferware wenigstens eine lustige Geschichte.«[73]

So lautet *eine* dieser Geschichten, die gerne erzählt werden, wenn Erwachsene in die Kindheit zurückblicken. In Bebels Autobiographie fehlen solche »Eulenspiegeleien« vollständig. »Das Licht der Welt«, schreibt Bebel, »in das ich nach meiner

Geburt blickte, war das trübe Licht einer zinnernen Öllampe, das notdürftig die grauen Wände einer großen Kasemattenstube beleuchtete, die zugleich Schlaf- und Wohnzimmer, Salon, Küche und Wirtschaftsraum war. Nach der Angabe meiner Mutter war es abends Schlag neun Uhr, als ich in die Welt trat, insofern ein ›historisches Moment‹, als eben draußen vor der Kasematte der Hornist den Zapfenstreich blies, bekanntlich seit unvordenklichen Zeiten das Zeichen, dass die Mannschaften sich zur Ruhe zu begeben haben.«[74] Bebels Leben beginnt ohne Hoffnung auf Kindheit; es fehlt jedenfalls das, was im Allgemeinen unter Kindheit verstanden wird – eine Phase mit Spiel, Phantasie und eben den erwähnten Eulenspiegeleien.

An diesen großen Autobiographien von Goethe und Bebel ist leicht zu erkennen, wie verschieden Lebenserinnerungen ausfallen können; Goethes Autobiographie ist weitgehend frei von Rechtfertigungszwängen, sie behält durchgängig den Tonfall eines erzählenden Berichts, dem die Argumentationszwecke fehlen, entspricht also eher dem, was Kant in der *Kritik der Urteilskraft interesseloses Wohlgefallen* nennt. Bebels Autobiographie enthält dagegen auf jeder Lebensstufe *Legitimationen*, Versuche, politische Entscheidungen zu rechtfertigen oder als Fehlentscheidungen zu kritisieren. Das ergibt ein ganz anderes Spannungsgefüge im Erzählzusammenhang. Nun könnte man ja einwenden, dass das eine eben eine *politische Biographie* und das andere die eines Dichters und nur zeitweilig verantwortlichen Staatsmannes ist. Ich will damit keine verschiedenen Wertigkeiten fixieren; das eine ist nicht wahrer als das andere. Wer sich allerdings heute daransetzt, von sich selbst ein biographisches Bild zu entwerfen, wird mit Sicherheit darauf stoßen, dass autobiographische Betrachtungen – insbesondere von Politikern – oft damit verknüpft sind, den Legitimationsfaden sehr weit zu spannen. In psychoanalytischen Kategorien gesprochen, geht es hier meist darum, die Aufarbeitung der Vergangenheit als eine Form der Selbstläuterung zu begreifen. Denn spätestens wenn das sechzigste Lebensjahr erreicht ist, verengen sich die Lebensperspektiven des »objektiv Möglichen«.

Ich habe von Goethe und Bebel gesprochen, um die verschiedenen Altersblicke auf die Kinderjahre zu charakterisieren. Adorno bringt einen Gedanken ins Spiel, der bei Betrachtungen über die Heimat meist nur mit Randbemerkungen versehen wird. Gefragt, was denn ein entscheidendes Motiv gewesen sei, nach Deutschland zurückzukehren, antwortete Adorno, es sei die Sprache gewesen, *die deutsche Sprache*. Gerade der Dialektiker Adorno litt im Exil unter dem Diktat der fremden Sprache.

Adorno verkoppelt den Begriff »Heimat« mit der Sprache, aber sie ist nicht das entscheidende Moment des natürlichen Bedürfnisses, irgendwo in der Welt einen Ort zu haben, an dem man einmal zu Hause war und der einen nicht vergessen hat. Nur wenn Nähebedürfnisse erfüllt sind, wenn Bindungsfähigkeit entwickelt wurde, wird der Weg in die Fremde angstfrei beschritten; es mag dann nicht mehr das Gefühl bestimmend sein, dass man sich der ursprünglichen Verlässlichkeit und Vertrautheit ständig neu vergewissern muss. Wenige Monate vor seinem Tod, am 31. Januar 1968, schrieb Adorno in einem Brief an Annemarie Trabold (Inhaberin eines Schreibwarengeschäfts in Amorbach): »(...) es gehört für mich zu den schönsten Erfahrungen, dass ich in Amorbach, dem einzigen Ort auf diesem fragwürdigen Planeten, in dem ich mich im Grunde zu Hause fühle, nicht vergessen worden bin.«[75]

Die *Verwurzelungsfähigkeit* wird in der Regel, wenn Objektbindungen einmal im Leben glücken, zum unverlierbaren Bestandteil des »inneren Gemeinwesens« des Menschen. Im Erwachsenenalter sind häufig die Ursprungsorte, Heimat, Familie, vertraute Personen gar nicht mehr vorhanden oder sie sind durch die Turbulenzen der Geschichte bis zur Unkenntlichkeit verrückt. Aber dass solche Bindungsfähigkeit entsteht, dass im Gefühlshaushalt eines Menschen überschüssige Energie vorhanden ist, die durch Entfernung und Entfremdungsangst nicht verzehrt wird, hat eine so fundamentale Bedeutung für die Lebensgeschichte, dass sie selbst noch die Entwicklung öffentlicher Tugenden beeinflusst. Die Menschen treten nur dann in freier und selbstbestimmter Haltung auf die öffentliche Bühne, auf der ja auch vielfache Gefahren lauern, wenn sie im Erfahrungsraum von Näheverhältnissen, in der Familie, im generationenübergreifenden Haushalt, in der Nachbarschaft, mit verlässlichen Bindungen ausgestattet wurden, durch die das Fremdheitselement der Dinge und Verhältnisse ausgleichbar wird.

Ich selbst kann das Pathos, mit dem Adornos Heimatbegriff besetzt ist, schwer nachvollziehen. Es ist ja alles empirisch erfahrbare *gegenständliche Wirklichkeit,* die das konstituiert, woraus sich die Atmosphäre der Kindheitswelt zusammensetzt. Schon Bloch hatte mich mit seiner pathetischen Definition von Heimat irritiert; aber der Schlusssatz in seinem *Prinzip Hoffnung* bezeichnet etwas, was nicht nur Vergangenheit ist, sondern auf eine neue Weltschöpfung verweist. Bloch bezeichnet keine Gegenstände, an denen man das erfahren kann, was Heimat ist: »Der Mensch lebt noch überall in der Vorgeschichte, ja alles und jedes steht noch vor Erschaffung der Welt als einer rechten (...). Die wirkliche Genesis ist nicht am Anfang, sondern am Ende, und sie beginnt erst anzufangen, wenn Gesellschaft und Dasein radikal werden, das heißt sich an der Wurzel fassen. Die Wurzel der Geschichte aber ist der arbeitende, schaffende, die Gegebenheiten umbildende und überholende Mensch. Hat er sich erfasst und das Seine ohne Entäußerung und Entfremdung in realer Demokratie begründet, so entsteht in der Welt etwas, das allen in die Kindheit scheint und worin noch niemand war: Heimat.«[76]

Blochs Heimat ist ein Zukunftsbegriff, eine Zielvorstellung, ein Schöpfungsakt eigener Prägung, der die Vorgeschichte, die noch nicht menschliche Geschichte ist, beendet. *Adornos Heimatbegriff zehrt von der Vergangenheit.* Die beglückende Heimat hat es bereits einmal gegeben, und in vieler Hinsicht begleitet sie unser Leben. Auch diese Heimatidee ist mit einer Art Kindheit besetzt, mit Kindheitserfahrung, aber sie ist etwas Abgeschlossenes, wenn auch die ursprünglichen Kraftquellen weiterwirken. *Man muss das Glück schon einmal erfahren haben, wenn man von dieser Kraftquelle im späteren Leben zehren will.* Die Dialektik von Distanz und Nähe, das Widersprüchliche und die Balance, die empirische Erfahrung und das Metaphysische sind bei Adorno wie in einem feinen Gewebe miteinander verknüpft. Amorbach und die Umgebung sind ihm auch Erlebniszusammenhänge, die sogar das begründen, was metaphysische Erfahrung sein könnte.

In der *Negativen Dialektik* spannt er den Erfahrungsbegriff sehr weit: »Was metaphysische Erfahrung sei, wird, wer es verschmäht, diese auf angebliche religiöse Urerlebnisse abzuziehen, am ehesten wie Proust sich vergegenwärtigen, an dem Glück etwa, das Namen von Dörfern verheißen wie Otterbach, Watterbach, Reuenthal, Monbrunn. Man glaubt, wenn man hingeht, so wäre man in dem Erfüllten, als ob es wäre. Ist man wirklich dort, so weicht das Versprochene zurück wie der Regenbogen. Dennoch ist man nicht enttäuscht; eher erfühlt man, nun wäre man zu nah und darum sehe man es nicht. Dabei ist der Umstand zwischen Landschaften und Gegenden, welche über die Bilderwelt entscheiden, vermutlich gar nicht so groß. (...) Dem Kind ist selbstverständlich, dass, was es an seinem Lieblingsstädtchen entzückt, nur dort ganz allein und nirgends sonst zu finden sei; es irrt, aber sein Irrtum stiftet das Modell der Erfahrung, eines Begriffes, welcher endlich der der Sache selbst wäre, nicht das armselige von den Sachen Abgezogene.«[77] *Wenn das Unaustauschbare im Leben verloren geht, werden die Menschen in Funktionszusammenhänge eingebunden, die ihnen diese ursprüngliche Glückserfahrung verbauen.*

Es gibt demzufolge kein zweites Amorbach; das verengt den biographischen Zusammenhang von Glückserfahrungen beträchtlich. Wer so denkt, muss sich immunisieren gegen Erfahrungen einer veränderten Realität, immunisieren wie schon beim ersten Hinblick die Traumphantasie beschädigen. Dessen war sich natürlich auch Adorno bewusst. Nur durch angestrengteste Gedankenarbeit lassen sich Spuren des alten Amorbach freischaufeln.

Entsetzt und gleichzeitig zutiefst traurig war ich, als ich 1996 mit einer Reise in mein ostpreußisches Heimatdorf einen alten Traum realisieren wollte, Haus und Hof meiner Kindheit noch einmal in Augenschein zu nehmen. Nur eine halbe Stunde hielt ich es an diesem Ort aus; alles schien mir viel kleiner, als ich es in meiner Kindheit erfahren hatte. Es war dasselbe Haus, in dem ich aufgewachsen war, aber sonst war alles fremdartig, ohne Atmosphäre, die mich hätte nostalgisch werden lassen. So bereute ich sehr schnell, überhaupt diesen gefährlichen Weg unternommen zu haben. Eines ist mir dabei aber deutlich geworden: *Glückserfahrungen verteilen sich über das ganze Leben.*

AUSPROBIEREN, WIE WEIT MAN LAUFEN KANN — ANKUNFT IN DEUTSCHLAND

Das Menschenrecht auf Freizügigkeit

Vertreibung und Enteignung sind Strukturbegriffe der Geschichte – und weiter gefasst: *die Trennung von Innen und Außen*. Ich versuche, mir den eigenen frühen Lebensabschnitt im Zusammenhang der aktuellen Ereignisse bewusst zu machen. Im Verlauf meiner ersten Flucht, der jahrelangen Internierung und schließlich bei der Rückkehr zur Familie habe ich begriffen, was das *Menschenrecht auf Freizügigkeit* wert ist. Nachdem uns das Rote Kreuz mitgeteilt hatte, dass unsere Eltern lebten, richtete sich unsere ganze Phantasie im Lager auf die Freiheit und den Neubeginn. Unser Ziel war der Neubauernhof in Altenfinkenkrug in der Nähe von Berlin, den man unseren Eltern im Zuge der Bodenreform in der sowjetischen Besatzungszone zur Bewirtschaftung zugeteilt hatte.

Ein eigener Fluchttunnel

Im Sommer 1947 kehrten meine Schwestern und ich zu unserer Familie zurück. Auf unserer Reise nach Deutschland kamen wir zunächst in ein Quarantänelager in Güstrow, in der Nähe von Rostock, wenn ich mich recht erinnere. Zwar riegelten Aufseher mit Armbinden das Lager ab, aber es gab keine Posten mit Gewehren. Und da Ruth, die zweitälteste meiner Schwestern, uns drei dort besuchen konnte, war ich der Auffassung, dass die Lagerzeit jetzt beendet sei. Weil ich also keinerlei Gefahr witterte, grub ich zwei Tage vor der Ankunft meiner Schwester in einer unübersichtlichen Ecke einen kleinen Tunnel unter dem Drahtzaun, der das Lager umgab. Den ganzen Tag nutzte ich, um herauszufinden, ob es gefährlich sei, diesen Ort zu verlassen. Dann wagte ich einen Tag später den Ausbruch, war überrascht, dass er ungehindert gelang, und entfernte mich schnell. *Ich lief den ganzen Tag: zu den umliegenden Dörfern, durch Waldungen – nur um auszuprobieren, wie weit man überhaupt laufen kann.*

Immer wenn Grenzen und Mauern errichtet oder abgeschafft wurden, war mir diese kleine Episode gegenwärtig. Sie verfolgte mich bis in meine Träume hinein. In der deutschen Geschichte musste ich, als mein historisches Interesse erwachte, auch gar nicht lange suchen, um auf *Grenz- und Mauerphantasien* zu stoßen, mit denen die unterschiedlichen Herrschaftssysteme zielgerichtet zu arbeiten verstanden. *Ausgeschlossensein und Eingeschlossensein* – dieser chronische *Steuerungsverlust* im Verhältnis zwischen Innen und Außen war ja, wie ich später erfahren musste, bis zur Gespensterwirklichkeit einer Mauer im geteilten Berlin und undurchdringlicher Grenzbefestigungen im geteilten Deutschland ein bestimmendes Merkmal der deutschen Geschichte.

SCHULE UND SCHWARZMARKT – WIE KANN ICH EIN GEBILDETER MENSCH WERDEN?

»Heimkehr«

Es war ein beglückendes Gefühl der Heimkehr, als ich vom Fensterplatz eines überbelegten Zugteils, den mir meine Schwestern erkämpft hatten, wieder weite Landschaften betrachten konnte. Die Sinne werden in einem langen Lagerleben einseitig, matt und stumpf. Nie vorher habe ich wechselnde Landschaften so intensiv wahrgenommen, wie auf der Fahrt nach Finkenkrug. Früher war die Natur, von der ich wusste, dass sie Grundlage der Landwirtschaft ist, für mich immer etwas Selbstverständliches gewesen, das keiner besonderen Beachtung würdig war. Mir kam in den Sinn, dass die Reise von Kapkeim über Königsberg und Kopenhagen nach Berlin zweieinhalb Jahre gedauert hat. Denn als wir die Flucht antraten – Ursel, Margot und ich per Zug, kurz darauf meine Eltern und meine anderen Geschwister mit dem Treck –, war das Reiseziel Berlin Falkensee, wo meine älteste Schwester Irmgard, wie bereits erwähnt, in der Bäckerei eines Onkels arbeitete. Das war das verabredete Fluchtziel der ganzen Familie.

Zweieinhalb Jahre, das ist eine lange Zeit. Aber niemand von uns war zu Schaden gekommen, keiner verletzt oder getötet worden. Meine Schwester Ruth, die uns vom Quarantänelager Güstrow abgeholt hat, hatte schon dort und auf dieser Reise nach Berlin von *ihrer* Flucht berichtet. Die ganze Familie sei daran beteiligt gewesen, dass sie mit dem hoch beladenen Fuhrwerk heil über das Haff kamen, dessen Eisschicht allmählich brüchig wurde; viele Wagen des Trecks seien eingebrochen.

Immer sei einer aus der Familie vorausgegangen, um die Festigkeit der Eisdecke mit einem Eispflock zu überprüfen. So sind alle unbeschadet und unverletzt nach Berlin gelangt.

Wenn ich von *Heimkehr* spreche, dann meine ich das buchstäblich – auch wenn ich an einen ganz anderen Ort »zurückgekehrt« bin. Als uns mein Bruder mit Pferd und Wagen vom Bahnhof Finkenkrug abholte, spürte ich eine *heimatliche Atmosphäre,* so als wäre das Erlebte nur eine vorübergehende Unterbrechung gewesen, ein schlechter Traum. Wir fuhren auf den Neubauernhof, unsere Eltern stürzten sich entgegen. Ich erschrak, weil ich sie im ersten Augenblick nicht wiedererkannte. Beide waren stark abgemagert. Als ich sie zweieinhalb Jahre zuvor verlassen hatte, waren sie eher etwas zu dick gewesen; wenn man ihre damalige Statur freundlich beschreiben wollte, könnte man sagen, dass sie korpulent gewesen sind. Wir, die wir jetzt aus dem Lager in Dänemark kamen, waren wohlgenährt, hatten jedenfalls keinen Hunger leiden müssen. Doch hier herrschte Mangel. Das Haus, das wir betraten, war neu gebaut, es fehlte nur noch der Außenverputz; die Scheune war halbfertig – im Großen und Ganzen ein kompletter Bauernhof. Sogar ein Hund gehörte dazu, ein Prachtexemplar von einem Neufundländer, der auf den Namen *Treu* hörte. Sein Verhalten machte die Nahrungsprobleme noch einmal überdeutlich, denn er kaute an einer Mohrrübe. Dennoch war ich mit der neuen Lebenssituation sehr zufrieden: Es war zwar nicht der alte Hof in Kapkeim, aber unser neues Zuhause war ein Bauernhof, keine beengte Stadtwohnung, wie sie andere Flüchtlinge, die aus den Lagern kamen, beziehen mussten.

Leistungsunabhängige Noten

Das erste große Problem, mit dem ich mich auseinandersetzen musste, war die Schule. Wo stuft man einen Schüler ein, der zweieinhalb Jahre keinen regulären Unterricht hatte? Meine chronische Schulmisere begann in Finkenkrug. In Rechnen und Naturwissenschaften war ich buchstäblich völlig ahnungslos. Hier kam mir, auf eine wunderliche Weise, der elterliche Bauernhof zu Hilfe. Schon beim Aufnahmegespräch mit Frau Meier, meiner späteren Klassenlehrerin und Frau des Rektors, spürte ich eine ungewöhnlich freundliche und verständnisvolle Haltung mir gegenüber. Ich sollte selbst mein Wissen einschätzen und die Klasse, in die ich gerne gehen wollte, auswählen. Ich entschied mich für die siebte. Frau Meier unterrichtete im Grunde alle Fächer; der Unterricht war insgesamt langweilig, weil die Klassen zu groß waren und nie wirklich Ruhe eintrat. So war es eher ein Privatunterricht mit den wenigen Schülerinnen und Schülern, die ruhig waren und zuhören konnten. In dieser Schule nahm ich zum ersten Mal wahr, welche große Bedeutung Ruhe für Lehrer hat – und wie dadurch *leistungsunabhängige Noten* entstehen.

Später, in einer anderen Schule, kam eines Tages, nach halbjährigem Unterricht, ein Lehrer, der Physik und Mathematik unterrichtete, auf mich zu und fragte – wie mir schien, drohend: »Wie heißt du?« Ich nannte meinen Namen und bemerkte, dass er ihn in sein Notizbuch schrieb und daneben eine Eins malte. Ich dachte zunächst: Der verwechselt mich! Denn ich hatte bis dahin weder eine schriftliche Leistung erbracht noch mich gemeldet. Als er mir aber zusätzlich anbot, beim Apparateaufbau zu assistieren, war klar, dass Schweigen und Ruhigsein die Note Eins begründeten. Knepel, so hieß der Lehrer, hat bei meiner eilfertigen Assistenztätigkeit nie eine

Sachfrage an mich gerichtet; ich glaube, ihm war meine Ignoranz völlig klar.

Bei Frau Meier hatten allerdings die sehr befriedigenden Noten auf meinen Zeugnissen eine ganz andere Ursache. Die Aufmerksamkeit, die sie meinen spärlichen Unterrichtsbeiträgen spendete, war so auffällig, dass ich beschloss, sie bei nächster Gelegenheit zu fragen, was der Grund für diese von anderen Mitschülern misstrauisch beobachtete Zuneigung sei. Die Gelegenheit einer Aussprache stellte sich sehr bald ein. Nach Schulschluss saß sie allein in der Klasse und blätterte in Hausarbeiten. Ich ging auf sie zu, und um ein Gespräch zustande zu bringen, schimpfte ich auf die Schulverwaltung, die nichts getan hätte, um den Flüchtlingskindern den Einstieg in das offizielle Schulsystem zu erleichtern. Sie bestätigte diesen ärgerlichen Tatbestand, wendete aber das Gespräch auf die miserable Situation der Lehrer, die schlecht bezahlt und mit so viel Arbeit eingedeckt seien, dass sie noch nicht einmal Zeit genug hätten, aufs Land zu fahren, um Futter für ihre Haustiere zu beschaffen. »Haustiere?«, fragte ich. »Welche haben sie denn?« »Sechs Kaninchen.« – »Sechs Kaninchen? Die kosten aber eine Menge.« Wir philosophierten eine Weile über Kaninchen, und ich wusste, worum es ging.

Das lief dann gut anderthalb Jahre; mit der Übergabe hatten wir keine Probleme, nachdem das Tauschverhältnis ohne gesonderte Absprache gesichert war. Heu gehörte zu den Tauschobjekten, aber auch Delikatessen, wie ab und zu ein Kohlkopf, etwas Salat oder Mohrrüben. Ich konnte mir bildlich vorstellen, wie sich die Kaninchen freuten, wenn sie sich über einen Kohlrabi hermachten. Mir verschaffte es das Gefühl großer Sicherheit, dass ich auf die so erworbenen leistungsunabhängigen Noten verlässlich setzen konnte. Denn zu allem Unglück war ich zu dieser Zeit auch noch durch die Prüfung im Konfirmationsunterricht gefallen und musste das stumpfsinnige Lernen von Bibelstellen wiederholen. In diesem Fall erschien meine Mutter beim Pfarrer, weinte und appellierte an ihn, wegen meines Flüchtlingsschicksals doch Milde walten zu lassen. Er ließ sich nicht erweichen. Ich musste wiederholen.

Gezielte Abkopplung vom offiziellen Schulsystem

Die Schulmisere in Finkenkrug weckte in mir immer stärker werdende Zweifel, ob das, was das offizielle Schulsystem anbietet, wirklich zur Förderung des Lernens und der Bildung beitragen kann. Ich begann darüber nachzudenken, welches Vergnügen Bildung bereiten kann und wie sehr die offiziellen Schulangebote abstumpfen und jegliche Motivation zerstören. *Schon in Finkenkrug entwickelte sich bei mir die Idee, meine Bildung vom offiziellen Schulsystem völlig abzukoppeln.* Es reichte deshalb nicht aus, einige Bücher zu studieren, die ich von den Eltern eines Mitschülers, die selbst Lehrer waren, ausleihen konnte – darunter einige Bände Goethe und Schiller. Ich war entschlossen, mir eine *eigene Bibliothek* aufzubauen.

Da ich nicht wusste, wie man Schwerpunkte setzen kann, was wichtig und was unwichtig ist, ging ich eines Tages in die Bahnhofsbuchhandlung in Finkenkrug und erläuterte dem Buchhändler mein Problem: *Was muss man lesen, um ein gebildeter Mensch zu werden?* Der Buchhändler lachte, aber ihm fiel sofort eine Antwort ein: »*Meyers Konversationslexikon!*« Das kam so spontan aus seinem Mund, dass es mich sofort überzeugte. Bis heute habe ich davon alle sechzehn Bände im Regal stehen – viel genutzt und gut erhalten. Ich unterbrach seinen Redefluss und erklärte kleinlaut: »Ich habe aber kein Geld.« »Kein Geld? Was hast du sonst?« – »Meine Eltern haben einen

Bauernhof.« Man sah buchstäblich sein Gesicht aufleuchten, als er das hörte. »Was verlangen Sie für die sechzehn Bände?« Er war sich unschlüssig, was er verlangen sollte; denn er wollte das Geschäft nicht durch Überforderung verderben. Schließlich einigten wir uns auf einen Zentner Kartoffeln, verteilt über acht Wochen. Das war nun aber ein Verhandlungsergebnis ohne Zustimmung der wichtigsten Person in diesem Handel: meines Bruders. Denn er musste diese Kartoffeln zu Hause requirieren und vom Hof schaffen. Er zeigte sich aber, wie immer, sehr kooperationsbereit. Ähnlich verlief es mit dem Einkauf von *Schlossers Weltgeschichte*, neunzehn Bände. Die konnte ich für fünfundzwanzig Pfund Roggen erwerben.

Das allmähliche Anwachsen meiner Bibliothek haben meine Eltern offensichtlich bemerkt, sich aber nicht dazu geäußert. Ich weiß nicht, ob sie dachten, ich hätte die Bände vom Taschengeld bezahlt oder geschenkt bekommen. Jedenfalls haben beide Bücherbestände, die an physischem Gewicht wohl Zentner ausmachten, die zweite Flucht überstanden und nehmen heute noch einen Ehrenplatz in meiner Privatbibliothek ein.

Nicht so erfolgreich lief das Geschäft mit den Briefmarken. Ich hatte ja in Dänemark eine umfangreiche Briefmarkensammlung angelegt, die ich in Finkenkrug vervollständigen wollte. Dazu hatte ich in Charlottenburg einen Briefmarkenhändler aufgetan, der mir neue Marken versprach, wenn ich sie mit Eiern bezahlte. Mit ihm hatte ich einen Tauschtermin verabredet und dafür zehn Eier aus dem familialen Eiervorrat ausgesondert. Als ich mit einer Aktentasche den Hof verlassen wollte, hatte meine Mutter offenkundig das richtige Gefühl: dass ich etwas wegschleppte. Sie lief mir nach und bestand darauf, dass die Eier in ihren alten Bestand zurückkamen. Seitdem habe ich die Briefmarkensammlung aufgegeben und mich auf das Sammeln von Büchern spezialisiert.

Aber die Idee einer von den bestehenden Institutionen abgekoppelten Bildung bewegte sich im luftleeren Raum; sie war buchstäblich eine Schwarzmarktidee. Von aktueller Dringlichkeit war, nachdem ich das Abgangszeugnis der Finkenkruger Volksschule in Empfang genommen hatte, die Frage: Was will ich werden? Wie sehen die Berufschancen aus – ganz unabhängig davon, um welchen Beruf es sich handeln sollte? Zeitweilig hatte ich großes Interesse an elektrotechnischen Dingen, hatte auch vom Bruder eines Mitschülers ein Physiklehrbuch gegen einige Naturalien eingetauscht; ich glaube, es handelte sich um das Werk eines berühmten Verfassers solcher Lehrwerke, *Grimsehl*, wenn ich mich recht erinnere. In diesem Buch spielten Elektromotoren eine große Rolle; ich vertiefte mich in diese Materie, sodass ich auch eine gewisse Kompetenz im Umgang mit Motoren erwarb. Unsere bäuerlichen Nachbarn riefen mich manchmal zu Hilfe, wenn einer ihrer Elektromotoren nicht mehr funktionierte.

Als ich dieses Interesse in der Berliner Verwandtschaft verbreitete, machte der Schwiegervater meiner ältesten Schwester, der als Meister bei der Firma Siemens tätig war, den Vorschlag, dass ich mich dort um eine Lehrstelle bewerben sollte. Er würde mich darin unterstützen und Fürsprache bei der Firmenleitung halten. Aber die Absage traf sehr schnell ein. Mit diesem Ergebnis gingen ich und einige andere Schulabgänger zurück zur Schule und fragten Rektor Meier, was wir jetzt tun sollten. Er machte uns den Vorschlag, eine Einrichtung aufzusuchen, die als *Berufsschulvorjahr* bekannt sei. Was wir vorfanden, war eine Baracke in verwahrlostem Zustand, an deren Wand zwar »Berufsschulvorjahr« stand, wo aber weder ein Büro noch irgendeine Person aufzufinden waren. Also gingen wir zurück zu Rektor Meier. Wir erstatteten Bericht, und seine Auskunft war frappierend: »Dann müsst ihr eben weiter zur Schule gehen!«

Das war nun in meinem Fall aufgrund der leistungsunabhängigen Noten einigermaßen plausibel, aber eine ganze Reihe von Mitschülern blickte verzweifelt zu Boden. Nichts erschien ihnen schlimmer, als weiter zur Schule gehen zu müssen. Mein Vater meldete mich in der Falkenseer Einheitsschule an, und ich wurde in die neunte Klasse eingestuft.

Dr. Christian Friese – Großer Erzieher und Lehrer

Ich kann nicht sagen, dass ich damit besonders zufrieden war; denn ich hatte mich ja gerade vom Schulsystem abgekoppelt. Diese Falkenseer Einheitsschule war für mich ein Albtraum. Nichts wollte mir glücken. Der neu einsetzende Lateinunterricht war so trocken und langweilig, dass kein Funke der Begeisterung überspringen konnte. Ich schrieb in allen Fächern eine Fünf nach der anderen. Die Junglehrerinnen und Junglehrer, die uns in dieser Schule in der SBZ (sowjetisch besetzte Zone) unterrichteten, waren überzeugte Systemanhänger und propagierten antifaschistische Parolen auf einem Niveau, das uns jede Möglichkeit nahm, mit ihnen lebendig zu diskutieren. Nichts, was hier über Marx und Lenin vermittelt wurde, ist mir haften geblieben.

Da mein Vater davon überzeugt war, dass meine miserablen Noten mit der schlechten Schule zu tun hätten, hatte er sich in den Kopf gesetzt, mich in Falkensee ab- und in einer Westberliner Schule anzumelden. Er hatte mehrere Schulen in Westberlin aufgesucht und mit den jeweiligen Rektoren geredet, ohne das vorher mit mir zu besprechen. Der Rektor der Gottfried-Keller-Schule am Bahnhof Jungfernheide signalisierte schließlich, dass er mich als Schüler aufnehmen würde, allerdings mit einer Zurückstufung in die achte Klasse. Die Zugfahrt vom Bahnhof Finkenkrug bis Berlin-Jungfernheide dauerte gut eine Stunde. Das war ein weiter Schulweg, denn von Altfinkenkrug, wo unser Hof lag, bis zum Bahnhof war es nochmals eine gute Dreiviertelstunde Fußweg – fast zwei Stunden also auf dem Hinweg und ebenso auf dem Rückweg, insgesamt jeden Tag fast vier Stunden Schulweg. Einfach war das nicht, zumal in den Wintermonaten, da der sogenannte *schwarze Weg* durch einen stockdunklen Wald führte. Mein Bruder hat mich häufig begleitet, aber auch meine Schwester Ursel.

Trotz dieser Beschwernisse war die Entscheidung für die Gottfried-Keller-Schule eine der wichtigsten in meiner Bildungs- und Lebensgeschichte. Ich war plötzlich in der glücklichen Situation, einen Lehrer zu treffen, der sich im offiziellen Schulsystem gut auskannte und die Lehrpläne der Schule verfasste, aber in diesem Schulbetrieb nicht aufging, sondern die wirklichen Lern- und Bildungsprozesse genau da vermutete, wo ich hin wollte. *Es erschien mir nun so, als ob das Ganze eigens für mich eingerichtet wäre.* Denn ein Zufallselement kam hinzu, mit dem ich überhaupt nicht gerechnet hatte, mit dem man auch in meiner Situation nicht hätte rechnen dürfen und können: Dr. Christian Friese, mein neuer Deutsch- und Französischlehrer, lebte in Finkenkrug, sodass wir häufig zusammen zur Schule fuhren oder gemeinsam zurückkamen.

Dr. Friese war promovierter Historiker, der mit Begeisterung zur Kenntnis nahm, dass ich während der Bahnfahrten zur Schule und zurück *Schlossers Weltgeschichte* studierte. Dass ich diese und andere Bücher, etwa Goethes erste Fassung von *Wilhelm Meister*, *Wilhelm Meisters theatralische Sendung*, freiwillig, ohne Bezug zur Schule las, war angesichts seiner Erfahrung als Lehrer ausgesprochen ungewöhnlich. Da ich als Fahrschüler nicht immer günstige Zugverbindungen hatte und oft lange warten musste, vertraute er mir den Schlüssel zur Schulbücherei an, was mir eine ganz neue Bücherwelt erschloss. Wie besessen habe ich gelesen, manchmal auch bewusst einen Zug verpasst, um noch einige Stunden in der muffigen, aber geistreichen Atmosphäre des Bücherkellers zu verbringen.

WIDERSPRÜCHLICHE IDEEN VOM ANDEREN DEUTSCHLAND – DIE ZWEITE FLUCHT

Aufbruch bei Nacht und Nebel

Die Zeit in Altfinkenkrug bei Berlin endete abrupt. Gleichsam bei Nacht und Nebel verließen wir die zum Staat DDR aufgewertete sowjetisch besetzte Zone im Sommer 1951. Rund vier Jahre nach meiner Rückkehr aus Dänemark, als für mich alles gesichert und endgültig erschien, mussten wir erneut flüchten, diesmal geschlossen mit der ganzen Familie. Der Grund war mein Vater. Seit 1918 überzeugter Sozialdemokrat, nahm er die Zwangsvereinigung von SPD und KPD zur SED 1946 nicht widerspruchslos hin. Obwohl er als sozialdemokratischer Bauer im SED-Herrschaftsbereich durchaus privilegiert war, hielt er die Kollektivierungsabsichten der sowjetischen Besatzungsmacht und des SED-Regimes für verfehlt. Aus den parteiinternen Reaktionen auf seine offene Kritik erwuchs schließlich das Gefühl, gefährdet zu sein. Der drohenden Verhaftung, die ihm ein bäuerlicher Freund aus der SED signalisierte, entzog er sich. Als die Grenzen noch nicht geschlossen waren, aber doch von Polizei und Militär kontrolliert wurden, sodass DDR-Flüchtlinge durchaus mit Inhaftierung rechnen mussten, hatten meine Eltern innerhalb von vierzehn Tagen alles Nötige zu Verwandten nach Westberlin geschafft. Den Rest der beweglichen Habe hatten sie an Nachbarn verkauft. Eines Nachts fuhr die ganze Familie mit Handgepäck nach Westberlin. Die nächste Zeit verbrachten wir in Berlin, in einer Flüchtlingsunterkunft in Grunewald. Nach einem halben Jahr im »Lager«, einer komfortablen Villa, wurden wir nach Oldenburg ausgeflogen, wo wir Verwandte hatten.

Diese *zweite Flucht* erschien meinen Eltern und mir stets schmerzhafter, weil unsinniger als die erste. Mit der ersten hatte ich mich schon deshalb abgefunden, weil sie mir der Preis für den mörderischen Überfall Deutschlands auf die Sowjetunion und für den verlorenen Krieg zu sein schien. Verwirrt hat mich aber der widersinnige Tatbestand, dass mein Vater mit seiner sozialistischen Gesinnung wenige Jahre später unter Drohungen und Existenzängsten aus einem Land vertrieben wurde, das sich den »Aufbau des Sozialismus« vorgenommen hatte, wie Parolen und Programme ankündigten. Dies und die für uns beide nicht nachvollziehbare Differenzierung zwischen Sozialdemokratie und Marxismus-Leninismus erzeugten in mir ein starkes Bedürfnis nach Aufklärung.

Nichts von dem, war mir in der Schule der SBZ und der frühen DDR an sozialistischen Ideen vermittelt wurde, hat Spuren hinterlassen. Ich wüsste heute nicht einmal mehr zu sagen, welche Texte in der Schule gelesen wurden. Erst nachdem meine Eltern auf einem Bauernhof in der Nähe von Oldenburg Arbeit gefunden hatten und ich in eine Oberschule der Stadt eingeschult worden war, begann der Widerspruch in mir zu arbeiten – *der Widerspruch zwischen den Ansprüchen des Sozialismus und dem, was im anderen Teil Deutschlands aufgebaut wurde.*

Ideen vom anderen Deutschland

Viele Gedanken hatte ich mir vorher nicht darüber gemacht, wie der Nazi-Terror durch die Entwicklung einer »neuen Gesellschaft« aufzuarbeiten sei. Für meinen Vater indes markierten die von der sowjetischen Besatzungsmacht durchgesetzte Bodenreform, bei der Großgrundbesitz enteignet wurde, sowie die Enteignung der Konzerne, die mit den Nazis kollaboriert hatten, zunächst die Geburtsstunde eines *anderen Deutschland*. Für dieses andere Deutschland empfand selbst er, der die deutschen Vorurteile über die Russen teilte, Sympathien. Für ihn war – und in dieser Hinsicht hatte er beträchtlichen Einfluss auf mich – die Gestaltung einer friedlichen, gerechten und humanen deutschen Gesellschaft eng mit einer *sozialistischen Gesamtordnung* verknüpft. Der Sozialismus erschien ihm als die einzig vernünftige Alternative zu einem Deutschland, das zwei Weltkriege angezettelt hatte, an denen er als junger Mann und dann im Volkssturm teilgenommen hat.

Diese widersprüchlichen Erfahrungen waren es, die mich veranlassten, nachzulesen, zu überprüfen, mich mit Literatur über Deutschland und den Sozialismus zu beschäftigen. Der Sozialismus, den ich erlebt hatte und den ich nicht so recht mit der Idee des *anderen Deutschland* – eines Deutschland *ohne* Lager und Stacheldrahtverhaue – verbinden konnte, blieb für mich die bestimmende Erkenntnisprovokation.

In der Bibliothek der Oldenburger Hindenburg-Schule versorgte ich mich privat mit den dort vorhandenen Schriften über Marx und den Kommunismus. Es erschien mir als ein großes Glück und erregte meine Neugierde weiter, als wir im Fach Deutsch und im Wahlfach Philosophie einen jungen Lehrer bekamen, der in Münster studiert hatte und Anhänger des vom Thomismus geprägten Philosophen Josef Pieper war. In kleinen, didaktisch wohlgeordneten Interpretationen hatte dieser Philosoph die aristotelisch-thomistische Tradition vermittelt, und der junge Lehrer bediente sich dieser philologisch genauen Interpretationsmethode, um uns philosophische Texte in ihrem widersprüchlichen Strukturzusammenhang begreiflich zu machen. Doch er beschränkte sich nicht auf die großen philosophischen Texte der europäischen Denktradition, sondern wollte uns textnah demonstrieren, in welchen erkenntnistheoretisch-logischen Konstruktionsfehlern Marxismus *und* Leninismus befangen seien. So lasen wir über einen langen Zeitraum, es waren vielleicht zwei Jahre, das *Kommunistische Manifest* und Lenins *Staat und Revolution* in knappen Auszügen, aber Satz für Satz. Zu jedem Kapitel nahmen wir auch Originalliteratur auf, auf die sich die Autoren bezogen. Wir lasen mit dem bestimmenden Interesse der Widerlegung, allerdings in dem Willen, den Texten Gerechtigkeit widerfahren zu lassen, sodass für mich zum ersten Mal bewusst der Widerspruch zwischen Idee und Wirklichkeit des Sozialismus sichtbar und vernehmlich wurde.

Während ich überlege, wie sich die Idee eines *anderen Deutschland* mit meinen Erfahrungen in der Berliner Zeit vereinbaren lässt, wird mir immer klarer, dass sich die DDR-Wirklichkeit von der sozialistischen Utopie ständig weiter entfernte. Aufschlussreiche Assoziationen, denen ich in den Jahren unmittelbar nach der Wiedervereinigung nachhing, lösten in mir eine Art Erschrecken aus, dass damals – so, als ob sich Geschichte tatsächlich wiederholte, wie bereits bei der ersten Reichsgründung und dann, mit radikaler und blutiger Spiegelung, im NS-Regime – die »Wiedervereinigung Deutschlands« in zahlreichen Aspekten als Sieg über den Sozialismus gefeiert wurde.

War nicht beim Aufbruch in der DDR, als die Montagsdemonstrationen begannen und Bürgerinitiativen Kritik am System öffentlich machten, für viele der »Sozialismus mit menschlichem Gesicht« die Alternative zur bürokratischen Herrschaft in der DDR und zum Kapitalismus des Westens? Ein Anfang, der freilich schnell abbrach. Die staatliche Wiedervereinigung forderte nicht nur ein Nachdenken über die neue Rolle Deutschlands in Europa heraus, sondern auch die Anstrengung, zu klären, welche Anschauungen wirklich zu verabschieden sind, wo eine Erneuerung alternativer Vorstellungen von Gesellschaft unerlässlich ist und wo wir es mit offenen Fragen zu tun haben, also die Phantasie sozialer Experimente angespannt und erweitert werden muss.

Die Produktionsöffentlichkeit Deutschland, dieses gewaltige Laboratorium gesellschaftlicher Versuche, das immer wieder auch katastrophale Ergebnisse hervorbringt, ist gleichwohl nach wie vor ein Terrain des möglichen Besseren: kein Land der unbegrenzten Möglichkeiten, jedoch eine Gesellschaft der produktiven Ungleichzeitigkeit, die immer wieder den platten Zentralismus territorialer Einheitsstaaten in Frage stellt, *Anfänge setzt*. Den fortwirkenden Utopiegehalt dieser Anfänge nicht aus dem Gedächtnis zu verlieren, sondern ihn beharrlich einzuklagen, ist für mich die harte Anforderung, der sich die kritischen Intellektuellen und eine aufgeklärte Zivilgesellschaft stellen müssen, sofern sie nicht zu Mitläufern der Realität verdummen wollen.

Von *seinem* Jahrhundert hatte Hölderlin gesagt: »So viel Anfang war nie.« Während des Aufbruchs, der Rebellion in der DDR war dieses Wort in aller Munde; inzwischen ist es vergilbt. Es war der resignierte und in den Schutz der Turmstube geflüchtete Jakobiner, der den Brechungen der Anfänge nachtrauerte. »Wehret den Anfängen!« ist in der zweiten Hälfte des 20. Jahrhunderts häufig eine Parole gewesen, aus der Geschichte zu lernen, also nicht einfach treiben zu lassen, was ohnehin bloß getrieben wird. Darin steckt ein dauerhafter Wunsch der Menschen, noch einmal neu zu beginnen. Vielleicht bestand für die, von denen erzählt wird, sie hätten im Tübinger Stift den Freiheitsbaum gepflanzt, die Deutschland-Utopie darin, den Geist der Französischen Revolution, der Aufklärung, Rousseaus, Voltaires mit der deutschen *Kultur*, dem weiträumigen Reflexionsvorrat, dessen Rohstoff die Philosophie Kants entzündete und der dann im deutschen Idealismus seinen ganzen Reichtum ausbreitete, in *einer Gesellschaftsordnung* zu versöhnen, die zum Bewusstsein ihrer kulturellen Identität der *innerstaatlichen Feinderklärungen*, der nationalstaatlichen Barrieren und Phrasen nicht mehr bedarf. Kaum zu überschätzen ist, was Deutschland an Unglück, Not und kollektiven Verbrechen erspart geblieben wäre, hätte es damals, zur Zeit Hölderlins, eine gesellschaftliche Aussöhnung zwischen den Ideen der Französischen Revolution (also der Allianz von Patriotismus und Menschenrechten) und dem »deutschen Geist« gegeben, der sich zunehmend mächtiger und arroganter als Kraft der *Ausgrenzung des Fremden* betätigte. Für die deutschen Ausgewanderten und aus ihrem Land Vertriebenen formulierte der verletzliche und verletzte Hölderlin gleichsam Unworte, indem er Hyperion in angstvoller Trauer sagen lässt: »So kam ich unter die Deutschen«[78] – Worte, die von einem ausgewanderten Engländer oder Franzosen gegenüber dem eigenen Land undenkbar wären.

Wer heute über die – vor mehr als 25 Jahren untergegangene – DDR nachdenkt, der muss auch über die alte Bundesrepublik nachdenken. Wer über diese beiden Nachkriegskonstruktionen von Gesellschaftsordnungen und Staatsapparaten nachdenkt, muss auf das zurückgehen, wovon diese beiden Teilsysteme eine jeweils spezifische Bürde übernommen haben. *Objekte der Entwicklung* sind ursprünglich beide Teile Deutschlands gewesen. Dem einen Teil wurde westliches Denken, wurden die »Ideen von 1789«, der praktische Sinn für demokratische Selbstverantwortung und ein sicheres Gefühl für das zivile Leben im Unterschied zu staatspatriotischen Gesinnungen und zum Militärgepränge eingepflanzt; erst damit verloren sich die kriegerischen »Ideen von 1914«. Der andere Teil Deutschlands hatte keine ernst zu nehmende Wahlmöglichkeit, sich *gegen* eine stalinistisch verdrehte »Volksdemokratie« zu entscheiden. Die Leistungen einer prosperierenden Ökonomie haben es der Bevölkerung in dem einen Teil erleichtert, sich mit den Errungenschaften westlicher Demokratien anzufreunden. Hauptleidtragender der ökonomischen Kriegsfolgen war der andere, kleinere Teil; die augenfällige Diskrepanz zwischen einem karg und arm bleibenden Sozialismus und dem wachsenden kapitalistischen Reichtum wurde zunehmend zum politischen Problem.

Dass sich in der sowjetisch besetzten Zone und der DDR die republikanischen Traditionen der Aufklärung, des Kampfes der Unterdrückten (vom Bauernkrieg bis zum antifaschistischen Widerstand) besonderer Anerkennung erfreuten, war durchaus ein Signal. Es ist ein Akt historischer Gerechtigkeit, festzustellen, dass die DDR nicht vom ersten Tag an der durchorganisierte Überwachungs- und Zwangsstaat gewesen ist, als der sie sich an ihrem Ende ausgewiesen hat. Jedenfalls kann dieser Staat so nicht von denjenigen empfunden worden sein, die ihn freiwillig als Betätigungsfeld gewählt haben. Dass Bertolt Brecht, Hans Mayer, Ernst Bloch sowie viele andere Schriftsteller und Wissenschaftler in die DDR gegangen sind, ist keineswegs Ausdruck einer naiven Unterstützung des Herrschaftsanspruchs stalinistischer Bürokratie. Sie haben vielmehr dem erklärten *Antifaschismus* vertraut, der die Ursprungsgeschichte der sowjetisch besetzten Zone und der DDR bestimmte.

So erscheint es mir sinnvoll, den Befreiungs- und Glücksversprechen der gesellschaftlichen Anfänge und den Spuren ihrer Brechungen nachzugehen. Ein Sozialismus, der seine Idee ernst nimmt, müsste heute auf *Parolenplunder und Fortschrittsposen* verzichten und sich ganz auf die Bedürfnisse und Interessen der Menschen in ihrem Alltag einlassen, *um sehen und hören zu lernen, um die Arbeit an den liegen gebliebenen und verdrängten Anfängen aufzunehmen.* Marx hat das sehr wohl erkannt: »Es wird sich dann zeigen«, schreibt er in einem Brief an Ruge vom September 1843, »dass die Welt längst den Traum von einer Sache besitzt, von der sie nur das Bewusstsein besitzen muss, um sie wirklich zu besitzen. Es wird sich zeigen, dass es sich nicht um einen großen Gedankenstrich zwischen Vergangenheit und Zukunft handelt, sondern um die *Vollziehung* der Gedanken der Vergangenheit. Es wird sich endlich zeigen, dass die Menschheit keine neue Arbeit beginnt, sondern mit Bewusstsein ihre alte Arbeit zustande bringt.«[79]

Die Zeit ist für neue Träume und neue Arbeit so lange noch nicht reif, wie die alten Träume und die unerledigte Arbeit des Vergangenen Phantasie und Aufmerksamkeit der Gegenwart in Anspruch nehmen. Die Meinung, der Sozialismus lasse sich zu einem System wissenschaftlicher Botschaften fügen und so für die handelnden Menschen beweiskräftig machen, gehört zu den ganz und gar trügerischen Erwartungen der Vergangenheit. *Überschüssiges* lässt sich vom Motivationsgehalt des Sozialismus nicht ablösen. Ein literarisches Bild scheint geeignet, genauer auszudrücken, was damit gemeint ist; das Bild stammt von Walter Benjamin. Der »Engel der Geschichte« ist die Figur des gebrochenen, ungleichzeitigen, in Trauer und Tragik eingebetteten Fortschritts. Den dialektischen Geschichtsbegriff, der die Zeitspannungen von Vergangenheit, Gegenwart und Zukunft ernst nimmt, hat Benjamin, selbst ein Opfer des von den Nazis ausgeübten Terrors, eindrucksvoll gefasst: »Es gibt ein Bild von Klee, das Angelus Novus heißt. Ein Engel ist darauf dargestellt, der aussieht, als wäre er im Begriff, sich von etwas zu entfernen, worauf er starrt. Seine Augen sind aufgerissen, sein Mund steht offen und seine Flügel sind ausgespannt. Der Engel der Geschichte muss so aussehen. Er hat das Antlitz der Vergangenheit zugewendet. Wo eine Kette von Begebenheiten vor *uns* erscheint, da sieht *er* eine einzige Katastrophe, die unablässig Trümmer auf Trümmer häuft und sie ihm vor die Füße schleudert. Er möchte wohl verweilen, die Toten wecken und das Zerschlagene zusammenfügen. Aber ein Sturm weht vom Paradiese her, der sich in seinen Flügeln verfangen hat und so stark ist, dass der Engel sie nicht mehr schließen kann. Dieser Sturm treibt ihn unaufhaltsam in die Zukunft, der er den Rücken kehrt, während der Trümmerhaufen vor ihm zum Himmel wächst. Das, was wir den Fortschritt nennen, ist *dieser* Sturm.«[80]

Dass der Kapitalismus seine aufgehäuften Trümmer hat – Verelendung anderer Länder durch Imperialismus, Krieg und Völkermord –, ist von kritischen Zeitgenossen niemals in Zweifel gezogen worden. Aber auch der Sozialismus blickt auf *seine* Trümmer, auf die Schädelstätte *seines* absoluten Geistes. Das Buch seiner wirklichen Tragödien ist noch nicht geschrieben; es müsste ein Buch in drei Teilen werden: ein Buch der *Verabschiedungen*, der *Erneuerungen* und der *offenen Fragen*. In den kritischen Gesellschaftsentwürfen sind die Trümmer der Geschichte, sind Gewalt und Barbarei nicht verleugnet, sondern in einer menschenwürdigen Spannung zur Idee einer besseren Welt gehalten – zur Idee einer Menschheit, die sich ihres Zusammenhangs mit der Natur bewusst ist und der Gewalt zur Regulierung ihrer Angelegenheiten nicht mehr bedarf. Das hatte der junge Marx im Sinn, als er vom »Ende der Vorgeschichte« sprach, von der Möglichkeit einer offenen, zerbrechlichen Aufhebung der Selbstentfremdung des Menschen, von seiner »Naturalisierung« und von der »Humanisierung« der Natur, die ihre Kräfte nur in einem pfleglichen Bündnis mit menschlicher Tätigkeit entfalten kann.

Dass solche Worte heute Skepsis hervorrufen, hat gute Gründe. Aber der Wahrheitsgehalt im Begriff Sozialismus ist nicht getilgt; er ist, wie Bloch gesagt hat, *unabgegolten*. Er gehört in den Zusammenhang der großen Herausforderungen des 21. Jahrhunderts: der *sozialen Frage*, der *Frage der politischen Demokratie* und des Problems der *individuellen Emanzipation*. Keines dieser Probleme ist isoliert, unabhängig von den anderen, lösbar. Darüber, welches Konzept einer künftigen Gesellschaft die angemessenen Antworten auf diese Herausforderungen zu geben vermag, ist das geschichtliche Urteil noch nicht gesprochen.

»WAS HABEN SIE EIGENTLICH IM KOPF?« – GOETHE UND KANT

Abitur mit Goethe

Als wir im Winter 1951 mit dem Flugzeug in Hannover landeten und mit dem Zug nach Oldenburg fuhren, um unseren neuen Standort in der Nähe von Großenkneten zu beziehen, waren meine Bücher schon dort eingetroffen. Ich war auf's Äußerste erstaunt und hocherfreut. Wie diese schweren Stücke auf geheimnisvolle Weise mit dem Hab und Gut meiner Familie mittransportiert werden konnten, ist mir nach wie vor ein Rätsel. Meine Eltern hatten das zweite Mal einen Bauernhof verloren; verschiedene Angebote, ein drittes Mal eine Landwirtschaft aufzubauen, lehnten sie ab – egal, ob es sich um Bauernhöfe handelte, die nachfolgende Generationen aufgegeben hatten, oder um solche, die pleitegegangen waren. Für mich begann in Oldenburg ein ganz neuer Abschnitt meiner Lebens- und Bildungsgeschichte; aber ich blieb bei der *Selbstbildung* – der entschiedenen Distanz zur offiziellen Schule, für die ich mich nur selten erwärmen konnte. Einer meiner wichtigsten Begleiter auf diesem Bildungsweg war *Goethe*.

Es muss schon in der Zeit gewesen sein, als ich die Gottfried-Keller-Schule in Berlin besuchte, dass sich in meinem Kopf die fixe Idee festgesetzt hatte, man könne als gebildeter Mensch nur anerkannt werden, wenn man eine gründliche Goethe-Lektüre hinter sich gebracht habe. Schon vorher hatte ich tastende Schritte in die Bildungslandschaft getan. In der Schulbücherei, wo ich mir die Wartezeit auf den Zug verkürzte, griff ich zu den unterschiedlichsten Büchern, las kreuz und quer. Auch Goethe war darunter, eine alte *Faust*-Ausgabe, *Wilhelm Meisters theatralische Sendung*, verschiedene Gedichtbände. Was ich vermisste, war eine vollständige Werkausgabe Goethes oder doch wenigstens eine Ausgabe seiner Schriften, die mir den Eindruck hätte vermitteln können, dass sich ein systematisches Studium lohne. Denn darauf kam es mir an: Goethe nicht hier und da zu lesen oder durchzublättern; mir schien eine gelungene Bildung nur dann möglich zu sein, wenn ich mich dem Werk dieses großen Dichterfürsten *systematisch* näherte.

Ein glücklicher Zufall kam mir damals zu Hilfe. Die Eltern meines besten Freundes, Konrad hieß er, wollten mich kennen lernen und übermittelten mir eine Einladung zu einem frühen Abendessen. Das Mahl, das uns serviert wurde, war karg, aber wohlschmeckend. Es war jedoch nicht das, was mich an diesem Abend interessierte. Schon bei der freundlichen Begrüßung war ich von dem in diesem Haushalt aufgestellten Bücherreichtum derart beeindruckt, dass mein Blick fortwährend reihum die Bücherrücken abtastete. So sieht also ein Bildungshaushalt aus, dachte ich im Stillen. Konrads Eltern waren beide Lehrer; sie hatten in ihrem Leben viel gesammelt, und dass all dies die Zerstörung Berlins unbeschädigt überlebt hatte, erschien mir wie ein Wunder.

Plötzlich blieb der umherschweifende Blick an einer Werkreihe hängen, kleinformatiger als die übrigen Bücher, aber der Titel auf dem Rücken deutlich erkennbar: *Goethes Werke*. Ich begann zu zählen und kam auf etwa vierzig Bände. Von diesem Augenblick an war es mir unmöglich, Überlegungen zu unterdrücken, wie ich wohl an diese Goethe-Ausgabe herankommen könnte.

Die nächsten Tage verbrachte ich, wie üblich, während der Pausen und Freistunden gemeinsam mit meinem Freund Konrad – nun aber überwiegend in einer Art Handelsgespräch. Mein Freund hatte inzwischen gemerkt, wie viel es mir bedeuten würde, Einblick in den *ganzen* Goethe zu bekommen – oder doch wenigstens sinnlich, durch Anfassen, Anschauen und Blättern, begreifen zu können, was dieser Mensch alles produziert hatte. Konrad wusste natürlich, dass meine Eltern einen Bauernhof besaßen, klein, mit schmaler Ausstattung und deshalb nicht besonders ergiebig. Aber es war klar, dass es uns, was die Ernährung betraf, besser ging als den Städtern, die, wie das damals hieß, auf »Hamsterfahrten« gehen mussten. Ich erzählte ihm, dass ich bereits in der Volksschule Finkenkrug, gut eine Wegstunde von Altenfinkenkrug entfernt, meine Lehrerin mit Heu für ihre Kaninchen versorgt hatte. Außerdem berichtete ich Konrad von den Handelsgeschäften, die sechzehn dicke Bände *Meyers Konversationslexikon* aus dem Jahr 1890 sowie neunzehn Bände *Schlossers Weltgeschichte* in meinen Besitz gebracht hatten – nicht ohne den Hintergedanken, auch bei der Goethe-Ausgabe einen Naturalientausch erwirken zu können. Ich merkte sehr schnell, dass Konrad zu pokern anfing. Die ganze Goethe-Ausgabe aus dem Haus der Eltern wegzuschaffen, sei ohne deren Zustimmung unmöglich. So drehten sich die Gespräche jetzt darum, wie man Band für Band ausleihen könnte und wie hoch die Leihgebühr sei. Konrad schlug vor: »Zehn Eier pro Band.« – »Das ist Wucher«, erklärte ich ihm. Wir einigten uns schließlich auf drei Eier. Diese in einem sicheren Behälter vom Hof zu schaffen, war leicht zu bewerkstelligen.

Die ganze Sache lief dann fast zwei Jahre. Goethe ist der einzige große Autor, den ich buchstäblich systematisch gelesen habe, beginnend mit Band eins bis Band vierzig oder zweiundvierzig (das weiß ich nicht mehr genau). Sobald ich einen Band fast ausgelesen hatte, bestellte ich bei Konrad rechtzeitig einen neuen. Den gelesenen setzte er wieder ins Regal zurück. Niemand hat etwas davon bemerkt.

Nun trat aber ein Ereignis ein, das diesen Naturalientausch plötzlich unterbrach – unsere Flucht aus Altfinkenkrug. Für das Goethe-Geschäft hatte das zur Folge, dass ich keine Eier oder anderen Lebensmittel während unserer Wartezeit in Westberlin mehr beschaffen konnte. Mir fehlten in meiner Lektüre aber noch einige Bände von *Goethes Werken* aus der J. G. Cotta'schen Buchhandlung, Stuttgart 1867. Konrad hatte die Reihenfolge durcheinandergebracht, sodass ich zwar den zweiundvierzigsten Band bereits gelesen hatte, aber noch nicht die Bände dreiunddreißig, vierunddreißig und fünfunddreißig.

Ich erklärte ihm, dass ich auch diese Bände gerne noch sehen würde, obwohl ich ja nun die »Leihgebühr« nicht mehr entrichten konnte. Zu meiner Verblüffung sagte er: »Meine Eltern haben bisher nichts gemerkt, ich bringe die noch fehlenden Bände mit, und wir verhandeln darüber, wie du sie in Erinnerung an mich nach Westdeutschland rüberschaffen kannst.« Ich dachte an ein Geschenk, aber das war weit gefehlt. Er hatte von meiner Briefmarkensammlung gehört und war erpicht auf wertvolle Marken. Ohne weiter pokern zu wollen, bot ich ihm meine ganze Briefmarkensammlung an, die ich schon im Flüchtlingslager in Dänemark angelegt hatte. Als er mir die restlichen Bände brachte, war ich hocherfreut, denn ich sah, dass es sich um die *Farbenlehre* handelte. Da ich jetzt in Ruhe lesen konnte, weil diese drei Bücher mein Eigentum waren (wenn auch auf nicht ganz legale Weise erworben), vertiefte ich mich in der Zeit der Flucht von Berlin nach Oldenburg in die Materialien, Didaktiken und Experimente, die sich alle gegen den Newton'schen Naturbegriff richten. Mit der *Farbenlehre* und den anderen Büchern im Gepäck zog meine Familie in das niedersächsische Dorf Döhlen (Kreis Großenkneten), etwa dreißig Kilometer von Oldenburg entfernt.

Die *Farbenlehre* begann jetzt, schicksalhaft für meine Schulkarriere zu werden. Da mir durch den Aufenthalt in den dänischen Lagern mehr als zwei Jahre Schulunterricht fehlten und danach mehrere Schulwechsel gefolgt waren, erlaubten es meine Noten nicht, ins altsprachliche Gymnasium aufgenommen zu werden. Ich kam also in die zehnte Klasse einer Oberrealschule, und dort zu allem Unglück auch noch in den mathematisch-naturwissenschaftlichen Zweig, in dem sich viele Schulversager sammelten. Damals traf ich auf einen Mathematiklehrer, der dem Mörder Siegfrieds aus Wagners *Götterdämmerung* alle Ehre machte; er hieß August Hagen (meine Mitschüler haben mich später darüber belehrt, dass er eigentlich *Hagens* hieß, mir ist er als *Hagen* im Gedächtnis geblieben). Hagen war brutal in jeder seiner Äußerungen, stammte aber aus ähnlichen Verhältnissen wie ich, jedenfalls was den sozialen Status anging; seine Familie kam aus dem Walfängermilieu. Sehr bald bildete sich in unserer Beziehung eine Art solidarische Unterseite, die in keiner klassenöffentlichen Äußerung erkennbar war, die sich aber in jeder Situation existenzieller Not während meiner Schulkarriere auswirkte.

Dieser Hagen brüllte mich eines Tages, als ich wieder einmal mit dem binomischen Lehrsatz nicht zurechtkam, an: »Negt, was haben Sie eigentlich im Kopf, womit beschäftigen Sie sich überhaupt?« Ich hatte mit meiner Antwort nichts zu riskieren, schoss es mir blitzschnell durch den Kopf; dieser Unterricht war ohnehin für mich eine Spekulation *à la baisse*. Also erklärte ich freimütig: »Mit dieser ganzen Physik und Mathematik und diesem Begriff der Natur, der all dem zugrunde liegt und auf Newton'sche Denkweise zurückgeht, damit kann ich überhaupt nichts anfangen! Ich halte das Ganze für einen grandiosen Irrtum! Ich habe mich ausführlich mit Goethes *Farbenlehre* beschäftigt und bin der Überzeugung, dass das, was Sie hier lehren, ein Irrweg ist.« Ich merkte, wie die Zornesröte in sein Gesicht stieg, und erwartete jetzt eine donnernde, vielleicht sogar beleidigende Antwort. Aber nichts dergleichen geschah, eher mitleidig milde bemerkte Hagen: »Wenn das so ist, dann haben Sie sich vielleicht in der Schule geirrt.« Richtig, der Auffassung war ich ja auch.

Einige Tage später wurde ich von August Hagen in den Raum beordert, in dem die Lehrer einzeln mit problematischen Schülern zu sprechen pflegten. Auf dem Weg dorthin fühlte ich mich derart elend, dass ich dachte, jetzt sei meine Schulkarriere endgültig beendet. Denn in meinen Zwischenzeugnissen stand immer wieder dieses angsteinflößende Wort, das ich zu hassen gelernt hatte: »Versetzung gefährdet«. Aber schon als ich den Raum betrat, war ich verblüfft über Hagens freundliches Gesicht, das ich so im Unterricht noch nie wahrgenommen hatte. Als ich mich gesetzt hatte, eröffnete er mir einen Vorschlag: »Ich weiß, wie Ihnen zumute ist, und Ihr Vater, der sich ja regelmäßig bei mir einfindet, wenn es um die gefährdete Versetzung geht, hat mich überzeugen können, wie schwer es ein Jugendlicher hat, dem schulische Hilfe aus dem Elternhaus nicht zuteilwerden kann. Ich kenne aus eigener Erfahrung solche Situationen. Wenn Sie denn schon von Newton'scher Physik nichts verstehen oder nichts verstehen wollen, dann setzten Sie sich doch daran, in einer Jahresarbeit die Experimente und Beobachtungen Goethes zu überprüfen. Ich will Ihnen gerne die Geräte und Prismen ausleihen, soweit wir sie verfügbar haben.«

Ich war über dieses Angebot so verblüfft, dass mir noch nicht einmal ein Wort des Dankes über die Lippen kam. »Ich will es versuchen«, war meine verlegene Antwort. In Wirklichkeit aber war ich aufs Äußerste erregt und stürzte mich sofort auf ein intensives Studium der *Farbenlehre*, machte Skizzen, fertigte Schablonen an, nahm Prismen zu Hilfe und studierte vor allem die reichhaltigen Materialien zur *Farbenlehre*, in denen Goethe einen weiten Bogen über die europäische Wissenschaftsgeschichte schlägt, um seinen *Naturbegriff* dem offiziellen der Newton'schen Tradition entgegenzustellen. Aufs Höchste erfreut über diese Möglichkeit, mit einer praktisch außerschulischen Leistung ausgleichen zu können, was mir im schulischen Zusammenhang Versagensängste bereitete, arbeitete ich über ein Jahr an diesem Goethe-Projekt. Als ich die Arbeit August Hagen vorlegte, blätterte er kurz darin und nahm sie kommentarlos in Empfang. Es verging weniger als eine Woche, bis ich an den Verhaltensweisen anderer Lehrer bemerkte, wie sich die Atmosphäre in der Schule für mich verändert hatte.

Es war dann nur noch eine Frage der Zeit, bis mein Klassenlehrer Oskar Küchel, ein großer Goethe-Verehrer, der später seinen Dienst als Studienrat quittierte, um in Süddeutschland in einer Waldorfschule zu unterrichten, öffentlich ein Lob für meine Studie zur *Farbenlehre* bekundete. Er (oder August Hagen, das weiß ich nicht mehr) nahm das Klassenbuch mit der Bemerkung: »Sonst ist es hauptsächlich ein Schriftstück für Tadel, ich werde jetzt ein Lob eintragen. Für die sehr gute Jahresarbeit über Goethes *Farbenlehre* erhält Oskar Negt ein besonderes Lob.« Jetzt war es öffentlich. Natürlich lasen auch die anderen Lehrer dieses Klassenbuch, und ich avancierte allmählich in den Stand eines Goethe-Kenners an der Schule, sodass mich einzelne Lehrer in Geschichte, Erdkunde, Biologie und natürlich in Physik bei bestimmten Problemen gar nicht nach dem »normalen« Wissen befragten, sondern danach, wie sich Goethe dazu stellen würde. Da ich mittlerweile den Kenntnisstand in Sachen Goethe bei den Lehrern einzuschätzen verstand, barg es für mich praktisch keinerlei Risiko, einzelne Goethe-Zitate auch einfach zu erfinden. (Übrigens bekam ich für eine Arbeit zu Kants kategorischem Imperativ in der letzten Klasse auch noch einen Lobspruch.)

In den letzten zwei Schuljahren wich meine Angst vor dem Abitur etwas; ich hatte zwar nach wie vor eine Fünf in Mathematik, die absolut verlässlich war, hatte aber in Geschichte und Deutsch, ein wenig in den Sprachen, einen milden Ausgleich. Von der Vier (also »Ausreichend«) in Physik war mein Erfolg jedoch abhängig; so betete ich darum, dass August Hagen gesund blieb – wenigstens, bis ich das Abitur gemacht hatte.

Nach einer beschwerlichen Schulkarriere habe ich das Abitur bestanden, weil Lehrer meine außerschulischen Leistungen anerkannten, wenn sie auch nicht bereit waren, die schulischen Leistungen dadurch aufzuwerten. Das Abitur verdanke ich im Wesentlichen Goethe.

Kritik oder Krieg – Der Philosoph im Alltagsleben: Kant

Auch meine Beschäftigung mit Kant geht auf jene Zeit in der Hindenburg-Schule in Oldenburg zurück. Hier hatte sich ein philosophischer Arbeitskreis gebildet, an dem ich aktiv mitarbeitete; in diesem Kreis habe ich zwei Referate über Kant gehalten – stets mit besonderem Blick auf die verschiedenen Formulierungen des kategorischen Imperativs. In einem Antiquariat hatte ich ein Buch über Kants Leben erworben: *Immanuel Kant. Sein Leben in Darstellungen von Zeitgenossen. Die Biographien von L. E. Borowski, R. B. Jachmann und A. Ch. Wasianski.* Die Biographen zeichnen ein Kant-Bild mit einer Vielzahl von Kuriositäten seiner Persönlichkeit. Meine ursprüngliche Beziehung zu Kant war für lange Zeit durch diese Biographien bestimmt, die ein eigensinniges Charakterbild des Königsberger Philosophen entwarfen. Wo immer ich in meinem späteren Wissenschaftlerleben Perspektiven zur Erweiterung der »Frankfurter Schule« formuliert habe, spielt die *Geltungsfrage von Wahrheit* eine entscheidende Rolle; Kant und Marx sind die Kronzeugen meiner soziologischen und philosophischen Denkweise.

»Nicht an Lampe denken«

»Der Name Lampe muss nun völlig vergessen werden!« – das ist nach dem einfühlsamen Bericht eines seiner ersten Biographen, des Diakons Wasianski, der überraschende Schlussstrich Kants unter eine über vierzigjährige Zweikampfbeziehung von Herr und Knecht. Manche Ungereimtheit im Verhalten Kants schreibt sein Biograph der Altersschwäche zu; und gewiss hat der aus Würzburg gebürtige Martin Lampe, ausgemusterter preußischer Soldat, in Jahrzehnten seine Unentbehrlichkeit im Hause des berühmten Professors vermutlich immer stärker ausgenutzt, sodass am Ende selbst dem wohlgesinnten Hausherrn der Geduldsfaden riss. Üblicherweise notiert man das, was man *nicht* vergessen will; wenn Kant der Blick in den Notizblock daran erinnern sollte, eine Widrigkeit zu *vergessen,* verweist das auf einen eigentümlichen Gegensinn, nämlich den: Ich kann Lampe nicht vergessen.

Äußerlich betrachtet verlief Kants Leben ziemlich ereignislos; selbst die russische Besatzung während des Siebenjährigen Krieges hat seinen geregelten Tagesablauf nur insoweit unterbrochen, als auch er die lustvollen Offizierskasinos gerne besuchte. Alles aber, was unterhalb dieser lebenspraktisch »normalisierten« Verhaltensgewohnheiten liegt, verweist auf einen gewaltigen Steinbruch von Widersprüchen, Spannungen, von eigensinnigen und schrulligen Verhaltensweisen. Dazu zählt nicht nur der theaterreife Alltagskampf mit Lampe; Kant entwickelte gerne aus Einzelbeobachtungen eine Theorie mit Verhaltensvorschriften. So entstand eine Wanzen-Theorie. Sie besagt, dass dieses Ungeziefer am besten gedeihe, wenn Sonne ins Schlafzimmer eindringe; also wurden die Fensterläden stets geschlossen gehalten. Doch sein Diener Lampe nutzte die gelegentliche Abwesenheit seines Herrn, um durch Licht und Lüften die Wanzen zu vertreiben. Das Verschwinden des lästigen Ungeziefers war für Kant, dem Lampes Aktionen verheimlicht blieben, wiederum eine Bestätigung, dass Dunkelheit diesen Tieren ans Leben gehe.

Sämtliche Darstellungen von Kants Leben sind angefüllt mit solchen Kuriositäten und Brüchen, wie man sie in der Regel bei Sonderlingen, Einsiedlern und Menschen, die sich von der gesellschaftlichen Umgebung distanzieren und sie verachten, zu finden pflegt. Nichts davon trifft auf Kant zu. Man konnte zwar, wie gesagt wird, nach der Regelmäßigkeit seiner Spaziergänge die Uhr stellen. Das bewirkte aber kein verächtliches Achselzucken. Kants Tischgesellschaften hatten einen hohen Rang, obwohl die Besucher nie über Kants Philosophie sprechen durften. Ich setze diese kauzigen Charaktermerkmale an den Anfang meiner Überlegungen, weil durch die Beschreibung des profanen Lebensstils immer auch charakteristische Züge der Denkweise spürbar werden.

Im Handwerksbetrieb eines Riemermeisters aufgewachsen, war Kants Einbildungskraft und Phantasie schon sehr früh in einen präzisen Werkzeuggebrauch eingebunden. Die Haltung eines soliden, jederzeit verlässlichen Handwerkers hat Kant sein Leben lang nicht aufgegeben – *auch Begriffe sind Werkzeuge*. Selbstdisziplin und straffe Zeitorganisation spielten im Produktionszusammenhang und in der Gliederung seines Lebenslaufs eine zentrale Rolle. Selten hat Kant von seinen Werken gesprochen und sich selbst zitiert. Nur in einem Punkt zeigte er einen geradezu prahlerischen Ton, wie man bei Wasianski nachlesen kann: »Fünf Minuten vor fünf morgens, es mochte Sommer oder Winter sein, trat sein Diener Lampe in die Stube mit dem ernsten militärischen Zuruf: ›Es ist Zeit!‹ Unter keiner Bedingung, auch in dem seltenen Fall einer schlaflosen Nacht, zögerte Kant nur einen Augenblick, dem strengen Kommando den schnellsten Gehorsam zu leisten. Oft tat er bei Tische mit einer Art von Stolz an seinen Diener die Frage: ›Lampe, hat er mich in dreißig Jahren an nur einem Morgen je zweimal wecken dürfen?‹ ›Nein, hochedler Herr Professor‹, war die bestimmte Antwort des ehemaligen Kriegers.«[81]

Nun wird man mit einigem Recht die Frage stellen können, wie aus dem Lebenszuschnitt eines solchen Mannes, der nie (oder fast nie) in seinem Leben eine Stadt außerhalb Königsbergs gesehen hat (eine Reise nach Riga, zu seinem Verleger, hat er wohl unternommen), eine Philosophie entwickelt werden konnte, die wie keine nach Plato und Aristoteles Einfluss auf das Geistesleben gehabt hat. In einem Satz seines Schülers Fichte steckt ja der Wunsch, *Persönlichkeit und Werk miteinander zu verknüpfen:* »Was für eine Philosophie man wählt, hängt sonach davon ab, was man für ein Mensch ist; denn ein philosophisches System ist nicht ein toter Hausrat, den man ablegen oder annehmen könnte, wie es uns beliebt, sondern es ist beseelt durch die Seele des Menschen, der es hat.«[82]

Es ist also ein Akt der Selbstbefreiung Voraussetzung für ein philosophisches Denken, das sich vom Dogmatismus der Dingwelt löst und dadurch die dumm machende Gewalt der Verhältnisse bricht. Das ist ein Grundgedanke Kants, den Fichte hier formuliert. Ob man sich aus der einengenden Kausalität der Dinge lösen kann oder nicht, das entscheidet darüber, mit welcher Kraft an der Erweiterung von Erfahrungsfähigkeit und Denkweise gearbeitet wird.

Als 1781 die *Kritik der reinen Vernunft* erschien, befand sich Europa in einem explosiven Gärungsprozess. Kaufleute brachten Nachrichten vom englischen Imperium und der Industrialisierung nach Königsberg; aus Frankreich kamen die Ideen der Aufklärung und beeindruckten Kant zutiefst. David Hume weckte ihn aus dem dogmatischen Schlummer, Rousseau rückte ihn zurecht, was die Achtung des Volkes, der einfachen Menschen, betraf.

Es ist keine bloße Metapher auf das große kritische Werk, wenn ich behaupte, dass darin die Suche nach Friedenssicherung unter den Menschen das entscheidende Denkmotiv ist. Der Grundriss der *Kritik der reinen Vernunft* besteht aus einer Friedensschrift. Neben den drei Hauptfragen des philosophischen Denkens – Was kann ich wissen? Was soll ich tun? Was darf ich hoffen? – hatte Kant in seinen *Vorlesungen zur Metaphysik* eine vierte gestellt: Was ist der Mensch? Er nimmt diese Frage nicht mehr auf, weil sie ihm nur empirisch-pragmatisch beantwortbar erscheint. Aber eine fünfte Grundfrage würde für die *Kritik der reinen Vernunft* passen: *Was ist Frieden im Denken und wie ist er zu sichern?*

Friedenssicherung

Kants Philosophie ist wesentlich eine der kategorialen *Entmischung:* Die Denkwerkzeuge dürfen nicht verwechselt werden. Kant legt eine Art Landkarte vor, auf der die Grenzzonen eingezeichnet sind, welche die jeweilige Leistungsfähigkeit der besonderen Gemütskräfte markieren. Wer Wissenschaft will, wer auf Erkenntnis zielt, benötigt die beiden Grundstämme: Verstand und Erfahrung, Kategorien und Sinnlichkeit. Wer Wissen und Glaubensgewissheiten miteinander vermischt, verfolgt kriegerische Absichten; *der Bürgerkrieg beginnt nach Kant im Denken*. Deshalb ist unter den Begriffen »Aufklärung« und »Kritik« die *Entzerrung* und *Entmischung* verdunkelter und verwischter Gedanken zu verstehen. Wo solche Vermischungen hingenommen werden, sind friedensstörender Dogmatismus und Glaubenskrieg nicht mehr weit entfernt.

In Kants Kritik des ontologischen Gottesbeweises heißt es: Das Bedürfnis nach Gott ist kein Beweis seiner Existenz. Gott, Freiheit und Unsterblichkeit sind regulative Ideen der Lebensführung, aber keine beweisbaren Tatbestände; indem Kant sie machtpolitisch depotenziert, ist ihnen der Status moralischer Postulate gesichert, aber sie können für Machtkämpfe nur schwer eingesetzt werden. Kritik bedeutet in diesem aufklärerischen Sinn also nicht die Verkündung von Wahrheiten, sondern Sicherung vor Irrtümern. Deshalb lässt Kant diese dualistisch konstruierten Kategorien unvermittelt: *a priori* und *a posteriori*, Sinnlichkeit und Verstand, Ding an sich und Erscheinung usw. Antinomien und Paralogismen werden auseinandergelegt, deren Vereinbarkeit oder Widersprüchlichkeit werden erörtert, aber nie im Inneren vermittelt, wie es dann Hegel versucht. Dass Metaphysik als »Vollendung aller Kultur der menschlichen Vernunft« »als bloße Spekulation, mehr dazu dient, Irrtümer abzuhalten, als Erkenntnis zu erweitern, tut ihrem Werte keinen Abbruch, sondern gibt ihr vielmehr Würde und Ansehen durch das Zensoramt, welches die allgemeine Ordnung und Eintracht, ja den Wohlstand des wissenschaftlichen gemeinen Wesens sichert, und dessen mutige und fruchtbare Bearbeitungen abhält, sich nicht von dem Hauptzwecke, der allgemeinen Glückseligkeit, zu entfernen.«[83]

Es geht Kant also um eine friedensfähige Konstitution des Gemeinwesens im Denken, wenn er den Aufklärungsprozess als ein Gerichtsverfahren begreift mit Anklägern, Verteidigern und Richtern. »Man kann«, sagt Kant, »die Kritik der reinen Vernunft als den wahren Gerichtshof für alle Streitigkeiten derselben ansehen (...) Ohne dieselbe ist die Vernunft gleichsam im Stande der Natur und kann ihre Behauptungen und Ansprüche nicht anders geltend machen, oder sichern, als durch Kritik. Die Kritik dagegen (...) verschafft uns die Ruhe eines gesetzlichen Zustandes, in welchem wir unsere Streitigkeiten nicht anders führen sollen, als durch *Prozess*.«[84] Immer wieder tauchen bei Kant Begriffe auf, welche auf die *Architektonik eines Hausbaus der Vernunft* gehen und den Rechtsverhältnissen (auch dem Fortschrittsbegriff) einen hohen Rang für die Friedenssicherung zuschreiben – verlässlicher als die Moral, die im Reich der menschlichen Zwecke beheimatet ist.

In diesem Sinne bleibt Kant der große Herausforderer aufklärerischen Denkens. Das gilt immer auch für die religiösen Pathologien, die Anleihen bei der Sinnlichkeit machen und für politische Legitimationszwecke missbraucht werden. In der Trennung von Legalität und Moralität steckt die Abwehr sowohl fanatischer Gesinnungsgesellschaften als auch der Inquisitionsjustiz.

Kant hat jedoch keinen Zweifel daran gelassen, dass das, was den Menschen von allen übrigen Lebewesen unterscheidet, nicht Wissen und Glauben sind, sondern seine Anlage zur Freiheit, die ihm ermöglicht, sich durch das Sittengesetz selbst Gesetze zu geben. Ihn unterscheidet die Würde, die keinen Preis hat. Dass der Mensch sein Wissen so erweitern kann, dass wir eines Tages stolz auf einen »Newton des Grashalms« verweisen können, das ist heute greifbare Realität geworden. Die erste Frage: Was kann ich wissen?, lässt Antworten in einem gewaltigen Umfang zu. Diesen Stolz auf naturwissenschaftlich-technologische Innovationen einer Gesellschaft, welche die Mangelökonomie überwunden hat, hätte Kant gewiss geteilt. Den »bestirnten Himmel« bis hin zu den Marsmissionen zu erforschen und auf der Erde scharfe Bilder vom Roten Planeten zu erhalten, hätte die astronomische Seele in diesem Wahrheitssucher aufs Höchste beglückt. Umso betrübter und schmerzlicher wäre sein Blick auf die moralische Seite dieser vor Reichtum überquellenden Gesellschaft, die im Fortschreiten der Legalität durchaus an Rechtskultur differenzierter und reicher geworden ist, in der Herstellung einer Weltgesellschaft, wie sie Kant als erweiterten Völkerbund souveräner Staaten verstanden hatte, jedoch nur wenige Schritte vorangekommen ist.

Nichts am Wesensgehalt des kategorischen Imperativs hat seine Geltung verloren. Schon Kant kämpfte ja gegen die totale Einbindung der Menschen in den Warenverkehr; seine Begriffe von Autonomie und Würde gehen auf das Unwiederholbare, auf die harte Kritik daran, den Menschen als bloßes Mittel zu verwenden. Handle so, dass die Maxime deines Willens jederzeit allgemeines Gesetz werden kann – das findet Ausdruck in sehr verschiedenen Formulierungen, die aber alle auf der gleichen Basis beruhen: Behandle Menschen nie bloß als Mittel, sondern immer zugleich als Zweck! Handle so, dass du in der Maxime deiner Handlung die Menschheit in der Person der anderen und in deiner eigenen achtest.

Das sind harte Imperative, die keineswegs formalistisch abzutun sind, sondern konkrete humane Inhalte haben. Kant selbst liefert viele Beispiele in seinem Traktat *Zum ewigen Frieden*. Dass souveräne Fürsten ihre Untertanen gegen Geld für Kriegszwecke verkaufen, ist eine solche verwerfliche Nichtachtung der menschlichen Würde. Aber es ist keineswegs abwegig, diesen Gedanken – Menschen nicht bloß als Mittel für Zwecke, sondern als Selbstzweck zu behandeln – auf die Alltagsproblematik einer Gesellschaft anzuwenden, in der tagtäglich Menschen als bloßes Material für Profitinteressen und kriegerische Absichten benutzt werden.

Im Denken dieses schrulligen und kauzigen Immanuel Kant, den noch auf seinem Sterbebett nur *ein* Gedanke beunruhigte, nämlich einen einzigen Menschen unglücklich gemacht und würdelos behandelt zu haben, war der Blick in die weiten Höhen des bestirnten Himmels und der Metaphysik nie mit Blindheit gegenüber denjenigen geschlagen, die auf dieser Erde leiden, gedemütigt werden und arbeiten. Lange vor der *Kritik der reinen Vernunft* hatte sich Kant mit Svedenborg auseinandergesetzt, hatte für teures Geld seine Werke beschafft und dann enttäuscht über das Nichtssagende seiner Gedanken die *Träume eines Geistersehers* (1766) geschrieben. Im Schluss dieser kleinen Schrift findet man auch die Botschaft Kants: »Da aber unser Schicksal in der künftigen Welt vermutlich sehr darauf ankommen mag, wie wir unseren Posten in der gegenwärtigen verwaltet haben, so schließe ich mit demjenigen, was Voltaire seinen ehrlichen Candide nach so viel unnützen Schulstreitigkeiten zum Beschlusse sagen lässt: *Lasst uns unser Glück besorgen, in den Garten gehen und arbeiten!*«[85]

Indem ich das niederschreibe, regt sich in mir jedoch Widerstand gegen einen *solchen* Schluss der Kant-Betrachtung. Man könnte sie leicht als resignative Rückkehr zum einfachen Leben verstehen. Das Gegenteil ist aber gemeint: Eine Art *Bodenhaftung* ist jederzeit erforderlich, um dem Menschen seine Würde und die Achtung unter seinesgleichen zurückzugeben. So versteht Kant auch die Französische Revolution, die er selbst in Zeiten des jakobinischen Terrors verteidigte, als eine Art geschichtliche Wiedergutmachung am Menschengeschlecht, das in seiner Würde verletzt und in seiner Freiheitsfähigkeit unterdrückt wurde. Er spricht von der Revolution als »Evolution einer naturrechtlichen Verfassung«.

Aufklärung und *Revolution* in diesem Sinne gehören zusammen. Sie sind aber keine gesellschaftlichen Naturereignisse, sondern im Verlauf und in ihrer Wirkung vom Willen und Bewusstsein der einzelnen Individuen abhängig – und nicht nur vom »inneren Gerichtshof«, als den Kant das Gewissen bezeichnet. Aufklärung ist, wie die bekannte Formulierung es ausdrückt, »der Ausgang des Menschen aus seiner selbstverschuldeten Unmündigkeit«. Selbstverschuldet ist diese Unmündigkeit dadurch, dass alle Kräfte, mündig zu werden und Autonomie zu erlangen, vorhanden sind, aber nicht genutzt werden. Es ist deshalb politische Urteilskraft nötig, Bildung und Ermutigung, den eigenen Verstand öffentlich zu gebrauchen. Wie die Weltgesellschaft aussieht, das hängt also wesentlich davon ab, wie öffentliche Urteilskraft in das Räderwerk der Wirklichkeit eingreift und diese im Sinne der Achtung und Anerkennung autonomer Individuen verändert.

DER FLÜCHTLING, DER FREMDE, DAS PROBLEM DES ASYLS

Mauern und Stacheldrahtverhaue niederzureißen, gehört zur ursprünglichen Idee eines vereinten Europa. Heute sind Mauern und Stacheldraht wieder zu sichtbaren Zeichen der Grenzbefestigungen geworden, welche die reichen Länder gegen die Masse der Armen abdichten. Was im März 2016 vom Deutschen Bundestag als Asylpaket II beschlossen wurde, bedeutet eine radikale Wende der Asylpolitik; denn es geht wesentlich um eine Beschleunigung der Abschiebepraxis und um eine Reduktion der sozialen Unterstützung, die selbst Kranke, Kinder und Jugendliche betrifft.

Ich weiß, ich spreche im Folgenden nicht nur über Flüchtlinge, ich spekuliere über Fremde und über Asylbegehrende; zu den letzten beiden Kategorien gehöre und gehörte ich nicht. Ich gehöre vielmehr zu den Opfern der Flüchtlingspolitik eines Regimes kurz vor seinem Zusammenbruch. Die Dänen haben nichts unternommen, um Flüchtlinge aus dem Deutschen Reich anzulocken oder willkommen zu heißen; ihre sogenannte Verhandlungspolitik mit der Besatzungsmacht erlaubte ihnen noch nicht einmal zu protestieren, als die Deutschen anfingen, Flüchtlinge nach Dänemark zu transportieren. Noch in der Besatzungszeit wurden zahlreiche Gebäude requiriert; man hätte also annehmen können, dass sich die Wut der dänischen Bevölkerung gegen die Flüchtlinge richtet. Doch außer gelegentlichen Beschimpfungen haben meine Schwestern und ich wenig Feindschaft gespürt. *Wir jedenfalls haben uns sicher gefühlt.*

Energiequellen des Subjekts

Der Medizinsoziologe Antonovsky hat verschiedene Kriterien benannt, die das – weitgehend unbeschadete – Überleben in prekären Situationen erleichtern oder fördern, weil sich vom Subjekt her Energiequellen erschließen. Die objektiven Verhältnisse alleine sind es nicht, die den Erfolg der Überlebenstechniken sichern. Auch ist es nicht der bloße Überlebenswille. Fragen nach dem Sinn, Einsicht in die objektive Situation des Krisenzusammenhangs, in den ein Mensch eingebunden ist, spielen eine zentrale Rolle – und die Art und Weise, wie man Näheverhältnisse herstellen kann, die verlässliche Vertrauensbeziehungen begründen. Natürlich hat dieser *subjektive Zuschuss* in seiner Wirksamkeit Grenzen. Rettungsaktionen von einem torpedierten Schiff etwa setzen eine Reihe objektiver (Zufalls-)Konstellationen voraus; aber selbst unter solchen Verhältnissen stellt sich die Fragen von Rettung oder Untergang auch auf der Ebene der Subjektanteile.

In meiner Weltauffassung hat sich eine Art Motiv festgesetzt, die Verhältnisse so zu verändern, dass Vertreibung und Flucht nicht als Mittel dafür benutzt werden können, Herrschaftsverhältnisse zu stabilisieren und Privilegienstrukturen zu befestigen. Als Flüchtling, der praktisch zehn Jahre unterwegs war, bevor er wieder festen Boden unter die Füße bekam, habe ich bereits sehr früh erkannt, *dass genau dort, wo sich Flüchtlingsmassen bewegen, die gesellschaftlichen Verhältnisse und die menschlichen Beziehungen nicht in Ordnung sind*. Vielleicht sind Situationen, wie sie Flüchtlinge erleben, die nachdrücklichsten und anschaulichsten Beispiele dafür, wie Menschen herumgestoßen und als bloßes Material behandelt werden. Größer können die Erniedrigung und die Abhängigkeit von wohlwollenden Menschen kaum sein.

Wie kein anderer Philosoph der europäischen Denktradition hat Kant dieses Problem der Autonomie und der Würde thematisiert und als zentrale Botschaft der Zivilisierung des Menschen formuliert. Auch in diesem Zusammenhang betätigt er sich als Denker des *Entmischens*. Die schlimmste Form der Erniedrigung und des Autonomieverlustes ist der Krieg. Er zerstört alle Maßverhältnisse, auch die zwischen Sein und Sollen: »(...) für die Allgewalt der Natur, oder vielmehr ihrer uns erreichbaren obersten Ursache, ist der Mensch wiederum nur eine Kleinigkeit. Dass ihn aber die Herrscher von seiner eigenen Gattung dafür nehmen, und als eine solche behandeln, indem sie ihn teils tierisch als bloßes Werkzeug ihrer Absicht belasten, teils in ihren Streitigkeiten gegeneinander aufstellen, um sich schlachten zu lassen – das ist keine Kleinigkeit, sondern Umkehrung des Endzwecks der Schöpfung selbst.«[86] Krieg ist für Kant der entscheidende Faktor, der Fluchtbewegungen auslöst.

Wie soll man mit den *Verfolgten ihres Elends* umgehen? Kants *Entwurf zum ewigen Frieden* hat diese Fragestellung zum zentralen Thema seiner praktischen Philosophie gemacht. Zwar könne man davon ausgehen, dass *Krieg auf die menschliche Natur gepropft sei*, wie er das ausdrückt; das könne aber keine Entschuldigung dafür sein, die herumgestoßenen und gegeneinander gehetzten Menschen in einer Art zweitem Naturzustand zu belassen. Die Napoleonischen Kriege hat Kant nicht miterlebt; aber schon in den 1790er Jahren beherrschte das Kriegsgeschehen die europäische Gesellschaft. Und wo es Kriege gibt, gibt es auch Flüchtlinge – aus Furcht vor Verfolgung und Vertreibung oder aus Existenznot; die Motive, warum sich Menschen auf die Flucht begeben, sind hier nicht entscheidend.

Die Schutzflehenden

In der griechisch-römischen Antike hatte das Gastrecht einen hohen Rang. Wie berichtet wird, sind die um Schutz Flehenden, die Obdach, Essen und Trinken erbaten, versorgt worden, bevor der Gastgeber überhaupt berechtigt war, Name und Herkunft zu erfragen. Mythische Elemente des Gastrechts zeigen sich auch heute noch, wenn von einer *Willkommenskultur* die Rede ist und die möglichen Gastgeber sich auf Bahnhöfen versammeln, um die Flüchtlingsgäste zu begrüßen. Was immer diese Begrüßungsrituale enthalten mögen – wahrgenommen wird von den Flüchtlingen das Versprechen von Obdach, Arbeit und Versorgung.

Angesichts der stark zunehmenden Flüchtlingsströme, die auf immer stärker befestigte Grenzen stoßen, hat mich immer wieder die Klarheit fasziniert, mit der Kant in seinem Friedensentwurf die *philanthropische Seite* des Problems von der *Notwendigkeit rechtlicher Regelungen* unterscheidet. Modern ausgedrückt, bedeutet das ein eindeutiges Plädoyer für ein *Einwanderungsgesetz*. Je größer die Flüchtlingsmassen, die die Grenzen republikanischer Staaten zu überschreiten suchen, desto fragwürdiger ist die philanthropische Bewältigung des Problems; denn der Fremde, als der der Flüchtling von den Einheimischen wahrgenommen wird, erscheint ihnen immer auch bedrohlich; er erzeugt Vorstellungen, die mit *Enteignungsängsten* verknüpft sind. In der Menschheitsgeschichte kann man daher das Zivilisationsniveau einer Gesellschaft daran bemessen, wie sie mit dem Fremden und den Fremden umgeht – ob es sich um die »Schutzflehenden« aus der griechischen Tragödie handelt oder um Menschen, die Asyl, Bleibe und Gastrecht beanspruchen.

In den Hochkulturen der jüdisch-christlichen Tradition ebenso wie in den griechischen und römischen Stadtkulturen hat das *Gastrecht* eine bestimmende Bedeutung für den Zusammenhalt des Gemeinwesens – es zeigt den Entwicklungsstand der kollektiven Identität an. Ich verweise hier nur auf die vernichtenden Strafaktionen gegen Verletzungen des Gastrechts, wie sie (ganz ähnlich) in Ovids *Metamorphosen* und in der Bibel beschrieben sind. In dem einen Fall bleiben Philemon und Baucis übrig; in dem anderen werden Sodom und Gomorrha gänzlich zerstört. Die vernichtenden Strafaktionen gegen jene, die Obdachsuchende abweisen, und die Ehrung derjenigen, die den Fremden aufnehmen und pflegen, zeugen von Urerfahrungen im mühsamen Anfang der Hochkulturen. Griechische und römische Antike, aber auch Altes und Neues Testament sind übervoll von Gleichnissen und Berichten, die Flucht, Exodus, die Fremde, Obdachlosigkeit, Asyl und Traumphantasien der Heimkehr zum bestimmenden Erfahrungsgehalt haben. Entsprungen aus grenzüberschreitenden Wanderungsbewegungen von Stämmen und Völkern, scheint den antiken und christlichen Kulturen insgesamt eigentümlich, dass sie neben dem vertrauten Nachbarn auch dem obdachsuchenden Fremden mit Achtung und Wohlwollen begegnen – so verstehe ich jedenfalls jenen Teil der christlichen Botschaft, in dem die Nächstenliebe gerade nicht zur Ausgrenzung des Fremden missbraucht wird, sondern Wesensmerkmal des menschlichen Umgangs mit den Anderen, dem Fremden und Unbekannten ist.

Soziale Kälte

Angesichts von Flüchtlingen, die an die Tore klopfen, um als *Verfolgte des Elends* Unterkunft und Versorgung zu erbitten, lassen sich Gesellschaftsordnungen durchaus nach dem bestimmenden Wärme- oder Kältestrom unterscheiden. Eine Gesellschaft, die auf Flüchtlinge schießen lässt, statt sie zu schützen, wird in allen Strukturen, auch gegenüber der eigenen Bevölkerung, Gewaltpotenziale besitzen.

Mit Recht rückt Adorno, wenn er von der Erziehung zur Mündigkeit spricht, das Problem der sozialen Kälte, den besinnungslosen *sozialdarwinistischen Überlebenskampf* der Einzelnen, ins Zentrum. Das Dasein der Individuen als isolierte Monaden, die nach Leibniz bekanntlich keine Fenster haben, erzeugt nicht nur Gleichgültigkeit gegenüber dem Wohlergehen des Gemeinwesens, sondern auch gegenüber dem Wohlergehen der anderen Menschen. *Wo es also Fremdenfeindlichkeit gibt, ist bereits vorher etwas mit der Gesellschaft passiert, was sich als Kältestrom bemerkbar macht* und in die Poren der Lebensverhältnisse eindringt. *Soziale Kälte* ist für Adorno ein entscheidender Grund dafür, dass es Auschwitz geben konnte. Das Sich-Zusammenrotten der Nazi-Banden ist eine Verbindung von Erkalteten, »die die eigene Kälte nicht ertragen, aber auch nicht sie ändern können (...). Die Kälte der gesellschaftlichen Monade, des isolierten Konkurrenten, war als Differenz gegen das Schicksal der Anderen die Voraussetzung dafür, dass nur ganz wenige sich regten. Das wissen die Folterknechte; auch darauf machen sie stets erneut die Probe.«[87]

Wie Fremde, Außenseiter, Anderslebende und Andersdenkende in einer Gesellschaft behandelt und bewertet werden, ist immer auch Ausdruck dieses *Kältegrades* im Innern des gesellschaftlichen Produktions- und Lebensprozesses. Hier setzt Adorno an, in der Erziehung, der Schule, der politischen Bildung, dem öffentlichen Gebrauch der Vernunft. »Es war einer der großen, mit dem Dogma nicht unmittelbar identischen Impulse des Christentums, die alles durchdringende Kälte zu tilgen. Aber dieser Versuch scheiterte; wohl darum, weil er nicht an die gesellschaftliche Ordnung rührte, welche die Kälte produziert und reproduziert (...). Wenn irgendetwas helfen kann gegen Kälte als Bedingung des Unheils, dann die Einsicht in ihre eigenen Bedingungen und der Versuch, vorwegnehmend im individuellen Bereich diesen ihren Bedingungen entgegenzuarbeiten.«[88] Den Zustand der eigenen Gesellschaftsordnung zu überprüfen, die Gültigkeit der eigenen Normen in ihrem Absolutheitsanspruch in Zweifel zu ziehen, ist deshalb notwendige Voraussetzung jeder sinnvollen Praxis interkultureller Friedensarbeit, insbesondere auch dann, wenn sie sich auf die bürgerschaftliche Integration von Migranten richtet.

Der Andere in uns, die auf das körperliche und geistige Innenleben gerichteten Wahrnehmungen von Fremdheit, betreffen ja nicht nur das einzelne Individuum, sondern auch die gesellschaftliche Verfassung, in die die einzelnen Lebensverhältnisse eingebunden sind. Vorurteile, die das fremde Andere im Außen fixieren, haben vor allem die Funktion, diesen Erfahrungen auszuweichen, sie als überflüssig zu betrachten und zu verdrängen.

Vorurteilsproduktion im Zentrum

In diesem Sinne betonte Adorno in einer Rede vom November 1959, dass demokratische Institutionen nicht ausreichen, autoritäre, antisemitische, ja faschistische Tendenzen wirksam zu blockieren. »Ich möchte nicht auf die Frage neonazistischer Organisationen eingehen. Ich betrachte das Nachleben des Nationalsozialismus *in* der Demokratie als potenziell bedrohlicher denn das Nachleben faschistischer Tendenzen *gegen* die Demokratie.«[89]

Wenn Demokratie als ein System selbstbestimmter und politisch urteilsfähiger Bürger den gesellschaftspolitischen Rahmen definiert, in dem die Analyse und Bekämpfung von

Vorurteilen ihren bestimmenden Stellenwert haben, dann geht in diese Sicht die historische Erfahrung ein, dass faschistische und andere totalitäre Ordnungen ihren Zusammenhalt auf lange Sicht nie auf marodierende Randgruppen gründen können, sondern immer im Zentrum verankert sein müssen. Solche Gesellschaftsordnungen nutzen bestehende Potenziale, verbreitete Vorurteile in der Beamtenschaft, im Militär, in der Wirtschaft, in Schulen und Hochschulen. Der Antisemitismus erreichte mit dem Verwaltungsmassenmord an den Juden eine Verbrechensdimension, die unser Vorstellungsvermögen sprengt. Aber mit der durch öffentliche Zensur bewirkten Minderung antisemitischer Gefühlsregungen ist der Bodensatz antidemokratischer Vorurteile nicht weggeschafft; *das organisierte Zentrum der Vorurteilsproduktion hat sich verschoben.*

Bereits in den Autoritarismus-Studien Adornos und seiner Mitarbeiter wird eine Art Paradigmenwechsel in der Erforschung und Bekämpfung von Vorurteilen angedeutet. In der Vorbemerkung zum Gegenstand der Untersuchung heißt es: »Das Vorurteil im soziologischen Sinne (prejudice) ist ein deutlich antidemokratisches Grundelement der sozialen Vorstellungswelt. Wollen wir das faschistisch-autoritäre Potenzial einer Gruppe erfassen, so müssen wir also diesem Problem – so weit wie möglich gefasst – all unsere Aufmerksamkeit zuwenden. Und doch ist der Begriff ›Vorurteil‹ zu diesem Zweck nicht ganz geeignet. Es besteht die Gefahr, dass seine zahlreichen Bedeutungen und Nebenbedeutungen das eigentliche Motiv einer solchen Untersuchung aus dem Auge verlieren lassen oder verdunkeln. Vorzuziehen ist der Begriff ›Ethnozentrismus‹. (...) Ethnozentrismus (...) meint eine verhältnismäßig konstante mentale Struktur im Verhältnis zu ›Fremden‹ überhaupt.«[90]

Vorzüge dieser Konzepterweiterung liegen darin, dass das Begreifen der psychologischen Aspekte von Gruppenbeziehungen erleichtert wird, die, wie wir wissen, eine eigene Dynamik in der Beziehung zwischen *Wir-Gruppe* und *Fremd-Gruppe* entwickeln, und die Autoren setzen anstelle des von ihnen als uneindeutig definierten Rassebegriffs den des Ethnischen, womit Kulturen als Systeme von sozialer Lebensgestaltung, Institutionen, Traditionen, Sprache, Religion und gesellschaftlichen Lebensformen gemeint sind, in denen Wechselwirkungen von Gesellschaftsform und individueller Persönlichkeit thematisiert werden.

Der unbequeme Fremde

Was hier als sinnvolle Erweiterung vorgeschlagen und an einigen ethnozentrischen Materialien praktiziert wird, nämlich das *Eigene* und das *Fremde* in ihren Widerspruchszusammenhängen ins Zentrum zu rücken, ist heute, unter den Bedingungen einer weitgehend globalisierten Welt und kultureller Erosionskrisen, zum entscheidenden Leitgedanken der Untersuchung und Bekämpfung von Vorurteilen geworden.

Theoretisch besonders nachdrücklich und mit fundiertem empirischen Material der Gegenwart hat diesen Paradigmenwechsel im Umgang mit Vorurteilen Klaus Ahlheim herausgearbeitet: *Fremdenfeindlichkeit* ist für ihn das *aktuelle Vorurteil*. Er spricht vom »unbequemen Fremden«.[91] Und wir haben es heute mit einer sehr breiten Palette von Vorurteilen zu tun; sie können auf rassistischen Entwertungen des Anderen beruhen, auf Hautfarbe, Religion oder Herkunft. Aber es reicht auch schon aus, wenn Hunderttausende von Flüchtlingen Daueraufenthalt in den entwickelten Gesellschaften fordern. Im Antisemitismus war die »Figur des Juden« im höchsten Maße personalisiert; Vorurteile über Physiognomie und Charakter waren seit Jahrhunderten gewissermaßen katalogisiert. Aber auch die Antisemiten sind, wie Brecht sagen würde, in Gestalt und mit Anschrift erkennbar. Fremdenfeindliche Grundstimmungen, tief sitzende Vorurteile gegen Ausländer, Fremde, Muslime, Migranten, Asylbewerber, die bis in Mitte der Gesellschaft reichen, unterliegen einer selbstverschuldeten Vernebelung, von der oft sogar die gutwilligen und scheinbar vorurteilsfreien Haltungen betroffen sind.

Die kosmopolitische Vision

Ich kehre zu meinen Anfangserörterungen über das Andere und den Fremden zurück; natürlich sind das alles Reflexionen, die *nachträglich* durch meine eigenen Empfindungen und Erfahrungen während der Flucht *mehr oder weniger deutlich* bestimmt wurden. Die Verschiebung der Vorurteilsherde vom offenen Rassismus zur Fremdenfeindlichkeit, die leichter mit sozialen Problemen und allgemeinen *Enteignungsängsten* zu verknüpfen ist, mag in unserer globalisierten Welt das Produkt einer Rechtskultur sein, in der wenigstens die normative Fixierung von Rassendiskriminierung verschwunden ist. Es wäre jedoch naiv, wenn man annehmen wollte, dass auf diesem Weg auch der gewöhnliche Rassismus, die privat gehorteten Vorurteile ihre Wirksamkeit verloren haben. *Das rassistische Vorurteil wird unter der Hand durch das Vorurteil gegenüber dem Fremden ersetzt.* Der liberale Peter Beinhart hat diesen Vorgang mit Blick auf die US-amerikanischen Präsidentenwahlen 2008 erläutert: »Die althergebrachte, schwarzenfeindliche Engstirnigkeit gibt es noch, aber heute verbinden weiße Amerikaner dunkle Haut eher mit Fremdartigkeit – die Angst vor dem Anderen, der nicht so aussieht wie sie. (...) Obama wurde als unamerikanisch eingestuft, als Fremdling.«[92] Es ist ein geschichtliches Ereignis, dass er trotzdem zum Präsidenten gewählt wurde.

Gleichwohl bleibt der Fremde das widerständigste Thema im öffentlichen Gebrauch der Vernunft. Aber wie soll sich Urteilskraft anders bewähren und üben als in der Konfrontation mit und der Kritik an Vor-Urteilen? Eine entscheidende Voraussetzung für jede Form der innergesellschaftlichen Friedenssicherung ist das selbstkritische Sich-Einlassen auf die Lebenswelt des Anderen. Und vielleicht ist es notwendig, unterhalb der Ebene von Verfassungen und Rechtssystemen jene Prinzipien des rationalen Naturrechts wiederzubeleben, die der durchgängig kosmopolitisch denkende Kant einer wahrhaft menschlich gestalteten Weltgesellschaft nahelegen wollte.

Asylón: der Zufluchtsort – naturrechtlich begründet

Ich will den Ursprungssinn des Wortes »Asyl« kurz erläutern; das kann ein Licht darauf werfen, was politisch damit gemeint ist. Griechisch *syla* heißt »berauben, wegnehmen, herunter- und herausnehmen«; das Wort wurde vor allem angewendet, wenn man dem erledigten oder besiegten Feind die Rüstung raubte. »Plündern, ausplündern, bestehlen, betrügen, schädigen« bezeichnen daher die vielfältigen Bedeutungsgehalte, die im Tätigkeitswort *sylao* enthalten sind. *Asylía* bezeichnet die konkrete Verneinung alles dessen, was mit diesem Rauben, Plündern, Schutzlosmachen verknüpft ist: Unverletzlichkeit, persönliche Sicherheit; *asylón* bedeutet Freistatt, Zufluchtsort, Obdach – ein Ort, den einem keiner rauben kann.

Die Vorstellung, einen sicheren Ort in der Welt zu finden, wo ich mich auf Dauer ansiedeln kann oder Gastrecht genieße, bis die Leib und Leben bedrohende Gefahr vorüber ist, lässt sich von ihren *naturrechtlichen Ursprüngen* gar nicht ablösen. Mehr als ein Jahrtausend lang, bis in die Neuzeit hinein, war die Kirche ein solcher Ort des Asyls, nicht immer gefeit gegen die Machtansprüche des Staates, aber doch mit dem Versprechen, den Verfolgten nicht einfach den Henkern auszuliefern. Auch dem modernen Denken ist dieser Topos eines sicheren Ortes, der den Flüchtenden, Herumirrenden, Verfolgten einen Ausweg zeigt, ihnen wenigstens vorübergehend Schutz gewährt, nicht unbekannt. Aber auch das Recht auf Ansiedlung, auf Migration in vollem Wortsinne, lebt, wenn es friedlich beansprucht wird, von einem naturrechtlichen Element des Gemeinbesitzes der Erde. Kant spricht hier sogar von einem erfahrungsunabhängigen, das heißt *transzendentalen Prinzip* der Hospitalität, von einem weltbürgerlichen Gastrecht auf Erden.

Im dritten Definitiv-Artikel der Schrift *Zum ewigen Frieden* verknüpft er das Weltbürgerrecht mit den Bedingungen der allgemeinen Hospitalität. Es ist ein bestechend einfacher Gedanke, der diesen Rechtsprinzipien zugrunde liegt: Die Erde ist eine Kugel, die Menschen können sich nicht ins Unendliche verlaufen, sie stoßen irgendwann aufeinander. Das nach Prinzipien der Menschenliebe zu regeln, würde nicht ausreichen; es bedarf der zwingenden Gewalt von Rechtverhältnissen, und das *Recht ist ein zivilisatorisches Minimum*. Es gehört zu den Urbedürfnissen menschlicher Existenzweise, sich in friedlicher Absicht zur Vergesellschaftung anzubieten. Der Ursprungssinn des Wortes *Migration* verweist darauf: *Migrare* bedeutet »wandern, mit seiner Habe an einen anderen Ort ziehen, um da zu wohnen, zu siedeln«. Es ist gerade dieses weit gefasste Gastrecht auf Erden, was Kant so sehr am Herzen liegt; das kosmopolitische Gemeinwesen ist das einzige, das Frieden sichert. »Da es nun mit der unter den Völkern der Erde einmal durchgängig überhand genommenen (engeren oder weiteren)

Gemeinschaft so weit gekommen ist, dass die Rechtsverletzung an einem Platz der Erde an allen gefühlt wird, so ist die Idee eines Weltbürgerrechts keine phantastische und überspannte Vorstellungsart des Rechts, sondern eine notwendige Ergänzung des ungeschriebenen Kodex sowohl des Staats- als auch des Völkerrechts zum öffentlichen Menschenrechte überhaupt und so zum ewigen Frieden, zu dem man sich in der kontinuierlichen Annäherung zu befinden nur unter dieser Bedingung schmeicheln darf.«[93]

Gemeinschaftlicher Besitz der Erde

Kant betont in dieser Schrift, aber auch in anderen gesellschaftspolitischen Arbeiten, dass Fortschritt eher auf der Ebene der Legalität zu erwarten ist als auf der der Moralität; die republikanische Verfassung einzelner Staaten ist Voraussetzung dafür, dass es so etwas wie ein Weltbürgerrecht geben kann. Es ist freilich nicht nur die Kugelgestalt der Erde, die das nahelegt, sondern auch die Idee eines ursprünglichen Gemeinbesitzes dieser Erde. »Es ist hier (...) nicht von Philanthropie, sondern vom *Recht* die Rede, und da bedeutet *Hospitalität* (Wirtbarkeit) das Recht eines Fremdlings, seiner Ankunft auf dem Boden eines anderen wegen, von diesem nicht feindselig behandelt zu werden. Dieser kann ihn abweisen, wenn es ohne seinen Untergang geschehen kann; solange er aber auf seinem Platz sich friedlich verhält, ihm nicht feindlich begegnen. Es ist kein *Gastrecht,* worauf dieser Anspruch machen kann (wozu ein besonderer wohltätiger Vertrag erfordert werden würde, ihn auf gewisse Zeit zum Hausgenossen zu machen), sondern ein *Besuchsrecht,* welches allen Menschen zusteht, sich zur Gesellschaft anzubieten, vermöge des Rechts des gemeinschaftlichen

Besitzes der Oberfläche der Erde, auf der, als Kugelfläche, sie sich nicht ins Unendliche zerstreuen können, sondern endlich sich doch nebeneinander dulden zu müssen, ursprünglich aber niemand an einem Orte zu sein mehr Recht hat, als der andere.«[94]

Dass in einer wirtschaftlich und touristisch globalisierten Welt, in der kaum ein Gebiet unerforscht ist, kaum ein Fleck noch nicht betreten wurde, Fremdheitserfahrungen im Gebrauch der öffentlichen Vernunft eine zentrale Rolle spielen könnten, wäre für Kant eine Ausgeburt von Geistersehern gewesen. Aber er hätte sich davon nicht einschüchtern lassen, sondern Vorbereitungen dafür getroffen, dass diese Geisterseher nicht bestimmen, was die Menschen, die heute tatsächlich aufeinandertreffen, aus der Welt machen. Die kosmopolitische Denkweise, die von der Anerkennung des Anderen lebt, ist für Kant – mögen die ethnozentrischen Vorurteile auch empirisch, in der Welt der Erfahrungen, eine noch so gewaltige Bedeutung erreichen – die einzige Verhaltensweise, die der Würde des Menschen angemessen ist. Und Würde hat keinen Preis.

Menschenverachtende Parolen, Anschläge auf Bücher und Menschen

Es brennen wieder Häuser, in denen Menschen leben, freiwillig oder zwangsweise in Notunterkünften versammelt – Menschen, die sich zunächst durch nichts anderes auszeichnen als durch ihre Hautfarbe, ihre Sprache, ihre nationale Herkunft, ihre Religion, Kriegserfahrungen oder das Elend der Lebensverhältnisse, die sie in die Fremde getrieben haben. Man hält es nicht für möglich, was eine auf christliche Werte stolze Zivilisation mit Flüchtlingen anstellt, die als Verfolgte ihres Elends

Schutz suchen. Mir scheint, die Botschaft eines zivilisierten Landes enthielte vor allem die Aufforderung, Menschen einen sicheren Ort, eine dauerhafte Bleibe zu verschaffen, keinen ohne Asyl zu lassen. Doch die Wirklichkeit sieht ganz anders aus. Hass gegen alles Fremde breitet sich aus – egal worin diese Fremdheit besteht. Die Attacken auf Flüchtlingsheime nehmen bedrohlich zu, tagtäglich gibt es neue Meldungen über Brandanschläge und Ausschreitungen jeder Art. Die Orte, an denen das passiert, sind kaum noch aufzuzählen: Meißen, Heidenau, Dresden ... Menschenverachtende Parolen tragen den Hass immer tiefer in die Gesellschaft – Parolen, die auf regelmäßigen Demonstrationen von Pegida-Anhängern gebrüllt werden und mit denen AfD-Mitglieder in Talkshows ihr Gift versprühen.

In Deutschland haben kollektive Brandstiftungen, Flächenbrände eine von den anderen europäischen Ländern eigentümlich unterschiedene Tradition. Mit Bücherverbrennungen, wie im Frühstadium der Naziherrschaft, fängt die sadistische Lust am Lösen der Probleme durch Abbrennen an. Der aus Deutschland vertriebene Heinrich Heine hatte, weil er aus Leiden scharfsinnig geworden war, eine präzise Vorahnung, als er Bücher und Menschen in seiner Tragödie *Almansor* in einen Zusammenhang brachte. Dem Bericht Almansors, er habe auf dem Markt Granadas gesehen, wie Christen den Koran in die Flammen des Scheiterhaufens warfen, fügt der gläubige, aber durchaus tolerante Hassan hinzu: »Das war ein Vorspiel nur, dort, wo man Bücher verbrennt, verbrennt man auch am Ende Menschen.« Welche Worte!

Die in Flammen aufgegangenen Synagogen und die Gasöfen von Auschwitz sind Brandmale, die sich aus der Archäologie der deutschen Geschichte nicht wegarbeiten lassen. »Deutschland den Deutschen«, brüllen sie auch heute wieder. Aber die, die draußen bleiben sollen, werden immer zahlreicher und in ihrer nationalen, religiösen oder ethnischen Zugehörigkeit immer vielfältiger; das vergrößert die Wut und das Ressentiment gegen alles Andersartige, gegen alle Andersdenkenden.

Was als Randerscheinung jahrelang verharmlost wurde, dringt immer stärker in das gesellschaftliche und politische Zentrum. Dabei ist die Mitte, die ausgewogene und verlässliche Grundlage der Demokratie sein sollte, deutlich nach rechts gerückt. Die um den Fremden organisierten Vorurteile konnten so mit Sympathien in breiten Teilen der Bevölkerung rechnen.

Sympathisanten in der Mitte der Gesellschaft

So ist heute wieder erinnernde Gedankenarbeit in mehrfacher Hinsicht nötig: Zum einen ist auf der gesicherten Erkenntnis zu beharren, dass Bewegungen, die ihre Identität ausschließlich durch Feinderklärungen, durch Ausgrenzung der Fremden und Andersdenkenden gewinnen, nur dann Erfolg haben, wenn sie genügend *Sympathisanten im gesellschaftlichen Zentrum* finden. Auch der deutsche Faschismus war nicht allein durch marodierende Randgruppen, durch die Schlägerbanden von SA und SS erfolgreich; ohne die *leistungsbewussten Mitläufer* im Beamtenapparat, ohne hilfswillige Polizei und mit verzerrtem Realitätsbewusstsein ausgestattete Richter hätte die Nazi-Bewegung nie den Staat erbeuten können. Die Professoren und Lehrer als Sinnproduzenten und Sinnvermittler im Berufsalltag taten das Ihre nach Kräften, das Symbol- und Sprachspektrum der deutschen Kultur so zu korrumpieren, dass viele Worte und Begriffe seitdem unrettbar beschädigt sind und ins Wörterbuch des Unmenschen gehören.

Schlägerbanden, die Feuerballen in bewohnte Häuser werfen, sind schlimm genug; gefährlicher für den Bestand eines demokratischen Gemeinwesens sind aber die aus der vermeintlichen »Mitte«, die Molotowcocktails in Asylbewerberunterkünfte werfen. Und bedrohlich für den Bestand der Demokratie sind auch jene, die zustimmend zusehen, Beifall spenden – oder zustimmend wegsehen, wenn Stellvertreter das tun, wozu sie selbst, diese Wölfe im Schafspelz, die Biedermänner mit den Instinkten von Brandstiftern, keinen Mut haben, wenn ein staatlicher Befehl nicht erkennbar ist.

Aber ein *zweiter Zusammenhang* ist von Bedeutung, auf den viel sinnvolle sozialwissenschaftliche Gedankenarbeit gewendet worden ist. Mischungen von Stämmen und Völkerschaften sind charakteristische Merkmale der Hochkulturen. Wo freilich ungelöste soziale und kulturelle Probleme auftauchen, sind starke Gefühle am Werk, nach Erklärungen für die eigene Misere zu suchen. Da die eigenen Herren oder das von ihnen repräsentierte und gestützte System, selbst wenn sie als Verursacher in Frage kämen, übermächtig erscheinen und der Gedanke eines Angriffs auf diese Angst erzeugt, wird nach Ersatzschuldigen Ausschau gehalten: Da wird weit zurückgegriffen, bis hinein in den archaischen Vorrat von Stammes- und Religionsrivalitäten.

Das mörderische Wüten der auf ethnische oder religiöse »Reinheit« oder Patriotismus setzenden Bevölkerungsgruppen in zerfallenden Staatsordnungen überall auf der Welt unterscheidet sich nicht grundlegend von dem Hass auf alles Fremde, der sich vor unserer Haustür auszutoben beginnt. Wo Feinderklärungen dieser Art als notwendig betrachtet werden, um die Selbstzerrissenheit und die Zerrissenheit der eigenen Wirklichkeit zu verdecken und einen »Zusammenhang« des Unvereinbaren herzustellen, ist eines typisch für die Projektion von Ersatzschuldigen: Sie sind auswechselbar. Ob Türken, Araber, Muslime, Schwarze, Ausländer – sie alle erfüllen die sozialpsychologische Funktion der *Realitätsverleugnung* und der *Realitätsverdrängung*, die hier im Spiel ist. Für alle diese Ersatzschuldigen gibt es auch geschichtliche Beispiele. Über Jahrhunderte waren es in Europa die Juden, die Sozialneid auf sich zogen. Jetzt sind es Fremde unterschiedlichster Herkunft. Worum seit den Toleranzedikten, welche die religiösen Bürgerkriege in Europa beendeten, gekämpft wurde, ist seit einiger Zeit wieder gefährdet. Das Wort »ethnische Säuberung«, das in das Wörterbuch des Unmenschen gehört, bezeichnet diesen Rückfall in den barbarischen Zustand von Intoleranz präzise. Diese Säuberungen leben, wie alle anderen des 20. und 21. Jahrhunderts, von dem Schein, es könne durch Ausgrenzung andersartiger Menschen irgendein Problem gelöst werden, das die eigenen Verhältnisse bedrückt. *Der Rechtsextremismus in seinem weiten Spektrum von Ausdrucksformen ist das politische Falschgeld trügerischer Problemlösungen.* Damit werden die ungelösten Widersprüche der globalisierten Arbeits- und Erwerbsgesellschaft nur verdrängt.

Der Fremdenhass hat nur bedingt etwas mit den Fremden zu tun: Existenzängste, zerbrochene Lebensperspektiven besonders junger Menschen, der Verlust an gesellschaftlicher Achtung und materieller Mindestausstattung, durch Arbeitslosigkeit zwangsläufig verursacht, das Abrutschen in die Armut – sie bereiten den gesellschaftlichen Boden, auf dem rechtsextremistische Einstellungen mit ihren Feinderklärungen und Vernichtungsphantasien gegen das Fremde, Andersartige und schließlich gegen Andersdenkende wachsen und gedeihen. Der Fremdenhass lebt von der Täuschung, dass die Gesellschaft gesund und krisenfrei gemacht sei, wenn der letzte Ausländer das Land verlassen hat.

In diesem Zusammenhang hat schon die Asyldebatte in den 1990er Jahren und hat erneut die seit 2015 geführte eine verheerende Wirkung auf die politische Kultur in diesem Lande. Sie hat nicht die vielfältigen Ursachen der Krise, die Skandale von Arbeitslosigkeit, Gewalt in den Schulen, von Armut und Hoffnungslosigkeit zum öffentlichen Thema gemacht und ebenso wenig Not, Konflikte und Kriege in den Herkunftsländern der Asylsuchenden, die ja zu einem nicht geringen Teil von den reichen Ländern mitverschuldet wurden. Vielmehr wurde quer durch die staatstragenden Parteien die Suche nach Ersatzschuldigen weitergetrieben. So wurden vom politischen Zentrum der Gesellschaft aus, das sich in der Geschichte der Bundesrepublik als die ausgewogene und verlässliche Mitte der Demokratie verstanden hatte, eindeutige Signale gegeben, dass die rechtsextremen Schlägerbanden mit ihren Knüppeln vernachlässigte, auf Lösungen drängende Probleme ansprechen.

Sozialdarwinistische Entwertung des Lebens

Mittlerweile zeichnet sich in Deutschland eine alptraumhafte Entwicklungslinie ab, die durch eine bedrohlich herabgesetzte Hemmschwelle für das Töten charakterisiert ist. Mit Fug und Recht kann man von einem faschistischen Potenzial sprechen angesichts der lebensgefährlichen Angriffe auf Flüchtlinge und der menschenverachtenden Parolen gegen Fremde bei Kundgebungen und Demonstrationen: Ansprüche und Rechte des Menschen werden mit zweierlei Maß gemessen – auch von jenen, die sich für die »gute Gesellschaft« halten. Der räuberische Kampf um Erfolg, der jede Form der Solidarität und des Mitleidens beschädigt, diese Ausgeburt des Sozialdarwinismus, demzufolge nur die Besten Überlebensrechte haben, hat jetzt jene erfasst, die bei diesem Kampf auf der Strecke geblieben sind – Kinder dieser Gesellschaft, Opfer und blutige Täter in einem.

Aber darauf ist das Problem des marodierenden Rechtsextremismus nicht zu beschränken; durch die allgemeine gesellschaftliche Abwertungsmentalität wird der Lebensschutz, der für *alle* Geltung besitzt, gebrochen. In einem gesellschaftlichen Klima, *in dem Mitleid und Verständnis für die Vertriebenen, Verfolgten, Schwachen und Ohnmächtigen schwinden, in dem nur die Sieger und Erfolgreichen mit Solidarität und Zuwendung bedacht werden,* da ufert der Kältestrom der Gesellschaft unabsehbar aus.

Der verwundbarste Artikel des Grundgesetzes

Es wäre daher leichtfertig, diese neue, aber wiederum auch sehr alte Tendenz in Deutschland, bestimmte Gruppen von Menschen durch Ausgrenzung zu vernichten, allein auf Ausländerhass zurückzuführen und dem Irrglauben zu folgen, dass die Änderung des Asylartikels, dieses *verwundbarsten Artikels unseres Grundgesetzes, ja der deutschen Geschichte,* daran etwas ändern könnte. Artikel 16, Absatz II: »Politisch Verfolgte genießen Asylrecht« dem Anschein einer Lösung der genannten gesellschaftlichen Probleme zu opfern, wäre eine fatale Korrektur des Erfahrungsgehalts der deutschen Geschichte, deren Folgen nicht absehbar sind. Es gibt so etwas wie eine Bringschuld der Deutschen im Blick auf das politische Asyl, das Verfolgten anderer Länder einen sicheren Ort garantiert.

Die Liste der deutschen Asylbewerber, die in anderen Ländern Asyl erhielten, ist praktisch unabschließbar. Heine und Walter Benjamin in Paris, Marx in London, Brecht in Dänemark und den USA, Thomas Mann, Freud, Einstein usw. usw. – Hunderttausende Deutsche, die anderswo Asyl erhielten. Ist das Ergebnis der aufgeheizten Asyldebatten, die den rechtsradikalen Mördern Handlungsvollmachten zu signalisieren scheinen, das definitive Ende des kurzen Sommers des politischen Asyls in Deutschland? Es sieht ganz so aus.

Aber es hat in Deutschland auch immer die ganz andere Tradition gegeben. Beispielhaft dafür ist die Vorschlag von Jacob Grimm (weniger bekannt als Politiker denn als Sammler von Märchen) in der Frankfurter Nationalversammlung von 1848, den Artikel 1 der Verfassung des Deutschen Reiches zu erweitern und gleichzeitig zu präzisieren. Er machte folgenden Vorschlag: »Das Deutsche Volk ist ein Volk von Freien, und deutscher Boden duldet keine Knechtschaft. Fremde Unfreie, die auf ihm verweilen, macht er frei.« Der deutsche Boden sollte also frei machen, eine Zufluchtsstätte für jene bieten, die in Not sind; er sollte nicht die stumpfe Heimat sein, in der nur die Gleichgesinnten Aufenthaltsberechtigung haben.

Misslingende Balancearbeit zwischen Innen und Außen

Im Innern Deutschlands ist die als Resultat deutscher Katastrophengeschichte errichtete Mauer, sichtbares Zeichen der Trennungen, gefallen; doch man fordert neue Mauern und Zäune. Als besonders bedrückend empfinde ich es, dass viele unter denjenigen, die Jahrzehnte wie in einem riesigen Lager eingemauert und von Stacheldrahtverhauen umzäunt waren, sich jetzt bereit finden, unüberwindliche Grenzbefestigungen um ganz Deutschland zu fordern, damit alle Fremden, die anderswo in Not geraten sind, draußen gehalten werden.

Ich kann mir das nicht anders erklären als durch den Hinweis auf eine grundlegende Störung im Geschichtsverhältnis der Deutschen, in dem *die Balancearbeit zwischen Innen und Außen immer wieder misslingt*. Die Erfahrungen eigener Not, von Vertreibung, Flucht, Mauern und Stacheldraht reichen offenbar nicht aus, diesen fatalen Kreislauf zu durchbrechen, demzufolge in dem Maße ausgeschlossen wird, wie andere eingeschlossen bleiben.

Die sicheren Orte, diese Freistätten des würdigen Überlebens, werden in der Welt immer knapper und schwerer zugänglich: Wäre es nicht an der Zeit, dass die reichen Länder darüber nachzudenken beginnen, Orte des Asyls, also *sichere* Orte, *zu erweitern* und *neu zu schaffen*, statt sie einzuschränken und die Last des Flüchtlingselends auf die armen Länder abzuschieben?

Die heutigen Flüchtlingsströme sind nur der Anfang

Denn die reichen Länder sind durch eine Wirtschaftsform, die den weniger entwickelten Ländern keine gerechte Basis für erfolgreiche Konkurrenz auf dem Weltmarkt bietet, nicht unbeteiligt daran, dass die Flüchtlingsströme vielleicht schon bald zu riesigen Völkerwanderungen anwachsen werden. Nicht nur Krieg, Gewalt und Verfolgung werden die Menschen zur Flucht bewegen, immer mehr werden sich auch aus ganz anderen Motiven sich auf den Weg machen. *Es werden immer mehr Menschen kommen, die entwurzelt sind, die keine ökonomische Lebensgrundlage besitzen, die nichts zu verlieren haben als ihre Not und ihr Elend. Sie werden sich als Verfolgte ihres Elends betrachten,* und ihre politischen oder religiösen Unterdrücker werden noch einen Anteil an diesem Elend haben. Die Fragwürdigkeit einer Liste von »sicheren« Staaten besteht ja nicht nur darin, dass es keine trennscharfen Kriterien dafür gibt; die Begriffe von Krieg und Verfolgung sind viel zu eng gefasst. Sie meinen den Extremfall der Diktatur und des Terrorsystems, aber nicht die ökonomischen Formen der Unterdrückung und Ausbeutung.

Auch immer mehr Wirtschaftsflüchtlinge werden sich auf die Reise machen, um *ihr* »gelobtes Land« zu suchen – und niemand wird sie auf Dauer davon abhalten können.

Die Frage des Asyls ist in unserer Gesellschaft nicht eng, sondern sehr weit zu fassen; Ausländerhass, Neigungen zu »ethnischen Säuberungen«, Hassgefühle gegen das Andere, Nicht-Gleichartige, gegen Andersdenkende und Anderslebende – alle diese Ersatzempfindungen haben einen Zustand der Fremdheit, ja der *Selbstentfremdung* der Menschen zum Nährboden, der ihre Neigung bestärkt, innergesellschaftliche Krisen, von denen sie bedrückt werden, auf äußere Verursacher zu lenken. Ethnozentristische Ressentiments entspringen nicht einem wie immer gearteten Ausländerproblem. Die Vorurteilsbereitschaft gegenüber anderen, Fremden bindet sich vielmehr an wechselnde Objekte. Wo Ausländer von der offiziellen Politik zum Problem gemacht werden, ist die Neigung allerdings besonders stark, alle Ausgrenzungsvorurteile auf sie zu lenken. Das ist eben das fatale Gesetz des Ethnozentrismus: Hätte man alle Ausländer aus Deutschland vertrieben, so würden nicht Frieden und Solidarität in die Gesellschaft einkehren, sondern es käme zu immer neuen, anderen Feinderklärungen.

Sicher, Lichterketten und Demonstrationen gegen Ausländerfeindlichkeit sind nur ein symbolischer Ausdruck, dass Hunderttausende von Menschen in diesem Lande eine Gesellschaft wollen, in der mit der Selbstentfremdung der Einzelnen auch die Angst vor den Fremden aufgehoben ist. Denn der Hass gegen das Fremde beginnt mit dem Selbsthass gegen alles, womit wir in uns selbst nicht übereinstimmen, was sich also in den Subjekten als fremdartig abgelagert hat.

Kant hatte, lange vor Freud, diesen Zusammenhang deutlich benannt: »(...) der Mensch kann nicht glücklich seyn, ohne wenn er sich selbst wegen seines Charakters Beyfall geben kann, und er kann andere nicht achten, wenn er keine Selbstachtung hat.«[95] Wo der Selbsthass im Eigenen aufgehoben wird, verliert sich der Hass gegen das Fremde, und es beginnt, wie Marx das in *seinem* kategorischen Imperativ formuliert hat, entschieden der Kampf, »alle Verhältnisse umzuwerfen, in denen der Mensch ein erniedrigtes, ein geknechtetes, ein verlassenes, ein verächtliches Wesen ist.«[96]

Offen und aufrichtig anzuerkennen, dass es diese Selbstzerrissenheit des Lebens in unserer Gesellschaft gibt, dass Obdachlosigkeit, Armut, Elend, Verzweiflung nicht lediglich Tatbestände der »Dritten Welt« sind, sondern unserer Nachbarn, unsere Nächsten bedrücken und in Lebenskrisen stürzen, wäre der erste Akt der menschlichen Anerkennung auch der Not der Fremden.

Millionenfach Auswege schaffen

Die *unterschlagene Wirklichkeit* aufzudecken, sich öffentlich bewusst zu machen, dass diese Gesellschaft nicht frei von Not, von Vereinsamung der Menschen, von Ungerechtigkeit ist, würde ein gangbarer und angemessener Weg sein, die Ursachen des Rechtsextremismus zu bekämpfen und für die Asylprobleme menschliche Lösungsmöglichkeiten ins Auge zu fassen. Das könnte auch eine solidarische und aufrichtige Grundlage für ein Solidarprojekt mit jenen Gesellschaftsordnungen sein, aus denen die Menschen flüchten müssen oder vertrieben werden, weil sie ein menschenwürdiges Dasein einklagen. So müssen Auswege geschaffen werden – millionenfache Auswege für jene, die von Krieg und Elend bedroht sind und sich selbst nicht mehr zu helfen wissen.

KODA – ÜBERGÄNGE VOM BAUERNHOF IN DEN HÖRSAAL

Nachdem ich das Abitur im Frühjahr 1955 mit einem Notendurchschnitt bestanden hatte, der nur knapp über dem erforderlichen Minimum lag, verspürte ich ein Gefühl der Erleichterung und der Freiheit, wie ich es selten vorher und bestimmt nicht nachher empfunden habe. Wäre ich nicht immer wieder auf verständnisvolle Förderer gestoßen, die ihr Lehramt nicht nur als Broterwerb und bloße Wissensvermittlung betrachteten, sondern sich als wirkliche *Erzieher*, als *Lehrer* im besten Sinne sahen, dann hätte ich diese beschwerliche Lebensphase nicht mit einem staatlich anerkannten Dokument, dem Abiturzeugnis, abschließen können. Schreckliches hatte ich in der Totenstadt Königsberg erlebt – aber die Schule, so wie sie sich in ihrer bräsigen Normalgestalt präsentierte, war für mich albtraumhaft, weil man sich so verhielt, als sei überhaupt nichts passiert. In keinem einzigen Fach wurde der epochale Bruch dieser Gesellschaft fassbar, wurde darüber nachgedacht, warum Deutschland diesen Krieg angezettelt und dann diese entsetzliche Niederlage erlitten hatte, warum es Besatzungszonen gab, wie die Zukunft dieses Staates aussehen sollte. Nichts von dem habe ich in der Schule vernommen. Zum überwiegenden Teil unterrichteten die alten Lehrer, die einfach zwölf Jahre Verbrechensgeschichte aus ihrem Gedächtnis getilgt hatten.

Es mag sein, dass einer der Gründe für mein Schulversagen darin bestand, dass meine Gedanken immer woanders waren als dort, wohin die Lehrer sie lenken wollten. Als ich in Oldenburg Abitur machte, wohnten meine Eltern und ich in einer achtzehn Quadratmeter großen Dachwohnung; wir waren glücklich, dass wir überhaupt eine Behausung hatten. Aber die Geschichte meiner Familie während der letzten Jahre erregte meine Phantasie maßgeblich, nach Strukturen und Personen Ausschau zu halten, die dieses Unglück, das ja nicht nur uns betraf, verursacht haben könnten. Gedanken über die zweite Flucht, die aus der DDR, beschäftigten mich intensiver als die Flucht aus Ostpreußen; das mag daher gekommen sein, dass meine Eltern die Flucht aus ihrer ostpreußischen Heimat als gerechte Strafe für den Überfall Deutschlands auf die Sowjetunion betrachteten. Die zweite Flucht konnte keiner so recht verstehen: Wie war es möglich, dass bewusste Sozialisten wie mein Vater aus einem Land fliehen mussten, das sich anschickte, ein freies und gerechtes Deutschland aufzubauen? Nie in der Geschichte hat sich ein Staatsgebilde derart umfassend und eng auf die Legitimation durch eine wissenschaftliche Theorie gestützt wie die Gesellschaft, die sich seit 1949 Deutsche Demokratische Republik nannte. Nie hat es aber auch einen folgenreicheren Missbrauch einer Gesellschaftsphilosophie gegeben, die auf menschliche Emanzipation gerichtet ist.

In der Einheitsschule Falkensee, in die ich abgeschoben worden war, als sich herausgestellt hatte, dass ich nicht auf einen Ausbildungsplatz hoffen durfte, gab es in der Klasse heftige politische Auseinandersetzungen mit jungen Lehrerinnen und Lehrern, die sich als Propagandisten der neuen staatlichen Ordnung betätigten, aber außerstande waren, die sowjetische Besatzungspolitik, die für Berliner besonders spürbar war, in die Kritik am Nachkriegsdeutschland einzubeziehen. Unter dem Stichwort des Antifaschismus wurde alles untergebracht, Kapitalismuskritik ebenso wie die These von der Restauration alter Herrschaftsverhältnisse im Westen, die Krieg und Ausbeutung zur Folge hätten. Mir ist grölendes Gelächter in Erinnerung, als eine FDJ-Funktionärin, die demonstrativ in Uniform erschienen war, erklärte, die Sowjetunion sei die einzige friedensstiftende Macht der Welt und der Westen gefährde den Weltfrieden. Die Stimmung in dieser Schulversammlung war gereizt und aggressiv gegenüber dem Lehrpersonal, weil sich die alten Lehrerinnen und Lehrer feige zurückhielten und nichts sagten. Wenn die jungen Propagandistinnen und Propagandisten gehofft haben sollten, mit solchen Veranstaltungen junge Leute von der Richtigkeit ihrer Auffassung von Sozialismus, Demokratie, Staat und friedensfähiger Gesellschaft überzeugen zu können, so hatten sie sich gründlich getäuscht. Die Art und Weise, wie hier Marx, Lenin und die gegenwärtigen Parteiführer zitiert wurden, verschreckte alle – eine öde Belehrung, die schon im nächsten Augenblick vergessen war. Die Inhalte sind mir in der Zwischenzeit verloren gegangen, nicht aber die prekäre Situation, mit der ich damals konfrontiert war.

Nach der zweiten Flucht innerhalb weniger Jahre tauchten in meiner Erinnerung diese Auseinandersetzungen in der Falkenseer Einheitsschule wieder auf: Warum hatten wir erneut flüchten müssen? Als alter Sozialdemokrat war mein Vater anfangs hofiert worden; ostpreußische Kleinbauern als Mitglieder der SPD waren selten. Er hatte auch gerne das Stück Land in Besitz genommen, das ihm auf der Grundlage der Bodenreform zugewiesen worden war. Abermals baute er einen Hof auf, war erfolgreich. Aber es wollte ihm nicht in den Sinn, warum diese produktive Landwirtschaft mit ihren gut funktionierenden Maschinenausleihstationen kollektiviert werden sollte. Er empfand die Kollektivierung als eine Art *Fremdkörper im Gesellschaftsgebilde Westeuropas*. Da er sich als politisches Wesen verstand, lag es nahe, dass er seine kritische Meinung auch öffentlich kundtat. Natürlich beschränkte sich seine Kritik nicht auf die beginnende Kollektivierung, sondern richtete sich auch gegen die Vereinnahmung der SPD durch die Kommunisten;

meinem Vater zufolge hätte die SPD eine kritisch begleitende Kraft dieser Gesellschaftsreform sein können. Die Zerstörung dieser eigensinnigen Kraft im politischen Feld war für ihn eines der Grundübel, die Basis der Fehlkonstruktion der DDR. Noch kurz vor seinem Tod 1973 äußerte er, dass ein Staat, der sich vor seiner eignen Bevölkerung schützt, indem er sie durch Stacheldraht und Mauer einkerkert, eines Tages zusammenbrechen müsse.

Es waren merkwürdige Gedanken, die mich erregten, als ich mich mit dem Abiturzeugnis auf eine Reise begab, die zunächst Göttingen zum Ziel hatte. Nachdem ich die Flucht und die bittere Trennung von meinen Eltern bewältigt hatte und mit ihnen gemeinsam wieder festen Boden unter den Füßen fühlte, was mir freie Gedanken ermöglichte, drängte sich überraschenderweise in meinem Nachdenken die Deutschlandfrage in den Vordergrund. Allerdings nicht in der Weise, wie das im Nachkriegsdeutschland üblich war, wo es eher um die Spaltung der Nation ging (die Kleinstaaterei des 18. und 19. Jahrhunderts lieferte dafür ja ein Modell). *Mir* ging es vielmehr um die *Frage des Sozialismus: Ist das, was ich in den vier Jahren in der sowjetisch besetzten Zone und in der DDR erlebt hatte, im Ernst das, wovon Marx träumte?* Es war für mich Aufklärung im buchstäblichen Sinn, als ich das *Kommunistische Manifest*, ein von den Eltern eines Freundes geliehenes, aber versehentlich nicht zurückgegebenes Exemplar, in die Hand nahm und nun vollständig las (Auszüge hatte ich schon bei Dr. Friese in der Schule kennengelernt). Erst jetzt wurden die ins Unterbewusste abgedrängten Erlebnisse während der Anfangsstadien der DDR-Gesellschaft wieder wach. Nichts von dem, was in diesem Text steht, hatte ich persönlich erlebt. Der darin enthaltene, mit Pathos aufgeladene Begriff der Freiheit fand in meinen Erinnerungen keinen Ort. Ich war entschlossen, die Realität zu untersuchen und nicht einer antikommunistischen Ideologie Folge zu leisten, die allmählich im westlichen Teil Deutschlands zur Staatsdoktrin wurde.

Glücksgefühle im Göttinger Hörsaal

Ich kann nur schwer beschreiben, welche Glücksgefühle ich in der Zeit nach Abschluss der Schule mit der Neugierde und dem Lernen verband. Beim ersten Betreten eines Göttinger Hörsaals suchte ich noch den Aufpasser, der den Zugang kontrollierte; ich fand keinen. Ich setzte mich in die letzte Reihe und hörte dem Strafrechtler Bockelmann zu. Meine Gedanken kreisten um das Gefühl der Freiheit – niemand wird neben dir stehen und fragen: Was hast du davon verstanden? Was hast du mitgeschrieben? Kannst du das wiedergeben? Erst da empfand ich die Freiheit des Lernens – fast schon körperlich. *Das ist wirkliche Freiheit des Lernens, dachte ich.* Während der ersten beiden Monate in Göttingen organisierte ich meinen Vorlesungsplan so eng, dass ich praktisch täglich acht bis zehn Stunden Vorlesungen besuchte – hauptsächlich Vorlesungen, denn selbst wenn Professoren Fragen an das Publikum richteten, betrafen diese mich selbst nicht wirklich.

So befreiend meine Erfahrungen im Hörsaal wirkten, so betrüblich waren die in der Burschenschaft, die mir ein Zimmer im Verbindungshaus zur preiswerten Miete überlassen hatte. Man war um mein Wohlergehen sehr besorgt, praktizierte aber als schlagende Verbindung einen besonderen Verhaltenskodex, der meine gerade erworbenen Freiheiten zunehmend einengte. Die Teilnahme an den Conventsitzungen war Pflicht; das konnte ich nachvollziehen und akzeptieren. Doch ich hatte bereits zu Beginn meines Aufenthalts in Göttingen eine Karte für ein Konzert mit dem berühmten Pianisten Eduard Erdmann erworben und der Termin kollidierte genau mit dem einer solchen Conventsitzung. Deshalb beantragte ich Freistellung, was auch vom Erstchargierten, der das Kommando innehatte, genehmigt wurde. Ich besuchte das Konzert, kam relativ spät zurück, ging auf mein Zimmer, legte mich aufs Bett und träumte der schönen Veranstaltung nach. Kurze Zeit später klopfte es, jemand beorderte mich in den Convent, denn entpflichtet sei ich nur für das Konzert gewesen, nicht für die Zeit danach. Ich empörte mich, innerlich war ich aber bereits entschlossen, diesen Verein zu verlassen. Das tat ich wenige Tage später; gleichzeitig trat ich in den SDS, den Sozialistischen Deutschen Studentenbund, ein.

Der akademische Zusammenhang: fremdartig

Das war das Ende meiner Begegnung mit einer anderen Realität, mit einer Organisation, die den alten Traditionsbestand des akademischen Lebens bruchlos bewahrt hatte. Nur kurze Zeit war ich Mitglied dieser schlagenden Verbindung (ich verbrachte sogar einige Zeit regelmäßig auf dem Paukboden) – einer Studentenverbindung, die sich sehr wohl dessen bewusst war, dass sich etwas verändern musste in dieser Gesellschaft. Deshalb wurden auch politische Diskussionsabende veranstaltet, für die Referenten anderer Richtungen als Vortragende gewonnen werden konnten. Dabei lernte ich Peter von Oertzen kennen, der einen Vortrag über Demokratie und Selbstverwaltung hielt – und mit dem mich später eine langjährige politische Freundschaft verband. Einige der »Bundesbrüder« bekundeten ihre Sympathien für sozialistische Experimente; sie hatten eine grundlegende Reform der Burschenschaft im Blick, die aber nie erfolgt ist.

Für mich waren diese kurzen, aber intensiven Erfahrungen und Erlebnisse innerhalb einer Burschenschaft, die sich stets auf die Freiheitsideale ihrer Gründungszeit, ja auf die Freiheitsbewegung der 1848er Revolution bezog, die aber nie die Katastrophengeschichte des »Dritten Reichs« in ihre Betrachtungen einbezog, Anstoß und Motiv, über die *Zerstörung der deutschen Universität* durch studentische Verbindungen nachzudenken und darüber zu schreiben. Der Aufsatz erschien dann in der ersten Nummer der vom SDS neu gegründeten Zeitschrift *Neue Kritik;* sie löste den *Standpunkt,* das alte SDS-Organ, ab und leitete eine programmatische Linie der inneren Demokratisierung und der Sicherung von Mitbestimmungsrechten aller am Wissenschafts- und Lehrprozess beteiligten Personen ein.

Während der Schulzeit hatte ich nie das Gefühl gehabt, dass meine Herkunft vom Kleinbauernhof mein Ansehen beeinflusste oder dass meine Mitschüler mich von oben herab betrachteten, nachdem zum zweiten Mal ein Hof verloren gegangen war. Man hatte mich zum Klassensprecher gewählt, und diese Funktion hatte ich bis zum Abitur inne. Dem Lebensstil der Burschenschaft war ich allerdings nicht gewachsen. Die Tanzveranstaltungen, das »gemütliche Zusammensein«, waren für mich absolut quälend. Es war eben ein akademischer Lebenszusammenhang, in dem ich mich nun bewegte und in dem Karrieren informell geplant und festgelegt wurden. Ich studierte im ersten Semester Jura; da kam einmal einer der »alten Herren« auf mich zu und stellte sich als Staatsanwalt vor, ansässig in Gütersloh, dem neuen Wohnort meiner Eltern. Er wolle meine Karriere begleiten und fördern. Als ich den Einwand machte, ich sei doch erst am Beginn meines Studiums, antwortete er, man könne seine Karriere nicht früh genug aufbauen. Trotz aller freundschaftlichen Zuneigung zu einzelnen Mitgliedern dieser Burschenschaft bekam ich den Eindruck, zu dieser Gesellschaft, die hier ihre Rituale pflegte, nicht wirklich dazuzugehören – ja, *ich wollte nicht dazugehören*. Je unbefangener ich von meiner Herkunft aus kleinbäuerlichen Verhältnissen in Ostpreußen, von der sozialdemokratischen Gesinnung meines Vaters und den Familientraditionen der Schäfer erzählte, desto entschiedener rückte ich von dieser Art der Privilegienordnung ab, die festgelegt war, bevor auch nur eine einzige Leistung erkennbar war.

Marx-Studium – Theoriewege nach Frankfurt

Wenn ich aber nicht zu dieser Form der Gesellschaft gehörte, zu welcher hätte ich mich sonst zugehörig fühlen können? Es war mir schon damals bekannt, dass seinerzeit weniger als fünf Prozent der Studierenden in der Bundesrepublik aus Bauern- und Arbeiterfamilien stammten. War es vielleicht doch zu kurzsichtig gedacht, wenn ich die Umwälzungen in der DDR mit den privilegierten Arbeiter- und Bauernfakultäten unter dem Gesichtspunkt repressiver Herrschaft betrachtete? Nun konnte ich hautnah erleben, wie sich die Restauration alter Herrschaftsverhältnisse im Westen abspielte. Konnte man unterprivilegierten Arbeiter- und Bauernkindern vielleicht gar nicht anders als durch eine radikale Umwälzung der Herrschaftsverhältnisse zum Studium verhelfen? *In dieser kurzen Göttinger Zeit begann ich mit einem intensiven Marx-Studium.* Natürlich fand ich in diesem ersten Semester nicht ein einziges Seminar oder eine Vorlesung, die sich mit Marx oder sozialgeschichtlichen Problemen befasste. Die während der Nazi-Zeit von marxistischer Literatur »gesäuberten« Bibliotheken waren angesichts des sich verschärfenden Ost-West-Konflikts und der kompakten Ideologie des Antikommunismus auch nicht gerade aufgefüllt worden. Also beschaffte ich mir einige Reclam-Bändchen zu entsprechenden Themen.

Was ich während meiner Schulzeit mit Verachtung aus meinem Denken entfernt hatte, sodass es jahrelang nicht mehr aktualisierbar war, gewann jetzt an Bedeutung. Bisher war mir der Sozialismus hauptsächlich in meinen spärlichen Erfahrungszusammenhängen begegnet; eine entscheidende Rolle für die Änderung meines Blicks auf das Experiment einer sozialistischen Gesellschaftsordnung spielte die Lektüre der 1953 von Siegfried Landshut herausgegebenen Sammlung von Marx'schen Frühschriften. *Diese Texte wirkten wie eine Erleuchtung; sie öffneten mir Theoriewege, die schließlich nach Frankfurt führten.*

ANMERKUNGEN

1 Johann Wolfgang von Goethe: Faust. Hrsg. von Albrecht Schöne. Insel Verlag, Frankfurt/Main und Leipzig 2003, S. 27 ff. (V. 324–329).

2 Kants Gesammelte Schriften. Akademieausgabe. Handschriftlicher Nachlass, Bd. 6. De Gruyter, Berlin, Erstauflage 1934, S. 310.

3 Aaron Antonovsky: Salutogenese. Zur Entmystifizierung der Gesundheit. Verlag Deutsche Gesellschaft für Verhaltenstherapie, Tübingen 1997, S. 34.

4 Max Ernst: Biographische Notizen (Wahrheitsgewebe und Lügengewebe). In: Max Ernst. Ausstellungskatalog Köln/Zürich 1962/63. Zitiert nach: Lexikon der Kunst. Malerei. Karl Müller Verlag, Erlangen 1994, S. 172.

5 Jürgen Mittelstraß: Bildung und ethische Maßstäbe. In: Nelson Killius u. a. (Hrsg.): Die Zukunft der Bildung. Suhrkamp Verlag, Frankfurt/Main 2002, S. 164.

6 Immanuel Kant: Beantwortung der Frage: Was ist Aufklärung? In: Schriften zur Anthropologie, Geschichtsphilosophie, Politik und Pädagogik. In: Werke in sechs Bänden, Bd. VI. Wissenschaftliche Buchgesellschaft, Darmstadt 1964, S. 53.

7 Immanuel Kant, Beantwortung der Frage: Was ist Aufklärung?, a. a. O., S. 57.

8 Immanuel Kant: Was heißt: sich im Denken orientieren? In: Werke in sechs Bänden, Bd. III, a. a. O., S. 269.

9 Immanuel Kant, Was heißt: sich im Denken orientieren?, a. a. O., S. 269.

10 Immanuel Kant, Was heißt: sich im Denken orientieren?, a. a. O.

11 Immanuel Kant, Was heißt: sich im Denken orientieren?, a. a. O., S. 267.

12 Immanuel Kant, Was heißt: sich im Denken orientieren?, a. a. O., S. 277.

13 Immanuel Kant, Was heißt: sich im Denken orientieren?, a.a.O. S. 283.

14 Theodor W. Adorno: Zur Metakritik der Erkenntnistheorie. Kohlhammer, Stuttgart 1956, S. 31.

15 Georg Wilhelm Friedrich Hegel: Vorlesungen über die Philosophie der Religion. In: Sämtliche Werke. Jubiläumsausgabe in 20 Bänden, Bd. 16. Frommann Verlag, Stuttgart 1965, S. 380.

16 Georg Wilhelm Friedrich Hegel: System der Philosophie: Die Logik. In: Sämtliche Werke, Bd. 8, Frommann Verlag, Stuttgart 1940, S. 57.

17 Hegel: Sämtliche Werke, Bd. 8, a.a.O., S. 93.

18 Aaron Antonovsky: Salutogenese, a.a.O., S. 35.

19 Ernst Jünger: Über die Linie. Klostermann, Frankfurt/Main 1958, S. 19.

20 Ernst Jünger, Über die Linie, a.a.O., S. 34.

21 Ernst Jünger, Über die Linie, a.a.O., S. 52.

22 Martin Heidegger: Der Feldweg. Klostermann, Frankfurt/Main 1956, S. 4.

23 Martin Heidegger, Der Feldweg, a.a.O., S. 5.

24 Immanuel Kant: Kritik der reinen Vernunft. Wissenschaftliche Buchgesellschaft, Darmstadt 1956, S. 12.

25 Immanuel Kant: Kritik der reinen Vernunft, a.a.O., S. 712.

26 Immanuel Kant: Kritik der reinen Vernunft, a.a.O., S. 708.

27 Sigmund Freud: Studienausgabe, Bd. 1. S. Fischer Verlag, Frankfurt/Main 1962, S. 516.

28 Sigmund Freud: Das Unbehagen in der Kultur. Studienausgabe, Bd. 9. S. Fischer Verlag, Frankfurt/Main 1974, S. 203.

29 Wolfgang Kraushaar: Der Aufruhr der Ausgebildeten. Vom Arabischen Frühling zur Occupy-Bewegung. Hamburger Edition, Hamburg 2012, S. 28.

30 Bernhard H. F. Taureck / Karlfriedrich Herb: Rousseau-Brevier. Schlüsseltexte und Erläuterungen. Mit einem Vorwort von Raymond Trousson und dreizehn Zeichnungen von Bernhard H. F. Taureck. Wilhelm Fink Verlag, Paderborn 2012, S. 154f.

31 Bernhard H. F. Taureck / Karlfriedrich Herb: Rousseau-Brevier, a. a. O. Nicht nur dieses hier zitierte Brevier ist lesenswert, auch Taurecks übrige Rousseau-Schriften verdienen Beachtung. Sie machen Rousseau zu einem höchst aktuellen Denker.

32 Hannah Arendt: Eichmann in Jerusalem. A Report on the Banality of Evil. Penguin Books, London 1963, S. 233.

33 Einiges zum Namen und zur Geschichte Kapkeims findet sich im Internet bei Wikipedia; ob es allerdings in allen Aspekten sachlich korrekt und überprüfbar ist, kann ich nicht sagen. Dort heißt es zum Beispiel: »Der bis 1946 Kapkeim genannte Ort wurde 1388 als prußisches Dorf gegründet« und »In Kriegsfolge wurde Kapkeim mit dem nördlichen Ostpreußen 1945 der Sowjetunion zugeordnet und erhielt 1946 die russische Bezeichnung *Wischnowoje*.«

34 Friedrich Schiller: Das Lied von der Glocke: In: Friedrich Schiller: Sämtliche Werke, Bd. 1. Hrsg. von Gerhard Fricke und Herbert G. Göpfert in Verbindung mit Herbert Stubenrauch. Carl Hanser Verlag, München 1980, S. 432 f.

35 Lew Tolstoi: Anna Karenina. Neu übersetzt von Rosemarie Tietze. Deutscher Taschenbuch Verlag, München 2009, S. 7.

36 Marion Gräfin Dönhoff: Kindheit in Ostpreußen. Goldmann Verlag, München 1992, S. 90.

37 General Otto Lasch: Endkampf und Kapitulation Königsberg. In: Herbert Reinoß (Hrsg.): Letzte Tage in Ostpreußen. Erinnerungen an Flucht und Vertreibung. Bechtermünz-Verlag, Augsburg 2002, S. 113 ff.

38 Jürgen Brühns: Flucht und Vertreibung. In: http://www.ndr.de/kultur/geschichte/chronologie/Flucht-und-Vertreibung,vertreibung102.html.

39 Wehlauer Heimatbrief, Sonderausgabe 2005, 60 Jahre Vertreibung, S. 153.

40 Quelle: http://www.wahlen-in-deutschland.de/wrtwostpreussen.htm.

41 Oskar Negt / Hans Werner Dannowski: Könisgberg – Kaliningrad. Reise in die Stadt Kants und Hamanns. Steidl Verlag,

Göttingen 1998; jetzt in: Werkausgabe, Bd. 12, Steidl Verlag, Göttingen 2016.

42 Joachim Fest: Begegnungen. Über nahe und ferne Freunde. Rowohlt Verlag, Reinbek 2004, S. 180.

43 Immanuel Kant: Anthropologie in pragmatischer Hinsicht. In: Immanuel Kant: Schriften zur Anthropologie, Geschichtsphilosophie, Politik und Pädagogik. Wissenschaftliche Buchgesellschaft, Darmstadt 1964, S. 400.

44 Immanuel Kant: Anthropologie in pragmatischer Hinsicht, a. a. O.

45 Immanuel Kant: Kritik der praktischen Vernunft. In: Schriften, Bd. 4. Wissenschaftliche Buchgesellschaft, Darmstadt 1956, S. 300.

46 Jürgen Manthey: Königsberg. Geschichte einer Weltbürgerrepublik. Carl Hanser Verlag, München 2005, S. 14.

47 Jürgen Manthey: Königsberg, a. a. O., S. 16.

48 Jürgen Manthey: Königsberg, a. a. O., S. 591.

49 Heinz Schön: Ostsee '45. Mensche, Schiffe, Schicksale. Motorbuch-Verlag, Stuttgart 1983.

50 Reinhard Henkys: Endlösung am Bernsteinstrand. Das größte NS-Massaker in Ostpreußen fand noch Ende Januar 1945 statt. In: Die Zeit (Nr. 45), 2. November 2000, S. 94.

51 Einen eindrucksvollen Erfahrungsbericht über den Todesmarsch und über das Verbrechen von Palmnicken gibt Eckart Jander in seinem Buch *Zilpzalp im Weidenland. Ein Überlebensroman* (Vive!-Verlag, Hannover 2013, S. 26 ff.) Vieles von dem, was Jander seinen »Überlebensroman« nennt, ruft in mir Erinnerungen wach, die ich lange Zeit verdrängt hatte.

52 Aus den Schiffsunterlagen konnte ich später entnehmen, dass es sich um einen Dampfer handelte, der früher Kohle transportiert hatte, ein Schiff einer Königsberger Reederei.

53 Ich verzichte darauf zu wiederholen, was Heinz Schön in seinen Buch *Ostsee '45. Mensche, Schiffe, Schicksale* (Motorbuch-Verlag, Stuttgart 1983) präzise in den Fakten und eindrucksvoll in der Atmosphäre beschrieben hat.

54 Der Prozeß gegen die Hauptkriegsverbrecher vor dem Internationalen Militärgerichtshof Nürnberg 14. November 1945 bis 1. Oktober 1946. Veröffentlicht in Nürnberg, Deutschland, 1948, amtlicher Text in deutscher Sprache, S. 341.

55 A.a.O., S. 379f.

56 Kriegsende 1945 in Deutschland. Im Auftrag des Militärgeschichtlichen Forschungsamtes hrsg. von Jörg Hillmann und John Zimmermann. R. Oldenbourg Verlag, München 2002, S. 9.

57 Kriegsende 1945 in Deutschland, a.a.O., S. 11.

58 Heinrich Schwendemann: »Deutsche Menschen vor der Vernichtung durch den Bolschewismus zu retten«: Das Programm der Regierung Dönitz und der Beginn einer Legendenbildung. In: Kriegsende 1945 in Deutschland, a.a.O., S. 13.

59 Heinz Schön: Ostsee '45. Menschen, Schiffe, Schicksale, a.a.O., S. 9.

60 Kirsten Lylloff: Barn eller fjende? Uledsagede tyske flygtningebørn i Danmark, 1945–1949. Kopenhagen 2006; siehe dazu z.B.: Der Spiegel 19/2005, S. 142.

61 Zur verschiedentlich laut gewordenen Kritik an der (medizinischen) Versorgung der Flüchtlinge in diesem Buch und die Untersuchung von Kirsten Lylloff: Barn eller fjende?, a.a.O.

62 Karl-Georg Mix: Deutsche Flüchtlinge in Dänemark 1945–1949. Franz Steiner Verlag, Stuttgart 2005, S. 215.

63 Karl-Georg Mix: Deutsche Flüchtlinge in Dänemark 1945–1949, a.a.O.

64 Gustav Meissner: Dänemark unterm Hakenkreuz. Die Nord-Invasion und die Besetzung Dänemarks 1940–1945. Ullstein-Verlag, Frankfurt/Main/Berlin 1990, S. 7. Bei den Ausführungen zu Dänemark stütze ich mich im Wesentlichen auf dieses fundamentale Werk über die Zeit der deutschen Besatzung in Dänemark.

65 Gustav Meissner: Dänemark unterm Hakenkreuz, a.a.O., S. 42.

66 Gustav Meissner: Dänemark unterm Hakenkreuz, a.a.O., S. 400.

67 Kirsten Lylloff: Barn eller fjende?, a.a.O.

68 Siehe den Bericht von Hannes Gamillscheg: Die Kinder, die Feinde waren. Das Schicksal der deutschen Kriegsflüchtlinge löst

noch heute in Dänemark heftige Kontroversen aus. Hannoversche Allgemeine Zeitung, 19.4.2005.

69   Manfred Ertel: Stumme Steintafeln. Der Spiegel 19/2005 (9.5.2005)

70   Motto aus Max Horkheimer: Sozialphilosophische Studien. Aufsätze, Reden und Vorträge 1930–1972. S. Fischer Verlag, Frankfurt/Main 1972, S. 101.

71   Friedrich Schiller: Gewissensskrupel. Aus: Xenien von Schiller und Goethe. In: Friedrich Schiller: Sämtliche Werke, Bd. 1. Hrsg. von Gerhard Fricke und Herbert G. Göpfert. Carl Hanser Verlag, München 1980, S. 299.

72   Theodor W. Adorno: Zu Proust. In: Noten zur Literatur. Gesammelte Schriften 11. Suhrkamp Verlag, Frankfurt/Main, 3. Auflage 1990, S. 675.

73   Johann Wolfgang Goethe: Aus meinem Leben. Dichtung und Wahrheit. In: Goethes Werke. Hamburger Ausgabe in 14 Bänden. Hrsg. von Erich Trunz. Verlag C. H. Beck, München 1974, Band IX, S. 11 f.

74   August Bebel: Aus meinen Leben. Verlag J. H. W. Dietz Nachfolger, Bonn 1997, S. 9 f.

75   Theodor W. Adorno: Kindheit in Amorbach. Bilder und Erinnerungen. Hrsg. von Reinhard Pabst. Insel Verlag, Frankfurt/Main 2003, S. 9.

76   Ernst Bloch: Das Prinzip Hoffnung. 3. Band. Aufbau Verlag, Berlin 1959, S. 489.

77   Theodor W. Adorno: Negative Dialektik. Suhrkamp Verlag, Frankfurt/Main 1966, S. 364.

78   Friedrich Hölderlin: Hyperion oder der Eremit in Griechenland. Kapitel 67: Hyperion an Bellarmin. Insel Verlag, Frankfurt/Main 1993 (zuerst 1797).

79   Karl Marx: Die Frühschriften. Hrsg. von Siegfried Landshut. 7. Auflage, neu eingeleitet von Oliver Heins und Richard Sperl. Geleitwort von Oskar Negt. Alfred Kröner Verlag, Stuttgart 2004, S. 236.

80   Walter Benjamin: Über den Begriff der Geschichte (These IX). In: ders.: Gesammelte Schriften. Bd. I.2. Hrsg. von Rolf Tiedemann und Hermann Schweppenhäuser. Suhrkamp Verlag, Frankfurt/Main 1974, S. 697f.

81   Immanuel Kant. Sein Leben in Darstellungen von Zeitgenossen. Die Biographien von L. E. Borowski, R. B. Jachmann und A. Ch. Wasianski. Für die deutsche Bibliothek herausgegeben von Felix Groß. Berlin 1912.

82   Johann Gottlieb Fichte: Erste Einleitung in die Wissenschaftslehre. In: Werke, Bd. 3. Wissenschaftliche Buchgesellschaft, Darmstadt 1962, S. 18.

83   Immanuel Kant: Kritik der reinen Vernunft, a.a.O., S. 708f.

84   A.a.O.

85   Immanuel Kant: Träume eines Geistersehers. Aufbau-Verlag, Berlin 1954, S. 77.

86   Immanuel Kant: Der Streit der Fakultäten. Schriften zur Anthropologie, Geschichtsphilosophie, Politik und Pädagogik. Wissenschaftliche Buchgesellschaft, Darmstadt 1964, S. 362.

87   Theodor W. Adorno: Erziehung zur Mündigkeit. Suhrkamp Verlag, Frankfurt/Main 1963, S. 101.

88   Theodor W. Adorno: Erziehung zur Mündigkeit, a.a.O., S. 102.

89   Theodor W. Adorno in: Was bedeutet: Aufarbeitung der Vergangenheit? Bericht über die Erzieherkonferenz am 6. und 7. November 1959 in Wiesbaden. Hrsg. vom Deutschen Koordinierungsrat der Gesellschaft für Christlich-Jüdische Zusammenarbeit. Diesterweg Verlag, Frankfurt/Main 1969, S. 12.

90   Theodor W. Adorno, Bruno Bettelheim, Else Frenkel-Brunswik, Norbert Guterman, Morris Janowitz, Daniel J. Levinson, R. Nevitt Sanford: Der autoritäre Charakter. Bd. 1, Studien über Autorität und Vorurteil. Mit einem Vorwort von Max Horkheimer. Schwarze Reihe Nr. 6. Verlag de Munter, Amsterdam 1968, S. 89.

91   Klaus Ahlheim: Der unbequeme Fremde. In: ders. (Hrsg.): Die Gewalt des Vorurteils. Wochenschau Verlag, Schwalbach am Taunus 2007. Ich verweise auf zwei weitere aufschlussreiche Aufsätze in demselben Sammelband: Mario Erdheim: Fremdeln.

Kulturelle Unverträglichkeit und Anziehung, sowie: Werner Bohleber: Ethnische Homogenität und Gewalt. Zur Psychoanalyse von Ethnozentrismus, Fremdenhass und Antisemitismus.

92 Zitiert in: Amerika wählt 2008. Eine SZ-Dokumentation. Süddeutsche Zeitung, 30.10.2008.

93 Immanuel Kant: Zum ewigen Frieden. In: Schriften zur Anthropologie, Geschichtsphilosophie, Politik und Pädagogik. Werke in sechs Bänden. Hrsg. v. Wilhelm Weichschedel, Bd. 6. Wissenschaftliche Buchgesellschaft, Darmstadt 1964, S. 216 f.

94 Kant: Zum ewigen Frieden, a. a. O., S. 213 f.

95 Kants gesammelte Schriften. Akademieausgabe. Handschriftlicher Nachlass, Bd. 6. De Gruyter, Berlin, S. 310.

96 Karl Marx: Zur Kritik der Hegelschen Rechtsphilosophie (Einleitung). In: Karl Marx / Friedrich Engels: Werke. Bd. 1. Dietz Verlag, Berlin/DDR 1976, S. 385.

Inhalt

Vorwort — 7

Orientierungssuche – Theoretische Vorüberlegungen
Verzögerter Aufbruch –
Nur dreißig Kilometer bis Königsberg — 19
Flüchtlingsdasein und die Suche nach Halt — 23
Wo liegt der archimedische Punkt? Wo stehe ich? — 24
Orientierung und Aufklärung gehören zusammen — 26
Was heißt: sich im Denken orientieren? –
Der Vernunftglaube — 29
Orientieren heißt Mut zur Selbstaufklärung — 32
Ursprünge und Hoffnungsanfänge — 33
Die Scheinwelt archaischer Anfänge — 35
Überlebensstrategien — 38
Orte und Wege – Symbolbegriffe — 42
Freuds Rom-Gleichnis — 47
Kraftquellen, die der Erlebniswelt
eines begrenzten Raumes entspringen — 50
Rousseaus *volonté générale* und die Tonlage — 53

**Das Dorf Kapkeim und die Anziehungskraft
der Familienbande**
Der Storch im Rauchfang — 57
Der 1. August 1934 –
Ein Klima der Kriegsvorbereitungen — 60
Kapkeim – Das Siedlerdorf — 65
Die »Weberei Hof Kapkeim« — 68
Eine eigentümliche Dorfkultur — 70

Die Eltern – Von Schäfern auf herrschaftlichem Gut
zu freien Bauern ——————————————— 71
Die scheinselbstständige Existenz der Instleute —— 75
Unglücklich-glückliche Familien ———————— 78
Die ersten Jahre – Ein Leben in der Welt von Frauen – 80
Der Fensteraustieg ————————————— 81
Folgenreicher Bienenstich am ersten Schultag ——— 82
Achtung, Bombe! —————————————— 83
Der Bauernhof als Spielplatz ————————— 84
Wohnverhältnisse —————————————— 85
Die Höhle und der Blick nach draußen —————— 87
Friedensmodell einer bäuerlichen Familie? ———— 88
Die Schwestern ——————————————— 89
Der Bruder ————————————————— 93
Der Großvater ———————————————— 94
Das Familienklima –
Gespräch mit meiner Schwester Ruth ——————— 95

Königsberg, die Totenstadt –
Auf der Suche nach Auswegen
Das alte Königsberg in Flammen ———————— 107
Hilfesuchend durch Königsberg ———————— 108
In der Flakkompanie ————————————— 113
Hoffnung, dem Inferno zu entkommen —————— 115
Das absehbare Flüchtlingselend ————————— 117
Die »Russenfurcht« —————————————— 122
Gedanken über Königsberg – 1996 und 2004 ——— 125

Rettung auf kleinen Schiffen
Koholit – Erste Etappe der Flucht über die Ostsee —— 135
Das Verbrechen von Palmnicken ———————— 138
Irgendwohin, egal wohin ——————————— 140

Größtes Rettungswerk der Seegeschichte? –
Die Dönitz-Legende ——————————— 142
Die Ostsee als Flüchtlingsgrab ————————— 146

Glückliches, unglückliches Land – Dänemark
Zivile Stille ————————————————— 169
Zwischen Stacheldraht und Gastfreundschaft –
Lager Agger ————————————————— 170
Aus Rohstoffen Ansehnliches gestalten –
Der Werkzeugkasten —————————————— 173
Knivholt – Ein kleines Barackenlager
in der Nähe von Frederikshavn ————————— 175
Folgenreiche Umstände ————————————— 176
»Man wusste nicht, wie es ist, ›normal‹ aufzuwachsen« –
Gespräch mit meiner Schwester Margot —————— 179
Dänische Kompromisse
und die Londoner Schuldenkonferenz ——————— 190
Deutsche Nachrichten —————————————— 199
Ein Versuch, die Aufarbeitung der Vergangenheit
in Dänemark anzustoßen ———————————— 201
Wärmestrom und Kälte – Noch einmal Dänemark —— 206
»Das Beste draus machen!« –
Gespräch mit meiner Schwester Ursel ——————— 208

Kindheitsbilder und Glückserfahrungen
Irgendwann im Leben muss der Mensch einmal
Glück erlebt haben —————————————— 219
»Die Treue zur Kindheit ist eine zur Idee
des Glücks« – Denken als »Versuch,
die Kindheit verwandelnd einzuholen« —————— 222

Ausprobieren, wie weit man laufen kann –
Ankunft in Deutschland
    Das Menschenrecht auf Freizügigkeit —— 231
    Ein eigener Fluchttunnel —— 231

Schule und Schwarzmarkt –
Wie kann ich ein gebildeter Mensch werden?
    »Heimkehr« —— 233
    Leistungsunabhängige Noten —— 235
    Gezielte Abkopplung vom offiziellen Schulsystem —— 237
    Dr. Christian Friese – Großer Erzieher und Lehrer —— 240

Widersprüchliche Ideen vom anderen Deutschland –
Die zweite Flucht
    Aufbruch bei Nacht und Nebel —— 243
    Ideen vom anderen Deutschland —— 244

»Was haben Sie eigentlich im Kopf?« – Goethe und Kant
    Abitur mit Goethe —— 253
    Kritik oder Krieg –
    Der Philosoph im Alltagsleben: Kant —— 260
    »Nicht an Lampe denken« —— 261
    Friedenssicherung —— 264

Der Flüchtling, der Fremde, das Problem des Asyls
    Energiequellen des Subjekts —— 272
    Die Schutzflehenden —— 274
    Soziale Kälte —— 275
    Vorurteilsproduktion im Zentrum —— 277
    Der unbequeme Fremde —— 279
    Die kosmopolitische Vision —— 280
    Asylón: der Zufluchtsort – naturrechtlich begründet — 281

Gemeinschaftlicher Besitz der Erde —————— 283
Menschenverachtende Parolen,
Anschläge auf Bücher und Menschen —————— 284
Sympathisanten in der Mitte der Gesellschaft ——— 286
Sozialdarwinistische Entwertung des Lebens ——— 289
Der verwundbarste Artikel des Grundgesetzes ——— 290
Misslingende Balancearbeit
zwischen Innen und Außen —————————— 291
Die heutigen Flüchtlingsströme
sind nur der Anfang ——————————————— 292
Millionenfach Auswege schaffen ————————— 294

Koda – Übergänge vom Bauernhof in den Hörsaal
Glücksgefühle im Göttinger Hörsaal ——————— 299
Der akademische Zusammenhang: fremdartig ——— 300
Marx-Studium – Theoriewege nach Frankfurt ——— 302

Anmerkungen ——————————————————— 305

1. Auflage September 2016
2. Auflage Februar 2017

© für die Fotografien: Oskar Negt
© für die deutsche Ausgabe: Steidl Verlag, Göttingen 2017
Alle deutschen Rechte vorbehalten
Lektorat: Christa Jordan, Eltville
Gestaltung: Victor Balko, Steidl Design
Gesetzt aus der Scala
Gedruckt auf Schleipen Werkdruck bläulichweiß

Steidl
Düstere Straße 4, 37073 Göttingen
Telefon +49 551 496060 / Fax +49 551 4960649
mail@steidl.de / www.steidl.de

ISBN 978-3-95829-212-3
Printed in Germany by Steidl